ANDREA OWEN

NIE WIEDER SCHEISSE FÜHLEN

ANDREA OWEN

NIE WIEDER SCHEISSE FÜHLEN

14 GEWOHNHEITEN LOSWERDEN, DIE DIR DEN WEG ZUM GLÜCK VERSPERREN

mvgverlag

Bibliografische Information der Deutschen Nationalbibliothek
Die Deutsche Nationalbibliothek verzeichnet diese Publikation in der Deutschen Nationalbibliografie. Detaillierte bibliografische Daten sind im Internet über http://d-nb.de abrufbar.

Für Fragen und Anregungen:
info@mvg-verlag.de

1. Auflage 2019

Nymphenburger Straße 86
D-80636 München
Tel.: 089 651285-0
Fax: 089 652096

Die amerikanische Originalausgabe erschien 2018 bei Seal Press, einem Imprint von Perseus Books, LLC, einer Tochtergesellschaft der Hachette Book Group, Inc. unter dem Titel *How to stop feeling like shit*.

Übersetzung: Alexandra Kay
Redaktion: Annett Stütze
Umschlaggestaltung: Isabella Dorsch
Umschlagabbildung: shutterstock.com/Angie Makes
Satz: Daniel Förster, Belgern
Druck: CPI books GmbH, Leck
Printed in Germany

ISBN Print 978-3-7474-0006-7
ISBN E-Book (PDF) 978-3-96121-327-6
ISBN E-Book (EPUB, Mobi) 978-3-96121-328-3

Dieses Buch ist allen Frauen gewidmet,
die beschlossen haben,
in ihrem Leben ein Feuer anzuzünden.

INHALT

EINLEITUNG

Anfang des Jahres 2007 war ich am Tiefpunkt meines Lebens angekommen.

Mein damaliger Freund hatte mich überredet, meinen Job und meine Wohnung zu kündigen und mit ihm wegzuziehen. Während wir den Umzug planten, fand ich heraus, dass alles, was er mir erzählt hatte, gelogen war. Er hatte sogar eine Krebserkrankung erfunden, um seine Drogenabhängigkeit zu verbergen. Er hatte mir Tausende Dollar aus dem Kreuz geleiert und obendrein hielt ich auch noch einen positiven Schwangerschaftstest in der Hand. Ungefähr einen Monat später, als ich überhaupt kein Geld mehr hatte, verließ er mich. Ich war betrogen worden.

Ich fühlte mich gedemütigt, war pleite, arbeitslos, ohne Wohnung und schwanger. Obendrein hatte mich im Jahr zuvor mein Mann für eine andere Frau verlassen.

Das Mitleid meiner Familie, meiner Freunde und Kollegen war unerträglich. Ich spürte, dass sie sich in meiner Gegenwart unwohl fühlten – sie wussten nicht, was sie sagen oder tun sollten. Manche mieden mich sogar. Es fühlte sich an, als wollten sie mir nicht zu nahe kommen, weil das Unheil auf sie abfärben könnte. Ich hasste mein Leben, und ich hasste mich dafür, dass ich mir all das hatte gefallen lassen.

Einsamkeit und Scham lähmten mich. Es schien, als wären alle meine Bekannten entweder glücklich verheiratet, hätten Kinder oder wenn sie schon Single waren, dann kein solcher Super-GAU wie ich. Ich fühlte mich wie Mangelware und, überflüssig zu erwähnen, wie die dämlichste Trulla der Welt. Obendrein fragte ich mich: *Wie konnte das passieren? Warum war ich so dumm gewesen? Was stimmte nicht mit mir?*

Rückblickend weiß ich, dass ich in den Jahren zuvor mein Leben und mich selbst nach den Erwartungen geformt hatte, die andere, so glaubte ich, an mich hatten. Mein Selbstbewusstsein war zerstört und ich hatte kein Bewusstsein für meinen eigenen Wert. Ich hatte fürchterliche Angst vor der Welt. Ich spürte Panik bei der Vorstellung, die Menschen könnten mein *wahres* Ich sehen. War starr vor Angst angesichts des Gedankens, die Menschen könnten herausfinden, wie viel ich nicht wusste. Fürchtete, sie könnten merken, wie verzweifelt ich andere brauchte und einfach nur lieben und geliebt werden wollte. Ich hatte mein Leben auf Perfektionismus, Eigensabotage und zwanghaftem Verhalten aufgebaut, und zwar in der Hoffnung, dass mir dies Sicherheit geben würde. Es hatte nicht funktioniert.

Langsam, aber sicher heilten meine Wunden und ich baute mein Leben neu auf. Ich fand heraus, dass ich nicht die einzige Frau war, die ihr Leben auf diesen Verhaltensweisen aufgebaut hatte. Als ich mein Coaching-Business aufbaute und begann, Frauen zu helfen, die mich an mein früheres Selbst erinnerten, erkannte ich, wie viele Frauen sich so unterminierten, wie ich es getan hatte. Und sich dann fragten, warum sie sich scheiße fühlten.

Im Laufe der Zeit wurde mir klar, dass es Verhaltensmuster gibt, die Frauen ausbremsen, und dass diese unglaublich häufig sind. Ich sprach mit anderen Frauen, deren Herzen wehtaten und deren Seelen verwundet waren, und erkannte, dass sie alle unter vierzehn schädlichen Gedanken- und Verhaltensmustern litten. Ich benannte diese.

Nachdem ich diese vierzehn Gewohnheiten erkannt hatte, wurde mir klar, dass das Leben uns zwar zu Boden schlägt, diese vierzehn Gewohnheiten jedoch der Grund sind, warum wir *liegen bleiben.* Indem wir diese Gewohnheiten beobachten, identifizieren und ausmerzen, ermächtigen wir uns selbst und können zu Stärke und Glück zurückfinden.

Als ich daran zu arbeiten begann und sogar noch, als ich bereits andere anleitete, dachte ich, es gäbe eine richtige und eine falsche Art »zu leben«. Ich dachte, wenn man Gewohnheiten wie den genannten nachgäbe, wäre man zu Verderben und Unglück verdammt.

Wappnen Sie sich. Es wird Sie vielleicht überraschen: Die in den folgenden Kapiteln aufgeführten Verhaltensweisen sind alle – normal. Niemand wird dieses Buch lesen und denken: »Nee, ich mache nichts von alldem.« Und das ist okay. Das ist sogar gut. Manchmal brauchen wir diese Verhaltensweisen zu unserem eigenen Schutz. Wir brauchen sie, um uns vor den Qualen des Lebens zu schützen. So haben wir es gelernt und diese Verhaltensweisen funktionieren auch – für eine Weile. Nur wenn wir uns ihnen so weit überlassen, dass sie uns nicht mehr schützen, sondern ausbremsen, dann wird es problematisch.

Manche Selbsthilfebücher behaupten, dass das Universum zurückgibt, was Sie aussenden. Dass Ihre Energie und Einstellung Ihre Lebensumstände und Ihre Realität bestimmen. Das habe ich früher auch geglaubt, aber je mehr ich sah und je mehr Geschichten ich hörte, desto klarer wurde mir, dass ... *das Leben einfach passiert.*

Das Leben ist hart. Nicht weil wir es falsch anstellen, sondern weil das Leben hart ist.

Glennon Doyle Melton

Krisen passieren, Menschen benehmen sich wie Arschlöcher, wir werden verlassen, Kleinkinder kriegen Wutanfälle, Teenager bescheren sorgenvolle schlaflose Nächte, der Arzt teilt Diagnosen mit, die wir nicht hören wollten. Sie leben das Leben nicht falsch; Sie ziehen nicht »das Schlechte an«. Es ist einfach, wie es ist.

Aber Sie fragen sich, ob Sie etwas falsch machen, denn alle anderen scheinen ja alles im Griff zu haben – nur eben Sie nicht. Sie fühlen sich einsam und verwirrt.

Wenn das passiert, können Sie ein paar Selbsthilfebücher kaufen, aufmunternde Podcasts hören und auf hilfreiche Antworten hoffen. Es muss sie doch geben, oder? Die Geheimnisse? Die Erklärungen? Sie stellen eine Liste zusammen: Meditation, Yoga, grüne Smoothies, dieser Person auf Instagram folgen und *alle Bücher lesen*.

Doch die Wahrheit ist: Diese Checkliste wird Sie weder glücklich noch fröhlich machen.

Die »Antwort« – der Schlüssel zum Glücklichsein – liegt im Verbinden verschiedener Punkte in Ihrer Vergangenheit mit Ihrem aktuellen Verhalten und im Beleuchten jener Dinge, die wehtun. Nehmen Sie die Hindernisse in Angriff, überwinden sie diese und akzeptieren Sie sich während dieses Prozesses. Lernen Sie die Gefühle und Emotionen zu akzeptieren, die damit einhergehen (auch wenn sie keinen Sinn ergeben und sich falsch anfühlen mögen), und beginnen Sie diesen Prozess immer und immer wieder neu. *Das* bedeutet Freiheit und Frieden. Dieses Buch handelt davon, wie man beschissene Angewohnheiten erkennt, neue auswählt und dieses Verhalten dann übt. Scheitert und es wieder versucht. Gehen Sie noch mal über Los. Werden Sie aktiv. Nur lesen und »Hmmm ... klingt gut« denken, reicht nicht. Nein. Es geht darum zu denken: »Hmmm, klingt gut und ein wenig unangenehm. Das mach ich. Und wahrscheinlich werde ich es versauen. Aber ich werde weitermachen, denn ich hab genug davon, mich scheiße zu fühlen.«

WIE SIE DAS BESTE AUS DIESEM BUCH HERAUSHOLEN

Vor zehn Jahren war ich nach meiner Scheidung in Therapie. Ich saß im Büro meiner Therapeutin und sagte: »Wie lange werde ich brauchen, um das alles zu verarbeiten? Ich bin so weit und will jetzt anfangen.«

Vermutlich habe ich sogar auf die Uhr geguckt – vielleicht hoffte ich, dass wir alles in einer Stunde klarmachen könnten. Ich wollte eine Lösung, und zwar schnell. Doch es ist kein Geheimnis, dass persönliche Entwicklung ein Prozess ist, keine Turbolösung. Trotzdem wollen wir eine klare, direkte *Antwort*. Wir wollen eine *Lösung*. Einen Schritt-für-Schritt-Plan, den wir Punkt für Punkt abhaken können auf dem Weg zu Glück, innerem Frieden und heilen Herzen. Wir konsultieren Gurus und Experten, die wir bewundern und mit denen wir uns identifizieren; wir machen uns an die Arbeit und erwarten, dass sich die Himmelstore dank all der Selbsthilfe öffnen.

Vielleicht werden sich die Himmel öffnen, vielleicht aber auch nicht. Unsere Pfade und Reisen durchs Leben sind unterschiedlich. Manche Menschen ändern sich schnell, andere brauchen länger. Spüren Sie die immense Kraft, die Selbsterkenntnis in sich birgt. Stellen Sie sich vor, Sie schmeißen eine große Party. Am nächsten Morgen wachen Sie mit dickem Kopf auf und betreten die Küche im Wissen, dass Sie aufräumen müssen. Sie treten in den dunklen

Raum – was machen Sie als Erstes? Schaffen Sie im Dunkeln Ordnung? Nein, Sie machen das Licht an! Sie sehen, womit Sie es zu tun haben – was Sie wegwerfen, was Sie abwaschen und was Sie wegräumen müssen.

Mit persönlichem Wachstum ist es genauso. Als Erstes müssen Sie erkennen, was Sie in Ihrem Leben verändern müssen – wenn Sie Inventur machen, sehen Sie, welche Werkzeuge Sie brauchen.

Ich habe dieses Buch geschrieben, um Ihre Selbsterkenntnis zu beschleunigen. Wenn Sie wissen, wo die Fallstricke lauern, die Sie auf dem Weg zum Glück stolpern lassen, können Sie den Kurs ändern. Erkennen Sie, woran es liegt, dass Sie sich schlecht fühlen, so wie Sie wissen, was auf Ihrer Einkaufsliste steht. Sie *wissen*, wie Sie Ihren Kaffee mögen, und Sie *wissen*, wer den *Bachelor* hätte gewinnen sollen, aber *wissen* Sie auch, wie Sie Ihr Leben leben wollen? Jeden einzelnen Tag? Kennen und erkennen Sie die Trigger, die bei Ihnen Stress auslösen? Wenn ja, dann sind Ihnen Fehltritte bewusst und Sie können den Kurs korrigieren – und auf diese Weise ein Wahnsinnsleben beginnen.

Darüber hinaus habe ich ein paar zusätzliche Hilfsmittel zur Unterstützung zusammengetragen, wie Meditationen und Arbeitsblätter zu jenen Gewohnheiten, von denen Sie in den nächsten Kapiteln lesen werden. Das Ziel ist es, auf die eigenen Gewohnheiten zu achten, zu erkennen, wo sie einen ausbremsen, und diejenigen zu verwerfen, die nichts nützen. Tun Sie das und schon sind Sie auf dem Weg zu einem außerordentlich glücklichen Leben.

Der Schlüssel zum Erfolg

Rückblickend erkenne ich, dass ich sehr früh etwas Entscheidendes gelernt habe. Maßgeblich für meinen Erfolg in jedem Bereich meines

Lebens in den letzten zehn Jahren – Freundschaft, Ehe, Elternschaft, Karriere, Körper – war nicht, dass ich schlauer als alle anderen war oder ein bestimmtes Geheimnis oder Werkzeug entdeckt hätte. Ausschlaggebend waren die Ausdauer und Hingabe, mit denen ich mich meinem persönlichen Wachstum widmete. Das gilt lebenslang. Es hilft nicht, ein Buch zu lesen, einen Workshop zu machen oder an sich selbst zu arbeiten, wenn einem gerade alles um die Ohren fliegt. Es ist eine fortwährende Aufgabe. Man scheitert und beginnt immer und immer wieder neu. Man feiert kleine und große Siege. Man hat Aha-Momente im Hinblick auf Dinge, von denen man gar keine Ahnung hatte, dass sie überhaupt ein Thema sind.

Ausschlaggebend waren Ausdauer und Hingabe.

Egal, was Sie durchgemacht haben, was Ihre Lebensumstände sind oder wie sie in einem Jahr sein werden, Ihre Chancen auf ein großartiges, erfolgreiches Leben hängen vor allem von Ihrer Fähigkeit ab, sich in die Arbeit an sich selbst hineinzuknien und dranzubleiben. Haben Sie gerade gesagt, Sie hätten keine Zeit, sich hineinzuknien? Dann verrate ich Ihnen, wofür Sie Zeit haben werden: sich scheiße zu fühlen. Sie *haben* Zeit. Sie müssen nur Prioritäten setzen. Die Worte auf diesen Seiten bedeuten nichts, solange Sie nicht bereit sind, sich Ihr Leben anzuschauen und zu handeln.

Am Ende jedes Kapitels finden Sie eine Liste mit recht herausfordernden Fragen. Weil Lesen allein nicht ausreicht, weil es nicht reicht, die Kapitel über Gewohnheiten, die Ihnen nicht guttun, zu konsumieren, zu nicken und zu denken: »Ja, das mache ich tatsächlich« oder: »So fühle ich mich auch«, und dann wie bisher weiterzumachen. Mit diesen Fragen schauen Sie sich Ihr Leben genauer an, Sie holen die Ideen auf kreative Weise (durch Schreiben) aus Ihrem Kopf und das erleichtert echte Veränderungen. Also holen Sie sich ein Blatt Papier und beantworten Sie die Fragen allein, mit einer Freundin oder in der Gruppe.

Bleiben Sie aufmerksam

Lassen Sie mich neben Ausdauer und Hingabe noch etwas hervorheben, was Ihnen helfen wird, das Maximum aus diesem Buch herauszuholen: Und das ist Aufmerksamkeit. Sie werden von vielen verschiedenen Gewohnheiten und Denkweisen lesen. Ziel ist, dass Sie dieses Buch mit einer klaren Vorstellung darüber weglegen, wie jede dieser Gewohnheiten bei Ihnen aussieht (wenn Sie sie haben), und außerdem mit einem Werkzeugkasten voller Methoden ausgestattet sind, um sie zu ändern. Die wirkliche Veränderung findet statt, wenn Sie gut darin werden, Gewohnheiten im Alltag rasch zu erkennen.

Es geht darum, sich selbst zu stoppen, wenn Sie zu etwas Ja sagen, was Sie nicht wollen, und innerhalb von zehn Sekunden zu erkennen: »Ach so. Da habe ich versucht, anderen zu gefallen.« Wenn Sie traurig sind, nachdem Sie Ihr Kindergartenkind zum ersten Mal weggebracht haben, nach Hause kommen, die Tränen aufsteigen fühlen und anfangen, das Haus zu putzen. Halten Sie inne und sagen Sie: »Hoppla. Ich versuche gerade, stark zu sein und mich zu betäuben.« *Das ist ein Sieg.* Es geht darum, sich nicht selbst fertigzumachen, weil Sie anderen gefallen wollten oder sich zu betäuben versuchen, sondern einfach die Gewohnheit und/oder den Glaubenssatz zur Kenntnis zu nehmen und die neuen Werkzeuge zu benutzen.

Das bedeutet Aufmerksamkeit.

Man kann allerdings auch zu aufmerksam sein und das kann ebenso Nachteile haben. Man könnte es »überdenken« nennen, aber es ist mehr als das. Viele Frauen nehmen im Rahmen ihrer persönlichen Entwicklung ihre Gewohnheiten auseinander, wollen allem, was sie tun, ein Etikett aufkleben. Ist das gut? Achtsamkeit ist doch gut, oder? Ist das schlecht? Sich in etwas reinzusteigern ist schlecht, nicht wahr? Woher weiß man, wann man analysieren und wann man fünfe gerade sein lassen soll? Und was, wenn wir uns eben nicht entspannen können – was passiert, wenn wir uns andauernd selbst analysieren?

Diese »Überdenkerei« nennt man »Überidentifikation«, und damit ist die Tendenz gemeint, alles exzessiv unter die Lupe zu nehmen. Besonders intelligente, ehrgeizige Frauen neigen dazu.

Wenn Sie feststellen, dass Sie in dieses Verhalten fallen, sind Sie erst einmal ganz normal und ich möchte Ihnen zu Ihrer Hingabe an Ihre Arbeit gratulieren. Aber es geht nicht darum, Ihren emotionalen und geistigen Zustand zu sezieren. Versuchen Sie, aufmerksam zu sein, aber übertreiben Sie es nicht. Finden Sie heraus, wo am ehesten die Stolpersteine lauern und wo Sie Luft nach oben haben, sehen Sie zu, dass Sie sich selbst bei diesen Verhaltensweisen erwischen, implementieren Sie neue Strategien und damit ist es auch gut. Und vergessen Sie nicht, dabei nett zu sich zu sein!

Geben Sie Scham zu

Im Sommer 2014 ging ich nach San Antonio, Texas, um mich in The Daring Way™ ausbilden zu lassen, einer Methode, die auf den Forschungsergebnissen von Dr. Brené Brown basiert. Es erschütterte mich in meinen Grundfesten – sowohl persönlich als auch beruflich. Ich bin begeistert, dass das Thema Scham im Zusammenhang mit persönlicher Entwicklung in den Vordergrund tritt, und ich bin Brené Brown für ihre Arbeit sehr dankbar. Einige der Werkzeuge und Konzepte in diesem Buch basieren auf ihrer Forschung.

Scham scheint heute ein Modewort zu sein, und das ist gut – die Leute reden mehr über die Dinge, die sie davon abhalten, glücklich zu sein. Aber immer erzählten mir Frauen, dass sie keine Scham empfänden, selbst wenn es so ist. Es schien, als könnten sie das Gefühl gar nicht identifizieren. Ich verstehe das. Wenn wir an jemanden denken, der sich schämt, dann stellen wir uns jemanden vor, der unfassbare Dinge getan hat und dessen Handlungen öffentlich gemacht wurden: Sie hat Gelder der Kirche veruntreut und die ganze Gemeinde weiß es. Er hat eine Affäre mit seiner Psychiaterin und die ganze Stadt redet davon. Vielleicht schämt sich diese Person für jemand anderen: Die alkoholkranke Mutter kommt betrunken zur Schultheateraufführung, das Kind ist im Gefängnis wegen Ladendiebstahls.

Scham ist nicht nur viel verbreiteter, als wir denken, sondern tritt – oft – auch in privaten Szenarien auf. Ich sage es allen, die glauben, ein schamfreies Leben zu führen, ja ungern, aber wir *alle* empfinden Scham. Und wenn wir uns dem nicht stellen und diese Scham annehmen, wenn wir uns nicht damit identifizieren, sie verarbeiten und lernen, wie man damit fertig wird, dann hat die Scham uns im Griff. Wir laufen vor einem Gefühl davon, von dessen Existenz wir noch nicht einmal etwas wissen.

Brené Brown beschreibt Scham als »das hochgradig schmerzliche Gefühl oder die Erfahrung, zu glauben, dass wir fehlerbehaftet und deshalb der Liebe und der Zugehörigkeit unwürdig sind – dass etwas, was wir erfahren, getan oder nicht geschafft haben, uns unwürdig für Beziehungen macht«.

Das ist eine fantastische und hilfreiche Definition, denn vielen ist nicht bewusst, dass wir uns für »unwürdig für Beziehungen« halten. Lassen Sie mich genauer erklären, wie sich das zeigt und was es mit jenen Verhaltensweisen zu tun hat, von denen Sie gleich lesen werden.

In jenem Beispielszenario, an das ich mich aus meiner Schulzeit erinnere, geht es um öffentliche Scham.

Es war am Abschlusstag der achten Klasse. Ich trug das hübsche Kleid, das meine Mutter und ich gekauft hatten, und ich hatte mir ihre wunderschöne Strickjacke mit den Schulterpolstern leihen dürfen, die zu groß für mich waren, aber es war 1989, also war es perfekt. Als meine Eltern und ich vom Parkplatz in die Schule gingen, sahen mich zwei beliebte Mädels. Eine zeigte auf mich und sagte zur anderen: »Oh mein GOTT, was hat *die* denn an?!« Beide lachten hysterisch. Ich hatte mich an diesem Morgen hübsch und selbstbewusst gefühlt. Doch die beiden Mädchen hatten das zerstört. Nachdem ich sie gehört hatte, fühlte ich mich grässlich und lächerlich.

Das war Scham.

Dieses scheinbar banale Szenario ist nicht ungewöhnlich; wir alle haben uns in der Öffentlichkeit schon einmal geschämt oder gedemütigt gefühlt. Jede und jeder hat aus seiner Schulzeit so eine Geschichte (oder zehn) zu erzählen. Wenn wir jung sind, sorgen Familie oder Schulfreunde dafür, dass wir uns schämen. Im Erwachsenenleben geschieht es in der Partnerschaft, bei der Arbeit, durch Freunde oder die Familie.

In einem weiteren, nicht ganz so weit zurückliegenden Beispiel wurde etwas bloßgestellt, was unsere Kultur als »inakzeptabel« bewertet. Auch das führt üblicherweise zu Schamgefühlen. Vor ein paar Jahren zogen wir in einen anderen Bundesstaat und meine Kinder kamen auf eine neue Schule. Ich hatte einen Termin mit der Rektorin der Grundschule, der neuen Lehrerin meines Sohnes und seiner Inklusionspädagogin. Mein Sohn hat eine autistische Störung; seine Akte war von dem behandelnden Psychologen geschickt worden.

Das Meeting begann und die Förderpädagogin las die Krankengeschichte meines Sohnes laut vor. Unschuldig sagte sie: »Colton lebt zusammen mit seiner Mutter, seinem Vater und seiner Schwester. Seine Mutter hatte ein Alkoholproblem ...« Ich habe keine Ahnung, was danach gesagt wurde, denn ich konnte nur das Blut in meinen Ohren rauschen hören. Mein Herz schlug wie wild. Meine Handflächen wurden feucht und es kribbelte in meinen Achselhöhlen.

Wir waren in einer neuen Stadt, wo ich niemanden kannte. Noch vor wenigen Minuten hatte ich mich freundlich mit diesen Frauen unterhalten, die ich mir als Freundinnen vorstellen konnte. Als sie laut vorlas: »Mutter hatte ein Alkoholproblem«, fragte ich mich: *Soll ich unterbrechen und ihnen sagen, dass ich seit Jahren trocken bin? Werden sie über mich klatschen? Verurteilen sie mich gerade?* Ich fühlte einen überwältigenden Drang, davonzurennen, mich zu verteidigen und zu weinen, alles zugleich.

Alle Anekdoten über Scham haben gemeinsam, dass die Erzählenden sich mies fühlen. Richtig, richtig furchtbar. Kein anderes Gefühl kommt dem gleich. Brené Brown sagt: »Scham ist eine Vollkontakt-Emotion.« Dieses Gefühl ist uns so komplett verhasst, dass wir es, wenn wir es einmal erfahren haben, nie mehr erleben wollen. *Nie mehr.* Vielleicht denken wir das nicht bewusst, aber tief drinnen wollen wir, dass es *weggehen* soll.

Mein Schamerlebnis in der Schule geschah vor mehr als fünfundzwanzig Jahren, und ich erinnere mich an das Gefühl, als wäre es gestern gewesen. Ich habe noch alle Einzelheiten vor Augen, sogar die Namen der Mädchen kenne ich noch. Das Gefühl, das mit diesem scheinbar unwichtigen Vorfall einherging, fraß sich tief in mich hinein und formte zwar nicht meine Persönlichkeit, aber mein Verhalten.

Darum ist es so wichtig, Scham zu erkennen, bevor wir über die vierzehn Verhaltensweisen in diesem Buch nachdenken. Wir vermeiden Scham instinktiv. Bewusst oder unbewusst gehen wir durchs Leben und versuchen unser Bestes, ihr aus dem Weg zu gehen. Sie ist die Kraft, die hinter den Gewohnheiten steht, mit denen wir uns selbst im Weg stehen. Hier haben Perfektionismus, Gefallsucht, Schuldzuweisungen, Selbstsabotage, Betäubungsverhalten, Isolation und Vermeidungsverhalten, Kontrollzwang, übermäßiger Ehrgeiz und all die anderen Gewohnheiten ihren Ursprung. Wenn Sie regelmäßig diese Verhaltensweisen zeigen, dann wissen Sie, wer hier am Steuer sitzt: SCHAM.

Wenn Sie sich mit der Scham nicht auseinandersetzen, dann übernimmt sie die Kontrolle, indem sie Sie in jene Verhaltensweisen treibt, von denen in diesem Buch die Rede ist. Wenn Sie glauben, dass Scham für Sie keine oder nur eine kleine Rolle spielt, dann laufen Sie vermutlich vor ihr davon.

Wenn Sie von den besagten Verhaltensweisen lesen, sollten Sie sich vor Augen halten, dass Sie sie wahrscheinlich als Schutzschild nutzen. Diese Gewohnheiten sind Ihre Verteidigung gegen dier Scham, und Sie sollten sie dafür würdigen, dass sie Sie abschirmen – und sich dann bereitmachen, sie loszulassen.

Denn wenn wir uns in Perfektionismus, Gefallsucht, Betäubungsverhalten und all den anderen Verhaltensweisen ergehen, lösen wir keinerlei Probleme. Bestenfalls pappen wir ein vorübergehendes und minderwertiges Pflaster auf eine Wunde, die mehr Aufmerksamkeit braucht. Und die sieht folgendermaßen aus:

1. Erhöhtes Bewusstsein für die Verhaltensweisen, die Sie nutzen und die nicht zu dem Menschen passen, der Sie sein wollen. Ich weiß, dass Sie nicht andauernd anderen alles recht machen wollen. Ich weiß, dass Sie mit Leuten in Beziehung treten wollen, anstatt sich zu verstecken, wenn es schwierig wird. Ich weiß, dass Sie Ihr Bestes geben wollen, anstatt sich

selbst mit Perfektionismus umzubringen. Wenn Sie sich bewusst sind, dass Sie in diese Verhaltensweisen verfallen, dann können Sie den Kurs korrigieren.

2. Kenntnis der eigenen Werte. Die sollten Sie so gut kennen wie das Rezept für den perfekten Kaffee (Kapitel 15, unbedingt). Was ist Ihnen wichtig? Können Sie die Punkte benennen, die Ihnen im Leben am wichtigsten sind? Was heißt es, diese Prioritäten hochzuhalten?
3. Übung. Sie werden es nicht immer perfekt hinkriegen, nicht mal meistens. Verhaltensweisen zu ändern ist schwierig: Manchmal geht es komplett schief, manchmal klappt es. Manchmal werden Sie stolz auf sich sein, manchmal nicht. Je mehr Sie üben, desto mehr neue Gewohnheiten werden Sie entwickeln, die gut für Sie sind, und umso leichter wird es werden, das Glück hereinzulassen – dauerhaft.

Stellen Sie sich

Diesen Leitsatz werden Sie in den folgenden Kapiteln mehrfach lesen. Und es scheint offensichtlich, oder? Lassen Sie es mich genauer ausführen.

Sich stellen heißt gewillt sein, sich mit etwas Unangenehmem auseinanderzusetzen, wenn Sie lieber ausreißen und »NEIN!« sagen würden. Wenn Sie sich stellen, dann gestehen Sie sich zu, Angst zu haben, sich unwohl zu fühlen und außerhalb der Komfortzone zu sein. Aber Sie fühlen sich auch beflügelt. Sie graben tief, Sie arbeiten an sich und Sie sind sehr tapfer.

Das bedeutet es, sich zu stellen.

Im Alltagsleben haben Sie zwei Möglichkeiten, wenn Sie vor einer schwierigen und unangenehmen Situation (wie negative Selbstgespräche, Gespräche mit einem störrischen Kollegen, schwierige Kinder, etc.) stehen:

1. Sie können nichts tun, sich scheiße fühlen und Angst haben – und alles bleibt, wie es ist.
2. Sie können akzeptieren, dass Sie sich unwohl fühlen, tapfer sein und Angst haben – und etwas verändern.

Haben Sie bemerkt, dass beide Möglichkeiten Angst beinhalten? Wir können nicht durchs Leben gehen, tapfer sein und ein Hammerleben führen, ohne dass Angst auch mit dazugehört.

Indem Sie sich stellen und es durchziehen, machen Sie die Ansage, dass Sie es satthaben, gemein zu sich selbst zu sein, Verhaltensweisen zu pflegen, mit denen Sie sich mies fühlen, und dass Sie bereit sind, sich zu ändern. Ich zolle Ihnen dafür die allerhöchste Hochachtung.

Natürlich gibt es Momente, in denen Sie sich so seltsam und unwohl fühlen werden, dass Sie sich wünschen, Sie könnten vor Ihren eigenen Gefühlen und den Unannehmlichkeiten davonlaufen. Das ist in Ordnung. *Natürlich fühlt es sich unangenehm an.* Sie sind schon seit Jahrzehnten, wie Sie sind; es wird mehr als eine Minute brauchen, bevor Sie sich wohl damit fühlen, gesündere Verhaltensweisen zu praktizieren. Ich kenne niemanden, der sich darauf freut, schwierige Gespräche zu führen oder Grenzen zu setzen. »Yeah, ich kann es gar nicht erwarten, dieses unangenehme Gespräch mit meiner Mutter darüber zu führen, dass ich in meinem Haus nicht über Politik streiten will.« Aber es wird alles so viel leichter. Sie werden merken, wie sich die Angst auflöst, und Sie werden spüren, wie Selbstvertrauen und Energie ihren Platz einnehmen.

Also, an alle an gebrochenem Herzen leidenden, sich unwohl fühlenden und ängstlichen Frauen der Welt: Willkommen. Wir haben Ihnen einen Platz reserviert. Sie sind wie wir; wir lieben Sie, wie Sie sind, und Sie können sich trotzdem wünschen, sich zum Positiven zu verändern. Denn eines weiß ich sicher: Wenn eine Frau entschlossen ist, ihr Leben zu ändern, wenn sie aufmerksam ist und auf sich und das, was sie will, achtet, ist sie unaufhaltbar. Und das, liebe Leserin, sind Sie.

Ich bin begeistert, dass Sie sich darauf einlassen wollen, mehr über sich selbst zu lernen. Denn wenn Sie mehr lernen, werden Sie die neuen Werkzeuge richtig einsetzen, die dafür sorgen, dass Sie sich besser fühlen und ein anderer Mensch werden.

Und wenn Sie ein anderer Mensch werden, jemand, der netter zu sich selbst ist, werden Sie andere inspirieren. Der Dominoeffekt kann Berge versetzen. Frauen haben die Macht, nicht nur sich selbst, sondern auch die Welt zu verändern.

Also, krempeln Sie die Ärmel hoch, binden Sie sich die Haare zurück, fangen wir an.

KAPITEL 1

DAS ARSCHLOCH IN UNS: DEN INNEREN KRITIKER IM GRIFF BEHALTEN

Du siehst aus wie der Tod.
Süß, dass du glaubst, du könntest befördert werden.
Ein Bikini? Schon klar. Nicht in diesem Leben.

Waren Sie schon mal in einer Beziehung, in der Beleidigungen an der Tagesordnung sind? In der Sie ständig kritisiert werden, nie gut genug sind und sich ständig schlecht fühlen? Eine Beziehung, in der Sie anfangen, an sich selbst zu zweifeln, und allmählich all die Gemeinheiten glauben, die der andere zu Ihnen und über Sie sagt? Vielleicht hatten Sie noch nie so eine Beziehung, aber kennen jemanden, auf den das zutrifft? Und es war furchtbar mit anzusehen?

Oh, wie sehr ich wünschte, ich würde über jemand anderen reden. Aber ich rede davon, wie Sie *mit sich selbst* sprechen.

Selbst wenn noch nie jemand so mit Ihnen geredet hat, ich wette, dass Sie manchmal (oder ständig) mit sich selbst so reden. Dass Ihr innerer Dialog alles andere als von Liebe geprägt ist. Wie sprechen Sie mit sich, wenn Sie sich im Spiegel sehen? Wenn Sie einen Fehler machen? Wenn Sie bei einer Beförderung übergangen werden? Oder wenn Sie sich mit anderen Frauen vergleichen?

Reden Sie da freundlich mit sich selbst? Mitfühlend? Ist Ihre Zuwendung wie eine warme Decke, die nach Liebe riecht?

Ich habe da meine Zweifel.

Ich fange mit diesem Kapitel an, weil die innere Stimme – oft sehr zutreffend als »innerer Kritiker« bezeichnet – die gängigste Verhaltensweise von Frauen ist, die dafür sorgt, dass sie sich scheiße fühlen.

Nehmen wir mal Valerie, eine einunddreißigjährige Friseurin:

> Oft sage ich mir selbst, dass ich fett bin und dass das der Grund ist, warum ich kurz vor meinem zweiunddreißigsten Geburtstag immer noch Single bin. Ich krittele ständig an mir herum wegen der Dinge, die ich esse, und zweifele im Nachhinein ständig an meinen Entscheidungen.
>
> Meine Freundinnen heiraten und bekommen Kinder, ich vergleiche mich mit ihnen und habe das Gefühl, dass ich nicht mithalten kann. Wäre ich dünner, kontaktfreudiger, irgendwas, dann hätte ich jetzt eine erfolgreiche Beziehung.
>
> Zu meinem Job gehört auch gutes Aussehen, und die Leute sagen mir oft, dass ich hübsch bin, aber ich glaube ihnen nie. Es fühlt sich an, als wollten sie nur höflich sein.

Valeries Geschichte ist nicht ungewöhnlich – sie vergleicht sich mit anderen (mehr dazu in Kapitel 4) und glaubt, ihr Glück hänge von etwas außerhalb ihrer selbst ab, was sie erreichen muss.

Manchmal kann der innere Kritiker auch sehr grob sein, wie bei Suzanne:

> Ich verbringe mein Leben größtenteils damit, für alle anderen Menschen sorgen zu wollen, scheißegal, was mit mir ist. Ich empfinde mich nie als wichtig genug. Mit mir selbst rede ich in einer Weise, in der ich NIE mit einem anderen Menschen reden würde. Selbstmitgefühl und Selbstliebe kenne ich nicht. Wenn ich etwas versaue (wie es jedem passiert), ist das nicht nur ein Fehler. Ich sage mir selbst, dass ich schrecklich bin, dumm, fett und hässlich; eine totale Versagerin als Mensch, Frau, Ehefrau, Freundin, Schwester – was immer Sie wollen, ich nehme es an. Ich suhle mich geradezu darin und nehme diese Worte als Wahrheit. Mein Gehirn weiß, dass es nicht wahr ist, aber das ändert nichts. Diese schamvollen Gefühle und die selbstzerstörerischen Methoden, mit denen ich sie unterdrücke, sind grauenhaft, und ich schaffe es nicht, da rauszukommen, nicht mal mit meinem Therapeuten.

Fürs Protokoll: Der innere Kritiker spricht nicht immer in tatsächlichen inneren Monologen oder artikulierten Gedanken. Manche Frauen erzählen, dass ihr innerer Kritiker mehr ein allumfassendes Gefühl von »nicht gut genug sein« sei. Ein nagender Verdacht, dass alle anderen ihr Leben im Griff haben, nur sie eben nicht. Der Grundtenor lautet: »Nicht wie die anderen«.

Wenn Sie sich mit diesen Geschichten über innere Monologe nicht identifizieren können, dann läuft es vielleicht so: Wenn Sie darüber nachdenken, etwas Großes zu versuchen, gehen Sie automatisch davon aus, dass es nicht klappen wird, also wagen Sie es gar nicht. Vielleicht vergleichen Sie sich mit anderen Frauen, ohne das in Worte zu fassen oder bewusst wahrzunehmen? Es ist, als gäbe es im Leben ein Aufsichtsgremium, das Sie nie eingesetzt haben, das jedoch ein Meeting über Ihren Wert abhält, und Sie glauben seiner Einschätzung, dass Sie mit anderen nicht mithalten können.

Woher kommt das?

Woher kommt diese Stimme? Aus den Tiefen der Hölle?

Ja, de facto kommt sie aus einer elendig kleinen Stadt in der Hölle mit einem Arschloch als Bürgermeister.

Okay, das war ein Witz. Aber lesen Sie weiter und erfahren Sie, was die häufigsten Auslöser für Selbstkritik sind.

Familie

Die erste Quelle des inneren Kritikers ist häufig die eigene Familie. Für manche sind Kindheit und Jugend ein Friedhof voller schmerzvoller Erinnerungen, andere erinnern sich vielleicht nicht an Leid, das in die Knie zwingt, sondern eher an subtilere Erlebnisse.

Ich bin selbst Mutter und weiß, woher das kommt. Wir wollen, dass unsere Kinder dazugehören. Dass sie etwas erreichen. Wir wollen, dass sie selbstbewusst sind. Wir möchten, dass sie möglichst wenig Leid im herausfordernden und harten Prozess des Erwachsenwerdens erfahren. Oder? Wir wachen nicht auf und denken: »Hey, wie kann ich dafür sorgen, dass mein Kind sich nicht gut genug fühlt?«

Nein, wir meinen es gut, und am Ende geben wir ihnen beim Versuch, ihnen dabei zu helfen, sich anzupassen und Schwierigkeiten zu vermeiden, ungewollt das Gefühl, dass sie nicht in Ordnung sind, so wie sie sind. Lesen Sie zum Beispiel Heathers Geschichte:

> Mein innerer Kritiker konzentriert sich auf mein Körperbild und mein Aussehen. Damit kämpfe ich, seit ich ein kleines Mädchen war. Ich bin in einer Familie aufgewachsen, in der das äußere Erscheinungsbild sehr wichtig war. Ich habe meinen Körper schon mit sieben Jahren gehasst. Meine Mutter

(ich werfe ihr nichts vor, sie hat es so gut gemacht, wie sie es eben konnte) wollte mich anziehen, mir die Haare schneiden, eine Dauerwelle machen (ja, das war in den Achtzigern), und ich habe sie gelassen, obwohl ich das nicht wollte. Ich war sehr unsicher in Bezug auf mein Äußeres und sehr kritisch mit mir selbst. Selbstkritik war definitiv ein Faktor, als ich ins Teeniealter kam, und rückblickend ist mir klar, dass mein Selbstwert völlig von meinem Äußeren abhing. Ich labte mich an der Aufmerksamkeit von Leuten, die mich attraktiv fanden – vor allem Jungs. Wenn mich jemand hübsch fand, dann war ich liebenswert. Es war wie eine Droge – dieses Gefühl, etwas wert zu sein.

Ich kämpfe noch jetzt in meinen Vierzigern damit. Wenn mein innerer Kritiker sich meldet, dann sagt da eine furchtsame Stimme: »Du solltest besser fünf Pfund abnehmen und was gegen deine Falten unternehmen, sonst bist du nicht gut genug.« Ich weiß, dass mein Äußeres nicht meine Person ausmacht, aber diese Ängste und Gefühle sitzen so tief in mir drin, dass ich mich täglich daran erinnern muss, diese Gedanken und Verhaltensweisen zu ändern.

Ich möchte diesen letzten Satz hervorheben, in dem Heather sagt, dass sie vom Verstand her weiß, dass ihr Äußeres nicht ihre Person ausmacht, sie aber täglich daran arbeiten muss, das nicht zu glauben, weil ihre Ängste und Gefühle so tief sitzen. Da haben Sie's. Der innere Kritiker sitzt tief. Darum betone ich immer und immer und immer (und immer) wieder, dass man hier vor einer Aufgabe steht, die ständige, tägliche Anstrengung erfordert. Das ist kein One-Night-Stand. Es braucht viel Übung, so etwas zu verändern.

Neben dem ganzen Familienmist, oder vielleicht auch stattdessen, rühren Kritikerstimmen aus vergangenen (oder aktuellen) Beziehungen. Beziehungen, in denen man Beleidigungen ausgesetzt war, können einen noch lange nach der Trennung beeinträchtigen. Vielleicht war der Partner auch nicht direkt beleidigend, machte aber abfällige Kommentare über Ihr Äußeres, Ihre Intelligenz oder anderes. Vielleicht hat er oder sie diese Kommentare als Witze oder Neckerei getarnt und dennoch haben sich diese Äußerungen im Glaubenssystem eingenistet.

Kultur

Ein zweiter Herkunftsort des inneren Kritikers kann der kulturelle Hintergrund sein. Das ist so ein Thema, von dem ich besser nicht anfangen sollte, da ich kein Ende finde. Doch es muss angesprochen werden. Es ist zu übermächtig, um es zu ignorieren.

Letztendlich profitiert unsere Kultur davon, dass Frauen sich nicht gut genug, schön genug, dünn genug, irgendwas genug fühlen. Große Firmen verdienen damit viel Geld. Es lässt die Wirtschaft brummen. Viele sagen, dass auch manche Religionen Frauen gerne das Gefühl geben, minderwertig und nicht gut zu sein, um sie kleinzuhalten.

Manchmal ist es auch eine Frage der sozialen Herkunft. In meinen frühen Zwanzigern war ich mit einem Mann zusammen, der in einer gutsituierten Stadt in meiner Nähe aufgewachsen war, da, wo die »reichen Kinder« wohnten. Er hatte seinen Abschluss an der University of California in Berkeley gemacht und studierte jetzt auf seinen MBA. Als das Thema Arbeit und Zukunftswünsche aufkam, erwähnte ich meinen Abschluss in Modemarketing. Er lachte und sagte nonchalant: »Ist das überhaupt ein richtiger Abschluss?«

Auf meinen entsetzten Blick hin ruderte er schnell zurück und entschuldigte sich, aber die Message war klar: Ich war nicht gut genug für ihn oder überhaupt. Auch wenn er es nicht böse gemeint hätte (hatte er; er war ein Mistkerl): In einer Kultur, in der Dinge wie Herkunft oder der Abschluss an einer bestimmten Universität wertgeschätzt werden, treffen solche Kommentare tief, sie begründen Annahmen über uns selbst und sind schwierig wieder loszuwerden.

Das Aussehen ist ein Auslöser für den inneren Kritiker, ebenso Klasse und Status. Genauso wichtig sind Ethnie und Sexualität, darüber wird aber nicht geredet. Eine meiner Kolleginnen, Andréa Ranae Johnson, sagt: »Als schwarze Frau gehört zu meinen negativen Selbstgesprächen, dass ich gefährlich bin, dass es nicht in Ordnung ist, sauer zu sein, und dass ich alles im Griff haben muss, denn das wird uns von klein auf so vorgelebt.«

Warum ist es wichtig, wie ich mit mir selbst rede?

Vielleicht sind die negativen Selbstgespräche Ihnen schon in Fleisch und Blut übergegangen und Sie denken: »Na und? Solange ich nett zu *anderen* Leuten bin, ist es doch nicht wichtig, ob ich nett zu mir selbst bin?«

Stimmt nicht. Der offensichtliche (oder vielleicht auch nicht so offensichtliche) Grund ist, dass Sie sich, wenn Sie sich selbst gegenüber nicht liebevoll sind – wenn Sie sich gewohnheitsmäßig selbst Vorwürfe machen und sich selbst niedermachen –, richtig mies fühlen.

Vielleicht sind Sie nicht nonstop am Boden zerstört, aber wenn Sie sich selbst regelmäßig fertigmachen, wirkt sich das auf Ihre Gesamtzufriedenheit, Ihr Selbstbewusstsein und Ihr Selbstwertgefühl aus. Außerdem färbt es auf andere Bereiche Ihres Leben ab und befeuert den Wunsch nach Perfektion, nach Kontrolle, danach, sich zu verstecken, und viele andere Gewohnheiten, über die Sie in diesem Buch lesen werden.

Und wenn Sie Kinder haben, eine Beziehung, Freunde (das dürfte auf jeden zutreffen), dann ist Selbstmitgefühl ein unverzichtbares Werkzeug für bessere Beziehungen und hat, meiner Meinung nach, die Macht, Berge zu bewegen. Wenn mehr Menschen nett zu sich wären, wäre die Welt ein anderer Ort.

Wie bringt man das in Ordnung?

Jetzt wissen Sie, wie es aussieht, wenn man dauernd auf sich selbst eindrischt, wo es herkommen kann und was es mit uns macht. Schauen wir uns an, wie man sich selbst gegenüber kein Arschloch ist.

Dies ist eine Kurzzusammenfassung, wie man innere Freundlichkeit und Mitgefühl mit sich selbst übt und dem inneren Kritiker keine Macht einräumt. Schauen wir uns einen Punkt nach dem anderen an.

- Die negativen Selbstgespräche wahrnehmen. (Ach nee? Ich weiß, haben Sie einen Moment Geduld.)
- Die Trigger (Auslöser) kennen.
- Sich hinter den Veränderungsprozess klemmen, üben und dranbleiben.

Beginnen wir mit Selbsterkenntnis. Lernen Sie zu erkennen, wenn Ihre innere Stimme sich wie ein Miststück aufführt. Sie müssen es hören und sehen. Das Bewusstsein dafür ist schon die halbe Miete. Wenn Sie nicht wissen, was passiert und wann es passiert, werden Sie weiter zuhören und es glauben. Sie müssen diesen Mist identifizieren. Dann können Sie ihn dahin tun, wo er hingehört, und es wegspülen.

Erkennen, um zu verändern

Viele Frauen erzählen, dass ihnen die negativen Selbstgespräche nicht bewusst waren, bis sie sich damit auseinandersetzten. Oder sie hörten schon so lange zu, dass sie daran gewöhnt waren und es als Wahrheit akzeptierten.

Die härteste Arbeit liegt darin aufzudecken, was passiert, bevor man sich das Rüstzeug erwirbt, es zu ändern. Warum? Weil, Überraschung, *wir nicht gerne fühlen*.

Ich sage »wir«, denn wenn es einen »Lasst uns bei der persönlichen Entwicklung einfach *denken* und *machen*«-Club gäbe, dann wäre ich die Vorsitzende. Aber ich habe gelernt, dass wir *denken, machen und fühlen* müssen auf dem Weg zu einem glücklichen Leben, und Selbstmitgefühl ist keine Ausnahme.

Machen Sie mal Bestandsaufnahme und schreiben Sie auf, was Ihr innerer Kritiker so ablässt. Listen Sie alle Bereiche in Ihrem Leben auf:

- Beziehung/Partnerschaft
- Freundschaften
- Körper/Aussehen
- Arbeit/Karriere
- Elternschaft
- Vergangenheit
- Zukunft

Fragen Sie sich bei jedem Punkt: Was sagt mein innerer Kritiker dazu?

Identifizieren Sie die Bereiche, die Ihr Leben am meisten beeinträchtigen. Ja, vermutlich sind alle superpeinlich – aber gibt es welche, die Ihr Glück und allgemeines Wohlbefinden schmälern?

Gibt es vielleicht Bereiche, zu denen Ihr innerer Kritiker nicht so viel zu sagen hat? Möglicherweise läuft es im Job ganz gut oder die Beziehung ist super. Ich will Sie nicht dazu verleiten, sich Sachen auszudenken. Wenn es nicht relevant ist, überspringen Sie es.

Bei den anderen Punkten stellen Sie sich offen und ehrlich den Botschaften, die Sie fertigmachen.

Warum um alles in der Welt quäle ich Sie und ziehe Ihnen all die Gemeinheiten aus der Nase, die Ihr innerer Kritiker sagt? *Weil Sie nicht aufräumen können, wenn Sie nicht genau sehen können, wo es dreckig ist.* Wenn Sie sich Ihres inneren Kritikers bewusst geworden sind, sind Sie schon auf halbem Weg zu seiner Kontrolle und zur Selbstliebe; darum sollten Sie und Ihr innerer Kritiker sich kennenlernen. So richtig intim.

Behalten Sie im Hinterkopf, dass die Liste, die Sie hier angelegt haben, sich auf das bezieht, was im Moment passiert, und sich folglich von Woche zu Woche ändern kann. Wenn Sie eine neue Beziehung eingehen oder sich neue Ziele im Leben setzen, wird Ihr innerer Kritiker jede Menge faule Tomaten in der Hinterhand haben, mit denen er nach Ihnen werfen wird.

Darum ist es keine schlechte Idee, die Liste regelmäßig zu aktualisieren – wenn Sie Ihren inneren Kritiker hören, wissen Sie sofort, was abgeht, anstatt planlos herumzusitzen und in schlechten Gefühlen zu schmoren.

Ein Wort zu fiesen Attacken durch die Hintertür

Sie wissen jetzt, dass Sie die Stimme des inneren Kritikers nicht völlig zum Schweigen bringen können, und Sie lernen gerade, wie Sie ihn im Zaum halten; vielleicht haben Sie diese Stimme sogar als Motivator genutzt. Vielleicht denken Sie, wenn Sie netter zu sich wären und sich nicht mehr zum Prügelknaben machten, könnten

Sie faul werden? Sie *brauchen* den inneren Kritiker, um auf Zack zu bleiben, oder?

Die Gedanken sehen vielleicht so aus:

Oh, Janice hat 15 Kilo abgenommen. Ist ja Wahnsinn! Wenn sie das schafft, dann kann ich 20 abnehmen.
Es war wirklich idiotisch, dass ich dieses Projekt bei der Arbeit versaut habe. Nächsten Monat mache ich Überstunden und mache es viel besser. Dann sehen alle, wie gut ich sein kann.
Ich weiß, dass mein Mann auf Hintern steht, und meiner hat schon bessere Tage gesehen. Auf geht's mit den Kniebeugen, Fräulein Flacharsch.

Ihr innerer Kritiker vergleicht Sie mit anderen, sagt, was Sie besser machen können, treibt Sie an und nutzt jede »Unzulänglichkeit«, um einen besseren Menschen aus Ihnen zu machen.

(Sie wissen, worauf ich hinauswill, oder?)

Meine Damen, seien wir ehrlich: Ihr innerer Kritiker ist ein Miststück. Hat sich das jemals gut angefühlt? Wenn Sie keine Masochistin sind, ist das nicht gut für Sie. Wissen Sie, was Ihnen gute Gefühle bereitet und am Ende gewinnt? Liebe, Freundlichkeit und Mitgefühl. Für Sie.

Wissen Sie, was Ihnen gute Gefühle bereitet und am Ende gewinnt? Liebe, Freundlichkeit und Mitgefühl. Für Sie.

Wenn Sie sich innerlich niedermachen, erreichen Sie vielleicht spontan eine Verhaltensänderung, doch diese wird nur kurzfristig sein,

Sie werden sich am Ende wieder mies fühlen und Ihr Selbstbewusstsein wird erodieren.

Es ist wichtig, sich das klarzumachen, denn der innere Kritiker ist mehr als nur eine Handvoll Gedanken in Ihrem Kopf. Ihr innerer Kritiker ist die Stimme, die Ihre zentralen Glaubenssätze artikuliert. Fragen Sie sich in diesen Momenten, in denen Sie vor dem Spiegel stehen und Ihren Körper kritisieren, *wieder* Streit mit Ihrem Partner haben und sich fühlen, als wäre es Ihre Schuld, oder wenn Ihnen ein Fehler bei der Arbeit unterläuft, was Sie ganz tief drinnen von sich selbst glauben. Wahrscheinlich klingen die Antworten etwa so:

Ich bin nicht dünn und nicht hübsch genug.
Ich werde nie in einer gesunden Beziehung sein, weil ich nicht liebenswert genug bin.
Alle anderen haben alles im Griff, nur ich nicht.
Ich bin ein Blender und bald werden es alle herausfinden.

Der innere Kritiker hält es für seine Aufgabe, uns regelmäßig an diese Glaubenssätze zu erinnern, *und* – und das ist der Knackpunkt – er sucht auch nach »Beweisen« dafür, dass sie wahr sind. Und diese präsentiert er dann.

Da! Die Hosen sind zu eng. Ich bin immer noch zu fett.
Da! Schon wieder Streit! Ich werde allein enden.
Da! Ich hab's bei der Arbeit wieder versaut. *Versaaagerin*!

Himmelherrgott noch mal, so muss es doch nicht sein. Niemand baut sich aus Selbstkasteiung ein glückliches, erfolgreiches, gesundes Superleben auf. Die Lösung beinhaltet Mitgefühl, Freundlichkeit und langsames Verändern von Gedanken und Glaubenssätzen. Immer und immer wieder.

Niemand baut sich aus Selbstkasteiung ein glückliches, erfolgreiches, gesundes Superleben auf.

Alternativ können Sie dem inneren Arschlochkritiker glauben und sich mies fühlen. Suchen Sie sich's aus.

Die Trigger kennen

Manche Auslöser sind vielleicht offensichtlich. Sie wissen, dass die Kritteleien der Schwiegermutter dazu führen, dass Sie sich mies fühlen und wütend sind. Sie wissen, dass Sie sich unzulänglich fühlen, wenn Sie bestimmten Models oder Yogis auf Instagram folgen.

Manche Trigger sind jedoch subtiler.

In den Tiefen unserer Seele haben wir ein biologisch bedingtes Bedürfnis dazuzugehören. Darum ist es uns wichtig, wie andere uns sehen. In Kapitel 7 und 13 geht um die Bedeutung dessen, was *alle* von uns halten, aber ich habe hier eine Übung, die zeigt, wie sehr Ihr innerer Kritiker darauf baut, dass es Ihnen wichtig ist, wie andere Sie wahrnehmen.

- Machen Sie noch mal eine Liste mit den verschiedenen Bereichen Ihres Lebens.
- Schreiben Sie unter jeden Bereich ein paar Worte, mit denen Sie niemals von anderen Leuten beschrieben werden wollen. Sicherlich wollen Sie in Ihrer Beziehung nicht als hilfsbedürftig, hysterisch, gestört, unsicher oder langweilig betrachtet werden. Bei der Arbeit wollen Sie vielleicht nicht, dass Ihr/e Chef/in und Ihre Kollegen Sie als unqualifiziert, verantwortungslos und unerfahren bezeichnen. Es ist wichtig, dass Sie

alle Bereiche Ihres Lebens abdecken. Überspringen Sie nichts und schludern Sie nicht – lassen Sie die Hosen runter.

- Fragen Sie sich dann, was jede dieser Vorstellungen für Sie bedeutet. *Warum* ist es Ihnen so wichtig, dass Ihr/e Partner/in Sie nicht als hilfsbedürftig ansieht? Diese Übung soll Ihre Gedanken nicht ändern, sondern Ihnen nur bewusst machen, dass Sie sie haben.

Ich will nicht dramatisch rüberkommen, aber diese Übung hat mein Leben verändert. Ich kann inzwischen fast augenblicklich erkennen, wenn ich mich selbst fertigmache, weil es in mir Panik auslöst, wie die anderen mich sehen könnten.

Zum Beispiel hatte ich, nicht lange nachdem ich diese Übung kennengelernt hatte, ein Interview mit einer Frau, die ich bewunderte und schon lange für meinen Podcast hatte gewinnen wollen. Sie hatte um einen Termin am Nachmittag gebeten, aber Nachmittage sind schwierig für mich, weil meine Kinder zu Hause sind. Nicht unmöglich, aber schwierig. Wider besseres Wissen sagte ich zu.

Ein paar Tage später spielte ich im Garten mit meinen Kindern, als auf meinem Telefon um 15:05 Uhr eine Nachricht aufploppte: »Hey, steht das mit dem Interview um 15 Uhr noch?«

Ich dachte: »OH SCHEISSE! OH MEIN GOTT, OH MEIN GOTT, OH MEIN GOTT.« Ich hatte das Interview vergessen.

Ich schrieb zurück: »Tut mir leid, bitte geben Sie mir fünf Minuten!« Ich warf meinen Kindern M&M's und ein iPad hin, wies sie an, mich eine Stunde in Ruhe zu lassen, und rannte ins Zimmer, um das Interview zu führen. In jenen fünf Minuten, in denen ich mich vorbereitete, überließ ich mich meinen Ängsten, dass sie mich unorganisiert, unzuverlässig, unerfahren und sowieso absolut ungeeignet finden könnte. Ich wollte mich ihr und mir selbst erklären und fing an, mich selbst fertigzumachen.

Ich hätte es besser wissen müssen. Sie hält mich wahrscheinlich für total bescheuert und eine komplette Idiotin.

Ich hatte einen Fehler gemacht und ich ging mich selbst dafür an. Es ging schnell; es war unschön. Aber kaum war es losgegangen, wurde es mir bewusst und ich beendete es. Ich sagte mir: »Es war ein Fehler. Es ist keine große Sache. Entschuldige dich einfach. Das kann jedem passieren. Wirklich, jeder macht Fehler.«

Das war's. Und weiter ging's.

Fällt Ihnen auf, dass ich nicht das Bedürfnis hatte, mir selbst zu sagen, dass ich großartig war oder dass sie all diese Dinge über mich dachte. Mein Gehirn merkt es, wenn ich mich in dieser Weise aus dem Scheißefühlen rausmogeln will. Es funktioniert nicht. Ich habe mir stattdessen die Wahrheit gesagt – dass jeder Fehler macht, der Fehler keine Staatsaffäre war, ich ihn in Ordnung bringen konnte und die Sache damit ausgestanden war.

Beachten Sie: Es ist nicht so, dass es die Trigger nicht gäbe und ich mich deshalb nicht schlecht fühle. Die Trigger sitzen tief, sie sind Teil der menschlichen Natur. Wichtig ist es zu erkennen, wenn der Knopf gedrückt wird, damit Sie freundlich mit sich umgehen können.

Das ist Selbstmitgefühl.

Zusammengefasst sieht der Prozess des Auslösererkennens und -ausschaltens wie folgt aus:

- Machen Sie sich mit Ihren Triggern vertraut. Seien Sie sich bewusst, welche Ängste Sie in Hinblick auf die Wahrnehmung anderer haben. Schaffen Sie Klarheit. Wenn Sie sich über die Trigger in allen Bereichen Ihres Lebens klar sind, können Sie Ihr Gehirn darauf trimmen, es zu merken, wenn Sie ätzend zu sich selbst sind.
- Erkennen Sie, wenn die Knöpfe gedrückt werden. Wenn Sie verletzlich sind – wenn Sie einen Fehler gemacht, mit jeman-

dem gestritten, etwas Neues ausprobiert haben –, reagieren Sie darauf. Sind Sie in der Lage, Ihre eigenen Reaktionen einzuordnen, dann können Sie den negativen Kreislauf durchbrechen.

- Fangen Sie an, freundlich mit sich selbst zu reden. Sie müssen es nicht übertreiben. Bleiben Sie bei der Sache und seien Sie gnädig mit sich.

Üben Sie und bleiben Sie dran

Die Wahrheit ist: Wenn Sie Ihren inneren Kritiker in den Griff bekommen wollen, sich selbst dabei ertappen und mitfühlend sein wollen, müssen Sie sich auf diesen Prozess einlassen. Sie können nicht nur diese Seiten lesen und hoffen, dass alles wie von Zauberhand gut wird. Sie verpflichten sich, die Arbeit zu machen, und zwar so lange, bis Ihnen das Ganze in Fleisch und Blut übergegangen ist.

Oft werde ich von Frauen gefragt, wie lange es dauert, von regelmäßigen Selbstattacken zu einem mitfühlenden Umgang mit sich selbst zu gelangen. Es ist schwierig, einen Zeitrahmen festzulegen, aber ich glaube, bei mir hat es etwa drei Jahre gedauert, bis ich eine nachhaltige Veränderung in der Art feststellte, wie ich regelmäßig mit mir selbst redete. Die Veränderung zog sich über Jahre hin, aber sie wäre nie passiert, wenn ich es nur ein paar Wochen versucht und dann aufgegeben hätte, weil ich nicht sofort deutliche Veränderungen feststellen konnte. Manche Leute brauchen weniger Zeit. Doch es braucht Engagement. Wie bei Julie zum Beispiel:

> Als ich anfing, an meinem inneren Kritiker zu arbeiten, war ich sowohl begeistert als auch nervös. Begeistert, an etwas zu arbeiten, das mich seit Jahrzehnten zurückhielt, und nervös,

weil ich Angst hatte, es falsch zu machen. Ich habe es zu meiner Priorität gemacht, und Sie würden es nicht glauben – ich erwische diesen Drecksack schnell, wenn er versucht, mir den Boden unter den Füßen wegzuziehen. Heute höre ich seine Stimme und sage »Nein, heute nicht!« und mache weiter. Es hat mein Leben wirklich zum Positiven verändert.

Vielleicht können Sie nicht mit jedem Werkzeug in diesem Kapitel etwas anfangen. Probieren Sie sie aus und ignorieren Sie die, die Sie nicht mögen. Behalten Sie die, die Sie mögen, und die, die Ihnen helfen. Vermutlich werden Sie Fortschritte machen und gelegentlich in alte Gewohnheiten zurückfallen. Ich höre oft: »Es lief super; dann habe ich mich getrennt und hab wieder angefangen, mich selbst niederzumachen.« Das Leben passiert. Probleme treten auf. Und Ihr innerer Kritiker liebt diese Momente. Seien Sie auf der Hut vor ihnen; in diesen Momenten müssen Sie wachsam sein.

Die Peinlichkeit des Selbstmitgefühls

Irgendwo auf Ihrer Reise zu einem besseren Leben haben Sie wahrscheinlich schon mal von positiven Glaubenssätzen gehört oder davon, dass man negative Gedanken in positive umwandeln soll. Sollte ich Ihnen jemals zu so etwas raten, dürfen Sie mir gerne ein Getränk ins Gesicht schütten.

Ich glaube, dass positive Glaubenssätze für sich allein nicht funktionieren. Mit »nicht funktionieren« meine ich, dass ich nicht glaube, dass man, wenn man sich scheiße fühlt, weil einen etwas getriggert hat, was wirklich an die Substanz geht, nur an etwas Positives und Blumiges zu denken braucht und schwups fühlt man sich besser. Selbst wenn man sich die positiven Glaubenssätze immer wieder vorsagt.

Viele Leute quälen sich, weil sie tiefe Wunden und einen tief verwurzelten Glauben haben, nicht gut genug zu sein.

Das ganze Konzept des Selbstmitgefühls kann komplex sein. Sie sprechen schon seit langer Zeit auf eine gewisse Weise mit sich selbst, und das lässt sich nicht mal eben ändern. Wenn es so einfach wäre, würde es jede/r machen und wir wären alle emotional gesünder und netter zueinander. Und ich müsste nie mehr Bücher schreiben.

Viele Menschen tun sich schwer damit, freundlich mit sich selbst zu sprechen. Ich kann das total verstehen! Es geht mir manchmal auch so.

Hier kommt der Auftritt des Mantras.

Ein Mantra ist ein kraftvolles Wort oder Statement, das üblicherweise wiederholt wird. Suchen Sie sich ein Mantra aus, das Sie sich vorsagen können, wenn Ihr innerer Kritiker Sie mal wieder niederknüppelt.

Hier sind ein paar von meinen Lieblingen:

Ich höre dich und ich entscheide mich bewusst dafür, dir nicht zuzuhören.
Danke für deine Meinung; ich mache dann mal weiter.
Das hab ich gehört.
Ich muss deswegen nicht leiden, also mache ich es auch nicht.
Nun ja, das ist eben passiert. (Das benutze ich!)

Sie können auch eindringliche Fragen stellen, wenn Ihr innerer Kritiker zur Attacke bläst:

Bilde ich mir hier was ein?
Wovor habe ich wirklich Angst?
Ist das wahr?

Nehmen Sie das Selbstgespräch zur Kenntnis und ziehen Sie weiter, aber sagen Sie sich nicht notwendigerweise, dass Sie die Klappe halten sollen. Es geht hier um Selbst*mitgefühl*, denken Sie dran!

In dem Buch *It's Not About Food* von Carol Emery Normandi und Laurelee Roark erinnern uns die Autorinnen: »Sei freundlich. Du triffst Teile von dir, gegen die du in den Krieg gezogen bist.«

Wenn ich mit Frauen diese Übung mache, höre ich immer wieder: »Ich mache ›VERPISS DICH‹ zu meinem Mantra gegen meinen inneren Kritiker.«

Ich bin ja durchaus dafür, sich dem, was der innere Kritiker sagt, vehement entgegenzustellen, und dafür ist auch jedes Werkzeug recht, das für Sie funktioniert – aber darüber müssen wir reden.

Vermutlich haben Sie einen großen Teil Ihres Lebens damit verbracht, sich selbst fertigzumachen. Gegen sich selbst innerlich Gewalt ausgeübt. Darf ich Ihnen helfen, den Baseballschläger wegzulegen? Sie sind so gewöhnt daran, sich selbst mit Hass zu begegnen, dass es Ihnen natürlich erscheint, dasselbe mit Ihrem inneren Kritiker zu machen – aber das ist anstrengend. Sie müssen nicht mehr gegen den Tyrannen ankämpfen.

Fragen Sie sich: Was fühlt sich besser an? Vielleicht fühlen Sie einen Siegesrausch, wenn Sie Ihren inneren Kritiker auffordern, sich zu verpissen und in einem feurigen Inferno zu sterben, aber funktioniert das? Denken Sie dran, der innere Kritiker ist ein Teil von Ihnen – Ihre schlimmsten Ängste, Ihr Grauen vor der Schande, Ihre vergangenen Schmerzen und Ihr Leiden, all das verkörpert in Worten und Gefühlen. Das sind immer noch Sie. Ihr innerer Kritiker ist aus Angst geboren, und diese Angst versucht, Sie zu schützen. Das ist zwar eine echt arschige Art, Ihnen das zu kommunizieren, aber Sie müssen Ihrer Angst gegenüber kein Arschloch sein, nur weil sie eins ist.

Versuchen Sie, Ihrem inneren Kritiker neutral zu begegnen.

Liebesbriefe im Überfluss

Das Herz des Selbstmitgefühls besteht darin, mit sich selbst zu reden wie mit jemandem, den Sie lieben.

Stellen Sie sich vor, Sie seien bei der Arbeit und Ihre Kollegin, auf die Sie sich verlassen und die Sie mögen, macht einen Fehler bei einem Projekt. Sie sitzt an ihrem Schreibtisch und schimpft: »Ich bin so ein Idiot! Ich bin so dämlich! So ein blöder Anfängerfehler hätte mir NICHT passieren dürfen! Sie werden mich feuern.« Vielleicht fängt sie an zu weinen.

Würden Sie da nichts tun? Oder, noch schlimmer, ihr zurufen: »Ja, du bist dämlich. Am besten kündigst du. Soll ich dir packen helfen? Hier ist ein Karton.«

Nein. Sie würden sich vermutlich zu ihr setzen und freundlich mit ihr reden, mit mitfühlender, ruhiger Stimme. Sie könnten ihr sagen, dass Fehler jedem passieren, sie fragen, wie Sie ihr helfen können, das in Ordnung zu bringen, und sie vielleicht sogar daran erinnern, was für tolle Dinger sie schon für die Firma gerissen hat.

Jetzt sind Sie dran. Üben Sie, das für sich selbst zu tun. Und tun Sie es nicht als Pipifax ab, denn den meisten Frauen fällt das schwer. Wir sind darauf programmiert, uns selbst niederzumachen, und das Gegenteil zu tun fühlt sich zunächst komisch an. Wundern Sie sich nicht, wenn dabei eigenartige Gefühle an die Oberfläche kommen.

Fangen Sie mit folgender Übung an: Nehmen Sie ein Blatt Papier oder Ihr Notizbuch und schreiben Sie einen Brief an sich selbst über etwas, was sich wie ein Fehlschlag angefühlt hat. Schreiben Sie das, was Sie von einer Freundin hätten hören wollen. Denken Sie an einen Fehler in Ihrer Vergangenheit oder suchen Sie den Lebensbereich aus, dessentwegen Sie sich selbst am meisten niedermachen. Wenn Sie diesen Brief an eine Freundin schreiben würden, was stünde darin?

Hier ein Beispiel:

Liebe Jennifer,
ich weiß, dass du in letzter Zeit sehr streng mit dir selbst warst, während du versucht hast, nach der Geburt wieder abzunehmen. Du hast keinen Badeanzug getragen, hast es vermieden, fotografiert zu werden, und deinen Körper gehasst.
Hör zu, ich muss dir etwas sagen ...

Setzen Sie sich erst einmal ein paar Sätze zum Ziel und schauen Sie, was dabei herauskommt. Die einzige Regel ist, dass Sie aus Liebe und Mitgefühl für sich selbst schreiben müssen.

Sie können sich auch per Brief bei sich selbst entschuldigen. Nur zu, Sie haben es verdient. Sagen Sie sich selbst, warum Sie freundlicher zu sich hätten sein sollen, und versprechen Sie, künftig anders zu handeln.

So könnte das aussehen:

Liebe Tracy,
ich möchte mich entschuldigen für die Art und Weise, in der ich in den letzten Jahrzehnten mit dir gesprochen habe. Es tut mir leid, dass ich dich schlecht behandelt habe. Ich fühlte mich schuldig und grausam wegen (hier die Situation schildern), und so habe ich gelernt, auf diese Weise mit dir zu reden. Meine Absicht von nun an ist (bitte ergänzen).

Hüten Sie sich vor grandiosen Versprechungen wie »Ich werde nie wieder so mit dir reden«. Denken Sie daran, wir wollen realistisch sein und uns nicht gleich den nächsten Fehlschlag und neue Selbstvorwürfe einhandeln! Setzen Sie sich Ziele wie »Ich werde üben, anders mit dir zu reden« oder »Ich werde mich in solchen Momenten selbst ertappen und meinen Umgang mit dir ändern«.

Diese Übung kann sehr effektiv sein. Wenn wir schreiben, was wir denken, fließen die Ideen aus unseren Körpern und nehmen greifbare Form an, anstatt nur im Kopf herumzuschwirren.

Sich selbst verzeihen

Ich muss mal kurz den Gang wechseln und etwas erklären, was unverzichtbar für Selbstmitgefühl ist: sich selbst zu verzeihen.

Warum verzeihen? Wenn wir nicht daran arbeiten, uns selbst zu verzeihen, schleppen wir eine Last mit uns herum, die den inneren Kritiker unterstützt. Sich selbst zu verzeihen hat mit Selbstliebe und Selbstmitgefühl zu tun.

Die Sache mit dem Verzeihen kann kompliziert sein. Ich will nicht lügen und sagen: »Hier sind die Schritte eins, zwei und drei: Tun Sie dies, sagen Sie das und schon haben Sie sich verziehen und können weitermachen.« Es ist komplex und kann Scham, Schuldgefühle, Trauer und manchmal auch Traumata beinhalten. Vielleicht gibt es große Klopper, die verziehen werden müssen. Wenn Sie sich für etwas schämen, das Sie getan haben, besonders wenn ein Trauma im Spiel ist – wenn Sie zum Beispiel das Gefühl haben, der Tod eines Menschen sei Ihre Schuld, oder Sie sich die Schuld für einen Missbrauch geben –, dann schauen Sie ins Quellenverzeichnis dieses Buches und denken Sie darüber nach, sich einen Therapeuten oder eine Therapeutin zu suchen, der/die sich mit dergleichen auskennt.

Geht es hingegen um weniger heftige Dinge (die aber bedeutend genug sind, um bearbeitet zu werden), dann sollten Sie über Folgendes nachdenken:

Fangen wir mit einer Beschreibung des Problems an. Haben Sie Entscheidungen getroffen, die Sie bereuen? Haben Sie sich selbst in eine nachteilige Situation gebracht? Schleppen Sie etwas aus der Vergangenheit oder Gegenwart mit sich herum? Denken Sie an die Dinge, für die Sie sich immer noch fertigmachen oder »bestrafen«. Vielleicht haben Sie

- eine/n Partner/in oder Ehegatten betrogen
- eine missbräuchliche Beziehung toleriert und sind nicht gegangen, obwohl Sie wussten, dass dies besser wäre
- eine Abtreibung machen lassen und fühlen sich deshalb schlecht
- ihre Kinder geschlagen (vor kurzem oder in der Vergangenheit)
- jemanden im Stich gelassen, der Sie gebraucht hätte

Vielleicht müssen Sie Frieden mit dem schließen, was Sie aktuell in Ihrem Leben zulassen, oder sich etwas verzeihen – Traurigkeit, Grausamkeit, Peinlichkeit. Manchmal geißeln wir uns, weil wir einfach nicht in der Situation sind, in der wir sein wollen – die, von der wir wissen, dass sie *möglich* ist. Das Leben ist eine Reise; vom Kopf her wissen Sie das, aber es fühlt sich an, als dauerte alles zu lang, und Sie machen sich nieder, weil Sie noch nicht da sind.

Ich muss das fragen: Was glauben Sie, was sich selbst zu verzeihen bedeutet? Viele tun es nicht, weil sie das Gefühl haben, sie müssten die Last ihrer Fehler tragen. Dafür zu leiden und sich weiterhin fertigzumachen bedeutet zu büßen. Ist Ihre Antwort auf die Frage, dass das, was Sie getan haben, in Ordnung war?

Dass sich selbst zu verzeihen bedeuten würde, automatisch allen anderen, die dasselbe getan haben, einen Persilschein auszustellen? Oder dass sich selbst zu verzeihen bedeutet, keine Verantwortung für die eigenen Handlungen zu übernehmen? Dann müssen wir reden.

Sich selbst zu verzeihen bedeutet nichts von alldem. Es bedeutet, dass Sie ein Mensch sind und es verdient haben, von Schuldgefühlen wegen Ihrer Fehlbarkeit befreit zu werden.

Beginnen Sie anzuerkennen, dass das, weswegen Sie sich schlecht fühlen, passiert ist. Das klingt vielleicht verrückt, aber häufig leugnen wir, was passiert ist. Es zuzugeben bedeutet, dass wir Verantwortung für unsere Handlungen übernehmen und gegebenenfalls etwas gutmachen müssten. Vollumfänglich zuzugeben, was passiert ist, könnte auch dazu führen, dass Sie Gefühle und Emotionen erleben, die Sie vermeiden wollen.

Das ist nicht der Moment, um in die Falle der Selbstkasteiung zu tappen. Ich wünsche mir als Ergebnis Selbstmitgefühl, aber manchmal müssen wir uns für das, was wir getan haben, entschuldigen, wenn wir Reue spüren. Die Definition von Reue ist tiefes Bedauern einer falschen Handlung. Schuldgefühle können gut sein, denn sie können Veränderungen hervorrufen. Wenn wir uns schuldig fühlen, wissen wir, dass wir etwas falsch gemacht haben. Etwas, das gegen unsere Werte verstößt und möglicherweise jemanden verletzt hat. Schuldgefühle können dafür sorgen, dass wir Handlungen wiedergutmachen, aus Fehlern lernen und es das nächste Mal besser machen.

Es ist ebenfalls wichtig, anzuerkennen, welche Gefühle Sie neben Schuld noch haben. Angst, Feindseligkeit, Ärger, Scham, Frust, Verlegenheit und so weiter. Vermeiden Sie welche? Ich wette, ja. Vielleicht gibt es genügend Raum, um diese Gefühle wirklich zu *fühlen*? (In Kapitel 3 lesen Sie mehr über Betäubungstechniken.) Wenn wir uns selbst oder anderen verzeihen, kommen üblicherweise Gefühle hoch. Manchmal eine richtige Ladung. Seien Sie darauf vorbereitet, es ist normal und notwendig, das durchzumachen.

In diesem Prozess können Sie an den Punkt kommen, an dem Sie gegenüber einer anderen Person etwas wiedergutmachen müssen.

Es geht nicht darum, Ihr Gewissen zu erleichtern, damit Sie nachts besser schlafen können. Entschuldigungen oder Wiedergutmachungen sollten nur erfolgen, wenn Sie dadurch nicht ein Riesendrama produzieren.

Wenn Sie zum Beispiel eine Affäre mit einem verheirateten Mann gehabt haben und das Bedürfnis verspüren, das gegenüber seiner Frau wiedergutzumachen, dann ist das vielleicht keine gute Idee. Sie könnten dadurch alles durcheinanderwirbeln. Die Lehrmeinung zu diesem Thema ist, dass Wiedergutmachungen stattfinden sollten, »aber nicht, wenn man sich selbst oder andere damit verletzt«. Denken Sie bitte an Ihr Gegenüber, bevor Sie etwas unternehmen.

Die Kehrseite der Medaille ist, dass Ihre Vergebung gegenüber Ihnen selbst nicht davon abhängen darf, ob die andere Person Ihre Entschuldigung annimmt. Vielleicht tut sie das nicht. In einer perfekten Welt würde Ihre Entschuldigung mit einer Umarmung angenommen werden, Sie würden gemeinsam erleichtert schluchzen und in den Sonnenuntergang reiten. Darum geht es aber nicht. Es geht darum, Reue auszudrücken und zu fühlen. Bevor Sie »Entschuldigung« sagen, stellen Sie sicher, dass Sie vom Ergebnis unabhängig sind.

Ein großes Mantra für die Verzeihung sich selbst gegenüber lautet: »Ich bin ein Mensch und ich habe einen Fehler gemacht.« Das sind Sie und das ist passiert. Das war's. Ihre Fehler machen Sie nicht zu einem schlechten Menschen. Sie bedeuten nur, dass Sie ein Mensch sind und danebengegriffen haben. Wenn es Ihnen hilft, dieses Mantra immer wieder zu wiederholen, tun Sie das.

Kummer, das Verarbeiten von Gefühlen und Verzeihung sich selbst gegenüber brauchen Zeit, manchmal kommen die Krisen wiederholt und in Wellen. Lassen Sie es mich immer wieder betonen: Vergebung ist kein Ex-und-hopp-Prozess. Vielleicht ist es das für Sie, aber viele Menschen müssen üben und einen monate- oder jahrelangen Entwicklungsprozess mitmachen.

Denken Sie daran, dass Verzeihen nicht Vergessen bedeutet. Sie können aus dem Geschehenen lernen und sich von der Erfahrung leiten lassen. Sie dürfen sich schuldig fühlen oder *was auch immer*. Das Ziel ist, die Scham zu verarbeiten und die Selbstvorwürfe, die mit der Erinnerung verbunden sind, zur Tür hinauszuscheuchen.

Wie Sie mit sich selbst sprechen, ist wichtig und grundlegend für Ihre Entwicklung und Ihr Glück. Es ist wichtig. Sie sind wichtig. Lassen Sie sich auf die Übungen ein. Ich habe beobachtet, wie dieser Prozess Leben verändert, und ich habe keinen Zweifel daran, dass Sie, wenn Sie Ihr Gespräch mit sich selbst aufmerksam beobachten, schon ein gutes Stück auf Ihrem Weg zu einem großartigen Leben zurückgelegt haben.

Die peinliche Befragung:

- Weswegen machen Sie sich selbst am meisten fertig?
- Was genau sagt Ihr innerer Kritiker?
- Können Sie ausmachen, wo Ihr negativer Umgang mit Ihnen selbst herkommt? Wenn ja, woher?
- Gibt es Trigger, die Sie in den Griff bekommen können? Wenn ja, was wollen Sie tun?
- Gibt es etwas, was Sie sich verzeihen müssen? Wenn ja, was haben Sie vor zu tun?

KAPITEL 2

HAU AB UND LASS MICH IN RUHE: ISOLATION UND VERSTECKSPIELE SCHÜTZEN NICHT

Wir leben in einer sozialen Welt. Auch die Wissenschaft sagt, dass wir – als Menschen – für Beziehungen gemacht sind. Manche meinen sogar, dass das unser Lebenssinn ist. Allerdings sind wir auf vielerlei Arten isolierter denn je.

Oft frage ich die Frauen, mit denen ich arbeite, nach ihrem Netzwerk, insbesondere nach ihren Freundinnen. Die meisten sagen, dass sie auf diesem Gebiet Schwierigkeiten haben; viele isolieren und verstecken sich, selbst wenn sie Freundinnen haben.

Vielleicht tun Sie das auch.

Das führt dazu, dass Sie nicht um Hilfe bitten, wenn Sie diese brauchen oder Sie eine Krise durchleben. Vielleicht täten Sie es gern, wälzen aber insgeheim einen oder alle der folgenden Gedanken:

Niemand will meine Probleme hören.
K. hat diese Probleme nicht. Es ist mir peinlich, ihr davon zu erzählen.
Sie hat so viel zu tun, sie hat keine Zeit, sich meinen Seelenmüll anzuhören, und ich will sie nicht damit belasten.

Kurz gesagt, Sie finden Entschuldigungen, um nicht um Hilfe zu bitten.

Isolierte Menschen sind nicht notwendigerweise Eigenbrötler. Sie drücken sich nicht im Dunkeln herum und kommen wie die Vampire nur bei Nacht hervor. Isolation und Versteckverhalten sind eher psychisch zu verstehen – diese Frauen verstecken ihre Unsicherheit und isolieren ihre Probleme, sie wollen nicht, dass andere sie sehen. Tatsächlich sind Frauen, die sich so verhalten, häufig gesellige, kontaktfreudige Menschen, und wenn Sie ihnen begegnen würden, nähmen Sie an, dass sie ein tolles Leben führen. Von außen sieht alles super aus.

Aber tief drinnen fühlen sie sich oft einsam, verunsichert und ängstlich.

Wie Wendy, eine Frau aus einem meiner Kurse:

> Wenn es schwierig wird oder ich ein Problem habe, verstecke ich mich, weil es leichter ist, als mich dem Urteil der Menschen, die ich liebe, zu stellen. Ich tue es, weil ich weiß, dass ich nicht mein Bestes gegeben habe, und mich selbst schon hart verurteilt habe. Nur meine Therapeutin weiß, wie schlimm es ist.
>
> Ich treffe immer noch meine Freundinnen und gehe all den Aktivitäten nach, die mir Freude machen, aber ich tue nur so, als ob alles gut ist, während ich innerlich zusammenbreche und gar nicht richtig da bin. Es ist anstrengend und herzzerbrechend. Wenn ich mich verstecke, fühle ich mich taub; Freude gibt es nicht, und nur manchmal fühle ich den Schmerz, den ich durchmache. Es fühlt sich an, als kämpfte ich gegen die ganze Welt, und ich kann den Gedanken nicht ertragen, dass die Leute erfahren könnten, was für eine Versagerin ich bin.

Das vorherrschende Gefühl bei dieser Art von Isolations- und Versteckverhalten ist Angst. Angst, hilfsbedürftig zu wirken, verurteilt zu werden, jemand anderen mit Problemen und Schmerz zu belasten. Wendys Geschichte ist ein klassisches Beispiel. Angst, eine Freundschaft auszunutzen. Die Sorge, sich jemandem zu offenbaren und »entlarvt« zu werden als jemand, der eben nicht alles im Griff hat, wie man andere gerne glauben machen würde.

Das alles entwickelt sich zum perfekten Sturm, denn man fühlt sich ja schon mies wegen all dem, wogegen man gerade ankämpft. Und nun kommt auch noch die Angst dazu, eine Last zu sein oder verurteilt zu werden. Oh, und erst der Gedanke, dass man die Einzige sei, die solche Probleme hat! Das Ergebnis: Man trifft die schnelle und leichte Entscheidung, nicht um Hilfe zu bitten. Ich höre immer wieder, dass sich diesen Frauen die Frage gar nicht stellt. Sie kämpfen nicht innerlich mit der Frage »Soll ich sie anrufen?«. Wenn jemand fragt, wie es ihnen geht, halten sie nicht mal inne, um zu erwägen, ehrlich zu sein.

Frauen, die sich gewohnheitsmäßig isolieren und verstecken, wenn sie Schwierigkeiten haben, wissen von vornherein, dass sie niemandem von ihrem Leid erzählen werden. Es ist einfach zu riskant.

Woher kommt das?

Manche Leute machen für ihr Versteck- und Isolationsverhalten ihre Schüchternheit oder Introvertiertheit verantwortlich. Ich glaube, dass die Persönlichkeit dabei eine Rolle spielen kann, häufig aber irgendetwas passiert ist, das dieses Verhalten auslöst. Vielleicht haben Sie um Hilfe gebeten und von jemandem erwartet, dass er/sie für Sie da ist, und wurden zurückgewiesen oder für Ihre Gefühle kritisiert. Es kann helfen, diese Situation zu identifizieren, um der

Vorstellung, dass Verstecken und Isolieren hilfreich ist, den Garaus zu machen.

Nehmen wir Rachel als Beispiel:

> Ich begann, mich zu verstecken, als ich elf war, nachdem ich eine Verletzung erlitten hatte und niemand mir abnahm, dass ich körperliche Schmerzen hatte. Später stellte sich heraus, dass ich operiert werden musste. Dieser Vorfall pflanzte mir die Überzeugung ein, dass es »niemanden interessiert, wie es mir geht« und »niemand mir zuhört, wenn ich Schmerzen habe«. Also beschloss ich, schmerzhafte Empfindungen nicht mehr mit anderen zu teilen. Wenn es hart wurde, zog ich mich zurück. Ich schloss meine Gefühle weg und versteckte alles, was auch nur entfernt an Verletzlichkeit erinnerte.
>
> Auf der Highschool hatte ich einen netten Freundeskreis, aber wenn es schlecht lief oder ich ernst sein musste, versteckte ich mich. Ich hatte Angst, als schwach angesehen zu werden, und glaubte, dass meine Probleme sowieso niemanden interessierten. Einige Male versuchte ich, meine Gefühle zu teilen und über sie zu sprechen. Ich bekam einen Kloß im Hals und fing an zu weinen, was sich noch schlimmer anfühlte, als alles in mich hineinzufressen. Dieses massiv unangenehme Gefühl trug dazu bei, dass ich mich nicht öffnen wollte. Ich zog mich noch weiter zurück.

Rachels Verhalten rührt offensichtlich daher, dass sie um Hilfe gebeten und gesagt hatte, dass sie Schmerzen habe, und niemand ihr geglaubt hatte. Vielleicht haben Sie eine ähnliche Geschichte durchlebt. Vielleicht wurde Ihnen vermittelt, dass das, was Sie fühlten oder durchmachten, falsch war. Oder vielleicht hat auch einfach niemand in Ihrer Kindheit über Gefühle geredet. Vielleicht finden

Sie keinen eindeutigen Grund. Das ist auch in Ordnung. Viele Verhaltensweisen in diesem Buch überlappen sich, vielleicht haben Sie Probleme mit Perfektionismus und dem Zeigen von Stärke, was ebenfalls zu Isolation und Versteckverhalten beitragen kann. Diese Verhaltensweise aufzugeben bedeutet, Schwäche zuzulassen, aber viele sind unter Umständen aufgewachsen, in denen dies nicht vorgelebt oder thematisiert wurde. Wahrscheinlich haben Sie es nicht gelernt, auch nicht, warum es wichtig ist. Daraus erklärt sich von selbst, warum Sie es als Erwachsene nicht tun.

Es ist sehr wichtig, dass Sie sich selbst fragen, warum Sie sich verstecken und isolieren. Es kann helfen, diese Fragen im Notizbuch zu beantworten: Was, glauben Sie, würde passieren, wenn Sie um Hilfe bitten? Welche Ängste verbinden Sie damit? Der Grund für Isolationsverhalten hat viel mit den Antworten auf diese Fragen zu tun, und meistens (wenn nicht sogar immer) sind die Ängste irrational, jedoch mit der Zeit zu einer Art Wahrheit geworden.

Unbewusste Isolation

Vielleicht isolieren Sie sich, ohne es überhaupt zu merken.

Vor vielen Jahren war ich mit einem Mann zusammen, den ich für Mister Perfekt hielt, aber die Sache ging schnell den Bach runter. Ich war frisch geschieden, was ich nicht gut verkraftete, und die neue Beziehung war eine nette Ablenkung. Meine Scheidung verlief hässlich und schmerzlich, ich glaube, dass die meisten meiner Freunde nicht wussten, wie sie mir helfen sollten, und ich schämte mich so, fühlte mich gedemütigt und am Ende, dass ich es nicht annehmen konnte, wenn sie es dennoch taten. Während meine Freunde sich langsam durch die Hintertür aus unserer Freundschaft stahlen, wandte ich mich ab und tat, als würde ich es nicht merken und als würde es mich nicht interessieren.

Die Monate vergingen. Meine Beziehung zu Mister Nicht-so-Perfekt verschlechterte sich und mein Versteckverhalten verschlimmerte sich. Ich antwortete nicht auf E-Mails (manchmal öffnete ich mein privates E-Mail-Postfach wochenlang nicht) und reagierte nicht auf SMS oder Anrufe, und wenn ich mal mit Freunden sprach, dann erzählte ich peinliche Lügen und behauptete, alles liefe großartig.

Ich hatte solche Angst, enttarnt zu werden. Mein Herz war gebrochen, und ich wusste nicht, wie ich mit dem Schmerz und den Gefühlen umgehen sollte. Ich versuchte alles, um diese Gefühle nicht fühlen zu müssen: (falsche) Liebe, Shopping, Trinken, Feiern und vor allem Verstecken. Ich konnte mein eigenes Leben nicht ertragen. Wie konnte ich es da vor jemand anderem ausbreiten? Wenn ich selbst nicht ertragen konnte, was mir passierte, wie konnte ich da um Hilfe damit bitten? Fragen Sie sich, ob Sie Bedingungen stellen, wenn Sie teilen, was in Ihrem Leben passiert. Da ich meine eigene Geschichte nicht ertragen konnte – ich war sicher, mein Leben sei noch nie so furchtbar gewesen –, ging ich davon aus, dass alle anderen das auch dachten und ich der Hilfe nicht würdig sei. Ich war eine solche Versagerin, dass niemand gezwungen sein sollte, sich mit meinem Schlamassel zu befassen. Ich hatte mich da reingeritten, also musste ich allein wieder rauskommen. Ich versuchte, mich selbst mit »harter Liebe« da durchzuschlagen.

Diese Denkweise, meine Lieben, führt letztlich immer, und damit meine ich *immer*, zu noch mehr Schmerz. Aber es gibt einen Ausweg. Schauen wir ihn uns an.

Wie bringt man das in Ordnung?

Isolations- und Versteckverhalten sind schwer abzulegen. Um Hilfe zu bitten bedeutet, sich verletzlich zu machen, und das verursacht

Angst. Und zwar richtig. Vielleicht werden wir abgebügelt, zurückgewiesen, verurteilt oder kritisiert (manchmal nur stumm, aber wir spüren es ... wir wissen es). Mit anderen Worten: Wir bekommen vielleicht nicht das, was wir von den anderen brauchen. Es ist zu riskant und legt unser Herz zu sehr bloß, also bleiben wir stumm.

Viele empfinden Verletzlichkeit als Schwäche, wie Rachel es in ihrer Geschichte erwähnte. Als ich mit ihr sprach, sagte sie sogar, dass sie Verachtung für Leute empfinde, die *tatsächlich* über intime Probleme sprächen. Da sie sich selbst so sehr für ihre Probleme verurteilte, verurteilte sie andere schnell für das, was sie als Schwäche ansah.

Darüber hinaus höre ich oft, dass sich viele so überlastet fühlen, dass sich dies auf Freundschaften auswirkt. Eine Frau namens Ana erzählte mir: »Ich habe das Gefühl, dass ich, wenn ich nicht voll für meine Freundinnen da bin, ihnen nicht alles gebe, sie als Freundin im Stich lasse.« Viele versuchen nicht, mit ihren Freunden in Beziehung zu treten, fühlen sich aber verpflichtet, für andere der Fels in der Brandung zu sein. Es ist leichter, für andere da zu sein, aber das im Gegenzug nicht für sich selbst einzufordern. Viele Frauen sehen gerne Verletzlichkeit bei anderen und suchen regelrecht danach, scheuen jedoch davor zurück, sie selbst zu zeigen.

Wenn wir vor der Entscheidung stehen, verletzlich zu sein und zu üben, mutig zu sein – in diesem Fall die Entscheidung, eine Freundin um Hilfe zu bitten oder stumm zu bleiben und sich zu isolieren –, können sich beide Optionen furchtbar anfühlen.

Auf der einen Seite riskieren Sie, Ihre Gefühle zu entblößen, wenn Sie sich an jemanden wenden. Die zweite Option birgt das Risiko, sich einsam und isoliert zu fühlen, was zu weiteren beschissenen Verhaltensweisen führt (Selbstbetäubung, negative Selbstgespräche, jede Verhaltensweise, die ich in diesem Buch beschreibe), was wiederum noch weiter in die Isolation führt. Beides ist schwierig; mit letzterer Lösung haben Sie sich aber arrangiert und befinden sich darum in einem endlosen Kreislauf. Ich will Sie nicht auffordern, Ihre Freundinnen anzurufen und hier und jetzt alle Ihre Probleme auszubreiten. Brechen Sie nicht vor der Barista bei Starbucks in Tränen aus und legen Sie dort auch nicht Ihre tiefsten, dunkelsten Geheimnisse auf den Tisch. Denken Sie jedoch darüber nach: Wollen Sie wirklich am Ende Ihres Lebens bereuen, keine Menschen gefunden zu haben, bei denen Sie sich anlehnen können? Oder die Beziehungen mit Ihren Freundinnen nicht gepflegt zu haben?

Wir müssen das Mutigsein und Verletzlichsein üben, indem wir über die Mauern schauen, die wir zu unserem »Schutz« aufgebaut haben, sie durchbrechen und versuchen, mit Menschen in Beziehung zu treten. Wir müssen üben, es falsch machen, eine Ehrenrunde drehen und es noch mal versuchen.

Denn wir sind alle nicht perfekt. Ihre persönliche Entwicklung ist nicht perfekt und sie wird wohl voller Fehltritte und Misserfolge sein. Aber ich verspreche Ihnen, ich *verspreche*, wenn Sie einmal anfangen, dann bekommen Sie Schwung und Selbstvertrauen. Und ich verspreche Ihnen, dass Sie nicht allein sind. Ich versichere Ihnen, dass Tausende Frauen das hier lesen und ebenfalls Angst haben. Und ich verspreche Ihnen, wenn Sie wieder und wieder üben, Verletzlichkeit zuzulassen, durch Irrungen und Wirrungen, werden Sie die Liebe und Nähe bekommen, die Sie sich so sehr wünschen und die Sie verdienen.

Ich verspreche Ihnen, wenn Sie wieder und wieder üben, Verletzlichkeit zuzulassen, durch Irrungen und Wirrungen, werden Sie die Liebe und Nähe bekommen, die Sie sich so sehr wünschen und die Sie verdienen.

Wie man sich öffnet

Eins der ersten Dinge, die ich die Frauen frage, mit denen ich arbeite, ist, wer die Schlüsselfiguren in ihrem Leben sind – haben sie ein oder zwei Freundinnen, auf die sie sich verlassen können? Wir unterschätzen die Macht von weiblichen Freundschaften massiv und räumen ihnen in der heutigen hektischen und von Termindruck geprägten Kultur keine Priorität ein, obwohl gesunde Freundschaften der Schlüssel zu Glück und Freude sind.

Es gibt viele Gründe, warum wir uns angewöhnt haben, Freundschaften nicht wichtig zu nehmen. Neben der mangelnden Wertschätzung haben wir Angst vor ihnen. Viele sind in der Vergangenheit von Freundinnen betrogen worden und folglich fest entschlossen, nicht wieder zu vertrauen. Oder wir denken, wir bräuchten mindestens zehn solcher wundervoller Freundinnen, mit denen wir täglich reden und uns wöchentlich treffen, und das ist anstrengend, wenn man einfach nur die Jogginghose anziehen und Netflix gucken will.

Natürlich haben Sie inzwischen verstanden, dass Sie, wenn Sie Isolation und Versteckverhalten hinter sich lassen wollen, Ihre Verletzlichkeit einigen wenigen ausgewählten Personen zeigen müssen. Eine Kollegin von mir, Shasta Nelson, die Autorin von *Frientimacy*, fasst es gut zusammen: »Unsere Einsamkeit rührt nicht daher, dass wir nicht genug Leute kennen, sondern daher, dass wir einigen wenigen nicht nahe genug sind.«

Keiner redet davon, dass Sie Ihre schmutzige Wäsche vor sämtlichen Facebook-Freunden im täglichen Status-Update waschen sollen. Vielmehr sollen Sie ein oder zwei Leute finden, die ich »mitfühlende Zeuginnen« nennen möchte.

Auf Isolation und Verstecken trifft wie auf alle Verhaltensweisen in diesen Kapiteln der Grundsatz zu, dass Sie im ersten Schritt realisieren müssen, dass Sie es tun. Wie schon erwähnt, gab es Zeiten, in denen mir nicht klar war, dass ich mich versteckte und andere mied. Falls Ihnen beim Lesen dieses Kapitels ein Licht aufgegangen ist – gern geschehen.

Empathie

Eine mitfühlende Zeugin ist jemand, der auf die Geschichte Ihrer Probleme mit Empathie reagiert. Die meisten bekommen das nicht beigebracht – und glauben Sie mir, das ist keine angeborene Tugend, es kann schwierig sein.

Fangen wir damit an, was Empathie *nicht* ist. Wir alle haben Freunde, die auf unsere Probleme in einer Weise reagieren, die uns *keine* guten Gefühle macht. Vielleicht haben Sie einer Freundin gerade erzählt, dass Sie Eheprobleme haben. Haben Sie eine der folgenden Antworten gehört?

Die »Da setz ich noch einen drauf«-Freundin: »Ach du liebe Zeit, das ist doch gar nichts! Weißt du, was bei mir los ist? Ich bin mir fast sicher, dass mein Mann mich mit seiner Sekretärin betrügt.«
Die »Ach was«-Freundin: »Ist wahrscheinlich nicht so schlimm. Ich hab euch letzte Woche gesehen, da saht ihr ganz glücklich aus.«
Die »Immerhin«-Freundin: »Na ja, immerhin bist du verheiratet. Ich bin schon seit gottverdammten zehn Jahren Single.«
Die »Ich bring das in Ordnung«-Freundin: »Wart ihr mal bei der Eheberatung? Oder habt ihr dieses Beziehungsbuch gelesen? Wie wär's, wenn ihr euch in Zukunft regelmäßig miteinander verabredet?«

Die »Keuch«-Freundin: »WAAAS!?! Ich dachte, eure Ehe wäre perfekt. Du MUSST das wieder hinkriegen!« (bricht in Tränen aus)

Und zu guter Letzt die »Das kriege ich doch zu mir herumgedreht«-Freundin: »Ah, schade. Ja, also, ich und mein Mann haben dieses Wochenende ja furchtbar gestritten. Er hat sich beim Grillfest unserer Nachbarn total besoffen und ich ...«

Keine dieser Antworten auf Ihr Ehedrama hilft Ihnen irgendwie weiter. Vielleicht ist Ihnen beim Lesen etwas flau geworden, weil ... Sie vielleicht so schon auf andere reagiert haben, die in Ihnen eine mitfühlende Zeugin suchten. Ah, es menschelt! Ist in Ordnung. Ist uns allen schon passiert. Üben Sie Selbstmitgefühl und lassen Sie uns darüber reden, wie Empathie tatsächlich aussieht.

Nehmen wir noch einmal dasselbe Beispiel. Sie erzählen einer Freundin von Ihren Eheproblemen. Und sie sagt: »Wow, das klingt hart. Willst du mir das genauer erzählen?« Sie fühlen sich wohl und Sie erzählen ihr mehr. Als Sie fertig sind, sagt sie, »Hui, ich weiß gar nicht, was ich sagen soll. Aber ich bin froh, dass du mir das erzählt hast.«

Das ist es schon.

Empathie bedeutet, mit jemandem *mit*zufühlen. Es geht darum, im eigenen Herzen nachzufühlen und dort die Emotion zu finden, die die andere Person fühlt. Es heißt nicht, dass Sie sich so tief auf das Elend und den Schmerz einlassen sollen, dass die andere das Gefühl hat, Sie trösten zu müssen (die »Keuch«-Freundin). Sie können Empathie ausdrücken, auch wenn Sie das, was die Freundin Ihnen erzählt, noch nie erlebt haben.

Wenn Sie Schmerz, Betrug, Kummer, Trauer erlebt haben, all die heftigeren Gefühle, dann können Sie auch empathisch sein. Man muss nur wissen, wie Empathie aussieht, und sich darin üben.

Während meiner Coaching-Ausbildung 2008 wurden wir in Dreiergruppen eingeteilt. Ich sollte beobachten, während die beiden anderen Frauen in meiner Gruppe Coach und Klientin darstellten. Die eine erzählte, ihr Ehemann habe soeben eine Krebsdiagnose erhalten. Sie brach weinend zusammen. Die andere sagte: »Oh, du Arme. Das klingt furchtbar. Es tut mir so leid, dass du das durchmachen musst. Ich sehe, dass es dir das Herz bricht.« Dann hielt sie ihre Hand und ließ sie weinen.

Ich war geplättet. Zwei Dinge waren mir völlig klar: Die Interaktion zwischen den beiden Frauen war wundervoll. Und ich hätte das für die leidende Klientin nicht tun können. Ich wäre in den »Ich bring das in Ordnung«-Modus gegangen und hätte versucht, ihr zu helfen, einen Aktionsplan für sich und ihren Mann aufzustellen. Aber das brauchte sie gar nicht. Sie brauchte eine mitfühlende Zeugin. Der Grund, warum ich versucht hätte, ihre Situation zu lösen, war, dass ich ihre schmerzlichen Gefühle nicht ertragen konnte.

Um empathisch sein zu können und als mitfühlende Zeugin zu dienen, müssen Sie sich mit diesen unangenehmen Emotionen wohlfühlen. Sie aushalten.

Vielleicht denken Sie: »Das klingt nach einer magischen Feen-Einhorn-Freundin, so was gibt's im wahren Leben nicht.« Ich weiß. Die meisten Menschen sind nicht fit genug in Sachen Empathie, wenn sie nicht gerade Fans von persönlicher Entwicklung oder Hospizpflegerin sind. Wissen Sie was? Sie dürfen Empathie mit jemandem üben, den Sie als Ihre mitfühlende Zeugin betrachten. Sie dürfen um das bitten, was Sie brauchen. Durch Vorbildverhalten zeigen Sie den Menschen, wie Sie behandelt werden wollen.

(Und ich erinnere sanft daran, dass Sie mit Versteckspielen, Isolation und Vermeidungsverhalten ebenfalls ein Vorbild geben.)

Das Ganze bedeutet nicht, dass Sie eine Freundin brauchen, die als Kummerkasten dient. Oder jemanden, den Sie jedes Mal anrufen können, wenn Sie sauer sind oder etwas nicht nach Plan läuft. Ich bin ja durchaus für gelegentliches, bewusstes Jammern, aber hier geht es um die größeren Dinge im Leben. Isolation und Vermeidungsverhalten hinter sich zu lassen bedeutet nicht, sich an jemanden zu wenden und zu erwarten, dass er/sie Ihre Probleme löst. Das geht nicht. Nur selten, wenn überhaupt, kann jemand Ihre Probleme mit einem Wort oder einem Gespräch aus der Welt schaffen.

Es geht darum, jemandem Ihre Erfahrungen anzuvertrauen, damit Sie Ihre Gefühle sortieren können. Es geht darum, einen Zeugen für Ihr Leid zu haben. Jemanden, der Ihren Schmerz sieht und hört.

Es geht darum, jemandem Ihre Erfahrungen anzuvertrauen, damit Sie Ihre Gefühle sortieren können. Es geht darum, einen Zeugen für Ihr Leid zu haben. Jemanden, der Ihren Schmerz sieht und hört.

Ein Wort zu den Menschen, denen Sie sich anvertrauen

Brené Brown legt jedem nahe, die richtige Geschichte mit den richtigen Menschen zu teilen und jenen Menschen Geschichten zu erzählen, die es verdienen, sie zu hören. Nicht jeder hat das Recht, Ihre Geschichte zu hören. Wir alle haben vermutlich schon mal jemandem zu viel anvertraut in dem Bestreben, eine neue Freundschaft zu erzwingen. Oder wir haben etwas mit Leuten geteilt, die nicht für uns da sind, in der Hoffnung, dass sie sich wie durch Zauberei *diesmal* wie außerordentliche Menschen verhalten und so reagieren, wie wir es uns wünschen. Und sie tun es nicht.

Aber viele haben ein oder zwei Freunde, die als mitfühlende Zeugen agieren oder das Potenzial dazu haben. Trotzdem isolieren wir uns oder ziehen eine strenge Grenze, die nicht der Freundschaft dient. Vielleicht spielt das Gegenüber auch fortwährend in wohlmeinender Weise die »Ich bring das in Ordnung«-Rolle, aber wir sagen nie, dass es nicht das ist, was wir brauchen. Womit wir beim Thema Vertrauen wären.

Wir wissen, dass Vertrauen schrittweise aufgebaut wird. Es geht nicht um großartige und allumfassende Liebesbeweise, sondern um kleine Momente, die sich mit der Zeit anhäufen. Zum Beispiel erzählte eine Frau in einem meiner Onlinekurse, dass sie mit einer Freundin zu Abend aß und beschloss, ihre Verletzlichkeit zu zeigen und ihr von einem Problem zu erzählen, mit dem sie kämpfte. Ihre Freundin legte die Gabel weg, um ihr zuzuhören. Diese kleinen Gesten zeigen: »Ich bin da, ich höre dir zu, du bist mir wichtig.«

Aber es läuft nicht immer gut. Die meisten von uns sind hintergangen worden, haben ein Messer in den Rücken bekommen. Vielleicht haben wir einer Freundin etwas erzählt und sie hat es weitergetratscht. Jemand meldet sich nicht mehr. Jemand hat etwas wirklich Schlimmes getan, zum Beispiel Leute gegen einen aufgebracht – jedes Drama, das Sie sich nur vorstellen können. Und vielleicht ist es Ihnen mehrfach passiert und Sie denken: »Ich traue nie wieder einer Freundin. Es ist das Risiko nicht wert.«

Glauben Sie mir, ich verstehe Sie. Ich habe selbst daran arbeiten müssen, Menschen zu vertrauen. Aber wenn Sie mit Isolations-, Vermeidungs- und Versteckstrategien Schluss machen wollen, müssen Sie ein oder zwei enge Freundschaften schaffen und pflegen. Um diese Freundschaften aufzubauen und zu fördern, müssen Sie Vertrauen zu diesen Menschen entwickeln.

Oft höre ich das Argument: »Na ja, ich mache diese kleinen Gesten des Vertrauens gegenüber meinen Freundinnen, aber niemand erwidert sie.« Das mag wahr sein. Aber auch wenn Sie das vermutlich nicht hören wollen: Vermutlich wissen Ihre Freundinnen nicht, dass sie keine guten Freundinnen sind, wenn Sie es ihnen nicht sagen.

Wie sollen Menschen Ihnen geben, was Sie brauchen, und eine wichtige Rolle in der Entwicklung Ihrer gemeinsamen Beziehung spielen, wenn Sie nicht kommunizieren?

Bitten Sie um das, was Sie brauchen

Ich bin ein großer Fan davon, um das zu bitten, was man braucht oder will. Solange niemand die Kunst des Gedankenlesens gemeistert hat, sind wir alle ziemlich hilflos, also müssen wir um das bitten, was wir wollen. Auch in unseren Freundschaften. Tiefer Seufzer.

Sie haben zwei Möglichkeiten:

1. Es kann dabei bleiben, dass jemand Sie nicht unterstützt, Ihnen nicht hilft, obwohl Sie der Person wichtig sind, diese aber einfach nicht weiß, was Sie wollen oder brauchen. Dann wird diese Person, wenn Sie über Ihre Probleme sprechen, entweder weiterhin versuchen, alles in Ordnung zu bringen, oder Ihnen erzählen, dass Sie übertreiben oder was auch immer.
2. Sie sind weiterhin frustriert.

Oder Sie versuchen es anders. Sie können ein Gespräch beginnen mit: »Ich möchte dir etwas Schlimmes erzählen, was mir heute passiert ist, und ich möchte keinen Rat von dir. Ich möchte nur, dass du mir zuhörst und mich am Ende vielleicht in den Arm nimmst. Kannst du das tun?«

Oder Sie könnten sagen: »Ich mag es, dass du immer versuchst, mir zu helfen, wenn ich dir was erzähle. Ich weiß, dass es bedeutet, dass du Anteil nimmst. Aber es wäre noch besser, wenn du einfach nur zuhören würdest.«

Sie sagen zu Ihrem Gegenüber: »Das brauche ich von dir.« Wenn Sie Ihrer mitfühlenden Zeugin vorleben, was Sie brauchen, indem Sie tun, was Sie für sich auch wollen, kriegen Sie einen Extrastern! Jeder, dem Sie wirklich wichtig sind, wird sich freuen, genau zu wissen, was Sie brauchen und wie man Sie glücklich machen kann.

Ich habe eine Klientin namens Lisa. Sie hatte eine Freundin namens Carrie, mit der sie eine lange Vorgeschichte verband, aber in jüngster Zeit hatten sie sich auseinandergelebt. Verletzende Bemerkungen waren gefallen, und Lisa erzählte mir, dass die beiden nur alle paar Monate miteinander sprachen, und das sehr eilig und oberflächlich. Lisa wollte die Freundschaft gerne reparieren, aber sie hatte etwas wiedergutzumachen (unangenehmer Faktor Nummer 1), sie musste ausdrücken, dass sie verletzt worden war (unangenehmer Faktor Nummer 2) und Carrie sagen, dass sie gerne die Freundschaft verbessern wollte (unangenehmer Faktor Nummer 3).

Nachdem sie sich ausreichend Zeit genommen hatte, darüber nachzudenken, führte Lisa das Gespräch mit Carrie, voll darauf vorbereitet, Dinge zuzugeben und sich zu entschuldigen, wo es angebracht war, und Carrie ehrlich, freundlich und klar zu sagen, wie sie sich die Freundschaft vorstellte. Sie war nervös. Sie hatte keine Macht über Carries Reaktion, nur darüber, wie sie, Lisa, sich verhielt.

Glücklicherweise ging es gut. Carrie nahm Lisas Entschuldigung an, sie selbst gab ebenfalls Dinge zu, und die Freundschaft ist inzwischen wieder viel fester.

Erinnern Sie sich noch an Wendys Geschichte vom Anfang dieses Kapitels, dass nur ihre Therapeutin wisse, wie schlimm es stehe? Sie erzählte weiter:

> Ich stelle fest, dass zwei Dinge passieren, wenn ich meine Probleme mit Freunden bespreche: Sie beurteilen mich und

> erklären mir, was ich anders hätte machen sollen, und dann bekomme ich einen Vortrag gehalten, warum ich mit der Situation nicht gut umginge, und dass das alles nicht wirklich schlimm sei. Am Ende fühle ich mich schlechter als vorher, nicht verstanden oder unterstützt, sondern wie ein Versager und schäme mich. Ich wende mich üblicherweise an ein oder zwei Leute, und wenn ich das Beschriebene durchgemacht habe, beginnt die Isolation.

Als ich Wendy fragte, ob sie ihre Freundinnen um das bittet, was sie braucht, antwortete sie:

> Das habe ich bisher nie gemacht. Doch kürzlich habe ich es mit einer Freundin ausprobiert. Ich hab ihr von meinem Isolationsverhalten erzählt, warum ich das tue und was ich mir von unserem Gespräch wünschen würde, nämlich dass sie mir empathisch zuhört. Sie hat zu mir gesagt, dass ich genau das tun müsse, meine Freunde um das bitten, was ich brauche, und dass das völlig in Ordnung sei.
> Das ganze Konzept, um das zu bitten, was ich brauche, ist ziemlich neu für mich, und ich wusste wirklich nicht, dass ich das tun kann. Ich dachte, die Menschen sind, wie sie sind, und damit basta – wer bin ich denn, sie für mich ändern zu wollen? Meine Bedürfnisse zu kommunizieren und mich selbst an die erste Stelle zu setzen sind zwei Dinge, die ich in der Vergangenheit nicht gut gemeistert habe, aber ich arbeite daran.

Wendy nahm hier mehrere Dinge als gegeben an: Sie ging davon aus, dass ihre Freundinnen schlecht von ihr denken würden, wenn sie sich öffnete. Und wenn Wendy es tat und die Freunde auf ihre

Art reagierten, dachte sie, sie seien »nun mal so« und könnten sich nicht ändern.

Es läuft nicht immer perfekt. Ihre Freundin könnte es übelnehmen, wenn Sie um das bitten, was Sie brauchen, weil sie das Gefühl hat, sie mache etwas falsch. Es ist wichtig, wie Sie die Botschaft überbringen. Doch Sie dürfen jederzeit um das, was Sie wollen, mit Ehrlichkeit, Freundlichkeit und Klarheit bitten. Um ein altes Sprichwort leicht abzuwandeln: »Wer nicht fragt, der nicht gewinnt.« Denken Sie immer daran: Sie haben das Recht, um das zu bitten, was Sie brauchen!

Seien Sie nett zu dem Ass in Ihrem Leben – zu Ihnen selbst

Wenn Sie der Typ sind, der Isolation und Verstecken reizvoll findet, feiert Ihr innerer Kritiker wahrscheinlich eine Riesenparty. Wahrscheinlich leitet er die Show mit einem Mikrofon und erzählt Ihnen, dass es sicherer ist, niemandem von Ihren Problemen zu erzählen, dass Sie ganz alleine damit klarkommen müssen, dass Sie die Einzige sind, die mit solchen Dingen kämpft oder sich deswegen Gedanken macht, bla, bla, Bullshit, Bullshit.

Das, meine Liebe, ist der Zeitpunkt, um ein wenig Freundlichkeit sich selbst gegenüber zu üben. In Kapitel 1 habe ich verschiedene Werkzeuge aufgezeigt, aber ich möchte es noch einmal erwähnen, besonders für den Fall, dass Sie keine mitfühlende Zeugin in Ihrem Leben haben: Wenn Sie sich, aus welchem Grund auch immer, in Ihren Freundschaften einsam fühlen, überprüfen Sie den inneren Kritiker.

Erinnern Sie sich an das Beispiel meiner Klientin Lisa, die ein Gespräch mit ihrer Freundin geführt hat, das wirklich toll lief. Tja, nicht immer läuft es so gut. Vor Jahren hatte ich eine liebe Freundin, die mich durch die schlimmsten Phasen meines Lebens begleitet hat. Bis zu dem Tag, an dem sie plötzlich aufhörte, auf meine Anrufe zu reagieren. Schließlich bekam ich sie ans Telefon und konnte fragen, was los war, und sie sagte mir ganz direkt, dass sie eine Pause von mir brauchte. Meine Freundin schickte mich in die Wüste. Sie sagte, es sei nicht für immer, aber sie brauche eine Pause.

Ich war am Boden zerstört.

Zwei Jahre vergingen, und ich fühlte das Bedürfnis, ihr zu schreiben und mich dafür zu entschuldigen, dass ich ihr keine gute Freundin gewesen war. Sie bestätigte, dass sie den Brief bekommen hatte, antwortete aber nicht. Bis heute verstehe ich nicht ganz, was ich falsch gemacht habe.

Natürlich fing ich sofort an, mir Geschichten dazu auszudenken. Ich sagte mir, dass ich eine furchtbare Freundin war; zermarterte mir das Hirn über der letzten E-Mail, die ich ihr geschrieben hatte. Was hatte ich Falsches gesagt? Warum mochte sie mich nicht mehr? Warum war ich so mies?

Ehrlich gesagt tut es immer noch weh. Und das wird es vermutlich noch lange. Aber ich lasse nicht zu, dass diese Erfahrung bestimmend für meine Freundschaften ist. Mir ist bewusst, dass ich mich deshalb nur sehr vorsichtig gegenüber engen Freunden öffne, aber der Punkt ist, ich merke, *wenn* es passiert, ich weiß, *warum* es passiert, und ich entscheide mich dagegen. Ist es schwer? Ja. Sehr sogar. Und ich möchte Ihre Aufmerksamkeit auf etwas Wichtiges lenken, das ich in dieser Angelegenheit getan habe, und das Sie auch tun können.

Als ich mich das zweite Mal mit ihrem Ausstieg aus unserer Freundschaft herumquälte, fing ich an, mir Geschichten auszumalen. Ich war sicher, eine schreckliche Freundin zu sein und dass ich ihr in diesen schweren Zeiten, die ich durchgemacht hatte, nichts hätte anvertrauen sollen. Dass ich und meine Erlebnisse einfach zu viel für diese Freundschaft gewesen waren. Ich war zu viel, mein

Leben war zu viel, und unter dem Strich war ich einfach ein grässlicher Mensch.

Und ich habe das geglaubt.

Durch Erkenntnis, Neugier und Arbeit konnte ich mich davon lösen, und ich weiß, dass ich kein grässlicher Mensch und keine schlechte Freundin bin. Es hat mich eine Menge Arbeit gekostet, mich so weit zu entwickeln, dass ich meiner besten Freundin meine Probleme offenbaren kann.

Vertrauen wird langsam und mit der Zeit aufgebaut und kann nicht erzwungen oder beschleunigt werden.

Halten Sie durch

Was ich absolut vermeiden möchte, ist, dass Sie versuchen, eine Bindung aufzubauen, und dann, wenn es nicht so glattgeht, wie Sie es sich wünschen, das Handtuch werfen und gleichzeitig das Buch quer durchs Zimmer pfeffern – und diese Erfahrung als Beweis anführen, dass Sie alle Ihre Probleme für sich behalten und wegsperren sollen und es nie mehr mit jemand anderem versuchen sollen.

Wenn der Wutanfall vorbei ist und Sie sich wieder gefangen haben, versuchen Sie es noch mal. Um ehrlich zu sein: Es ist durchaus möglich, dass es beim ersten Mal nicht perfekt läuft. Ist das nicht meistens so? Persönliche Entwicklung ist da keine Ausnahme. Ich kann Ihnen aber versprechen, dass, wenn Sie sich hinter sich selbst und Ihre Entwicklung klemmen und es immer wieder versuchen, Sie Ergebnisse sehen werden. Geduld und Ausdauer sind hier Ihre Freunde, und Sie, meine Liebe, sind all die Anstrengung wert, die nötig ist, um sich von Ihrem Isolationsverhalten zu lösen und die Bindungen und die Liebe aufzubauen, die Sie sich so sehr wünschen.

Die peinliche Befragung:

- Haben Sie den Eindruck, dass Sie sich verstecken und isolieren, wenn es schwierig wird? Wenn ja, warum?
- Haben Sie »mitfühlende Zeuginnen« in Ihrem Leben? Wenn nein, gibt es Leute, die das Potenzial dazu haben? Wenn ja, wer ist das und was macht sie zur mitfühlenden Zeugin?
- Müssen Sie Ihre Freundschaften »ausmisten« und bewusst daran arbeiten, ein oder zwei Ihrer aktuellen Freundschaften zu pflegen?
- Können Sie sich darauf einlassen, Empathie zu üben? Wie wollen Sie das angehen?
- Wenn Sie sich mit Freundschaften schwertun, wie können Sie sich in Bezug auf Ihren inneren Kritiker schützen?

KAPITEL 3

CHECK-OUT: FUNKTIONIEREN IHRE SELBSTBETÄUBUNGSMECHANISMEN NOCH?

Ich treffe viele Menschen, die gerne glücklicher wären. Als Beilage noch Frieden und Freiheit, und wir haben einen Hattrick der Euphorie.

Glücklichsein ist großartig, nicht? Ich meine, wer will das nicht? Wer will nicht Freude, Seligkeit, Optimismus und Liebe? Es ist, als hätten sich Ihre Lieblingsspeisen, Lieblingsmusik und Lieblingsfreunde nur für Sie zusammengefunden und würden eine Party zu Ihren Ehren schmeißen.

Aber was ist mit den schwierigeren Gefühlen wie Angst, Sorge, Trauer, Enttäuschung und Stress? Die sind nicht ansatzweise so spaßig und partytauglich. Was machen wir mit ihnen? Nun, wir packen sie zusammen und schließen sie weg, tun alles, damit sie nicht existieren. Das ist eine Gewohnheit, die viele fast ihr ganzes Leben lang praktiziert und perfektioniert haben.

Allerdings weiß ich eins inzwischen sicher, und das ist, dass Glück, und auch Frieden und Freiheit, erdrückt und erstickt werden, wenn Sie all die anderen Gefühle und Erfahrungen nicht zulassen. All die »schwierigeren« Dinge, die wir niederhalten und vor denen wir davonlaufen, sind tatsächlich der Schlüssel zur Heilung und zur Freude.

Simpel ausgedrückt betäuben wir uns, weil wir nicht fühlen wollen. Ich habe noch niemanden getroffen, der entzückt ist und ausruft: »Ich kann's gar nicht erwarten!«, wenn man sich schwierigen Emotionen stellen muss. Wir würden diese Gefühle lieber umgeben, und wenn wir schon mit ihnen umgehen *müssen*, dann wäre es besser, wenn wir einfach nur *denken* und *handeln* könnten, um unser Leben in Ordnung zu bringen. Man gebe uns eine To-do-Liste; wir werden sie durchdenken und abarbeiten. Aber *Gefühle*, nein danke. Der offensichtliche Grund ist, dass sie *wehtun*. Wir wissen, dass wir nicht auf eine heiße Herdplatte fassen sollen. Wir wissen, dass wir keine Stöckelschuhe tragen sollen, die zwei Nummern zu klein sind. Wenn wir wissen, dass etwas wehtun wird, dann halten wir uns normalerweise davon fern. Es gibt wenige Menschen, die angesichts von emotionalen Schmerzen mit offenen Augen und Armen in diese Höhle hineingehen, bereit, alles aufzunehmen. Die meisten steigen ins Raumschiff und machen sich auf zu einem anderen Planeten.

Selbstbetäubung war – bis in meine späten Dreißiger – meine bevorzugte Vermeidungsstrategie. Wenn Probleme und Schmerzen in meinem Leben aufkamen, dann schlug quasi Feuer aus meinen Absätzen – so schnell rannte ich davon.

Als Langzeitgenesende von einer Essstörung, Co-Abhängigkeit, emotionaler Abhängigkeit und Alkoholismus habe ich das Selbstbetäubungsverhalten ganz gut im Griff, zumindest was sein Auftreten in meinem Leben angeht. In meinen Zwanzigern dissoziierte ich, weil ich mir nicht anders zu helfen wusste. Angst, Wut, Bedauern, Groll, Scham und Verletzlichkeit waren so verwirrend und beängstigend und hatten *überhaupt nichts* auf der Speisekarte meines Lebens zu suchen.

Vielleicht lesen Sie diese Liste von Gefühlen und denken: »Äh, nein danke, ich esse lieber etwas Kuchen, trinke einen Wein oder tatsche ziellos auf meinem Telefon herum, damit das alles für immer und ewig weggeht, Amen.« Das war mein Gedankengang für viele Jahre, und gleichzeitig kam ich nicht dahinter, warum mein Leben nicht so lief, wie ich es mir vorstellte. Ich wollte wirklich intime Beziehungen (obwohl mich diese Vorstellung tief drinnen zu Tode ängstigte), wollte, dass alles glatt lief, und ich wollte glücklich sein. Und das funktionierte nicht, also versuchte ich, die Sache mit anderen Methoden ans Laufen zu bringen (siehe Kapitel 8 und 10), wobei ich immer wütender und wütender wurde, weil es nicht lief (siehe Kapitel 12). Ich verlor immer mehr den Kontakt zu mir selbst, und der Kreislauf wiederholte und wiederholte sich.

Vielleicht ist Ihr Gedankengang nicht so tragisch wie meiner. Eine meiner privaten Klientinnen, die sich mit Selbstbetäubung herumplagte, sagte: »Letzten Endes will ich einfach nur auschecken. Ich möchte mental vor meinem Leben davonlaufen, an einen Ort, wo ich nicht dem Druck der Mutterschaft ausgesetzt bin.« Ich nannte das immer »Miniurlaub« und habe es selbst gemacht. Als ich die Dreißiger erreichte, löste jede Art von Druck, Stress und Unsicherheit (mit anderen Worten, Alltagsleben) das Verlangen nach einem großen Glas Wein bei mir aus, das mir beim Davontreiben helfen würde. Zu einem süßen Ort, für ein paar Stunden, wo alles nicht so wichtig war und ich die Bürde des Lebens nicht spürte. Es war meine Art, mich abzukoppeln. Bald trank ich jeden Tag, um mit meinem Leben klarzukommen, ganz zu schweigen von all dem unbewussten Kram aus den vergangenen Jahrzehnten, den ich nie aufgearbeitet hatte. Ich häufte das Zeug an wie eine Mülldeponie.

Egal, ob Sie sich abkoppeln, weil Sie Ihr Leben hassen oder um durchzuhalten, das Heilmittel ist, sich all die Sorgen anzuschauen, die Sie nicht sehen wollen, den Kampf durchzustehen und die Gefühle zu fühlen und weiterzugehen. Vermutlich würden Sie mir jetzt dafür gerne eine reinhauen, aber es ist die Wahrheit. Wenn Sie lernen, diese Gefühle durchzumachen, funktionieren Sie besser im Leben, werden resilienter und fühlen sich glücklicher.

Irgendwann werden Sie an einen Punkt kommen, an dem Ihnen klar wird, dass die Selbstbetäubung dafür sorgt, dass Sie sich scheiße fühlen. Vielleicht stehen Sie gerade da, an diesem Punkt, an dem der Schmerz der unterdrückten Gefühle stärker ist als Ihre Angst davor, sich dem zu stellen, wovor Sie sich fürchten.

In Ihrer nackten und unverfälschten Menschlichkeit herumzuwühlen *ist* Ihre Freiheit und Ihr Glück. Ich liebe dieses Zitat aus Pema Chödröns Buch *Wenn alles zusammenbricht*: »Nur in dem Ausmaß, in dem wir uns immer wieder der Zerstörung aussetzen, können wir das Unzerstörbare in uns entdecken.«

Nur in dem Ausmaß, in dem wir uns immer wieder der Zerstörung aussetzen, können wir das Unzerstörbare in uns entdecken.

Pema Chödrön

In meinem letzten Buch schrieb ich ein Kapitel darüber, dass alle Weisheit verheilter Schmerz ist. Viele haben Vorbilder, zu denen sie aufschauen, Menschen, deren Weisheit wir uns wünschen. Wir lesen ihre Bücher und nehmen an ihren Seminaren teil. Oder es gibt Menschen, die wir anrufen, wenn uns die Scheiße um die Ohren fliegt. Sie scheinen immer so tiefe Einsichten und den richtigen Rat zu haben (ob wir ihn annehmen oder nicht). Aber diese Menschen sind nicht so geworden, weil alles in ihrem Leben glatt gelaufen ist. Sie haben nicht unbedingt mehr Glück gehabt, und ihre Weisheit ist ihnen nicht bei der Geburt zugeflogen oder von einer Fee gewährt worden. Sie haben ihre Weisheit und Stärke erworben, weil ihr Leben auf die eine oder andere Weise aus den Fugen geraten ist, sie sich dem gestellt haben und gestärkt daraus hervorgegangen sind. Sie haben das Licht gewonnen, weil sie durch das Dunkel gegangen sind. Eines meiner liebsten Schlagworte ist NEGE, das steht für »Noch eine gottverdammte Entwicklungsmöglichkeit«. NEGEn kommen ziemlich regelmäßig des Weges; betrachten Sie sie als Einladungen. Wir entwickeln uns nicht, wenn das Wetter schön ist und Einhörner Regenbögen pupsen. Wir wachsen, wenn die Dinge in Scherben zerfallen und wir die Trümmer auflesen.

Wir entwickeln uns nicht, wenn das Wetter schön ist und Einhörner Regenbögen pupsen. Wir wachsen, wenn die Dinge in Scherben zerfallen und wir die Trümmer auflesen.

Emotionaler Schmerz kann wie körperlicher Schmerz sein, er warnt uns, dass etwas nicht stimmt. Er kommuniziert etwas Wichtiges, erzwingt unsere Aufmerksamkeit und lässt uns wissen, ob wir etwas in unserem Leben ändern sollen oder nicht.

Können Sie sich diese Gefühle als Menschen vorstellen? Stellen Sie sich vor, ein Fahrradkurier fährt an Sie heran (nehmen wir mal zum Beispiel Ryan Gosling) und flüstert Ihnen ins Ohr: »Hey, Süße. Der Typ hat dich gerade mies behandelt. Das ist schlecht. Zeit zum Grenzensetzen. Zeit, für sich einzustehen. Ich weiß, dass du verletzt und traurig bist.«

Ich bin mir ziemlich sicher, dass Sie Ryan nicht wegschubsen oder ihm sagen würden, er soll sich samt Fahrrad verpissen. Sie würden ihn auf einen Kaffee einladen und sich anhören, was er Ihnen zu sagen hat. Er erkennt an, dass Sie schlecht behandelt wurden? Ja, Ryan, sprich weiter. Grenzen setzen? Hmmm, macht keinen Spaß, aber ja, es ist notwendig. Für sich einstehen? Schwierig, aber Sie können das.

Ich weiß, so einfach ist es nicht immer. Manchmal schon, und mit Übung wird es weniger beängstigend.

Wie wir uns selbst betäuben

Diverse Selbstbetäubungsmittel, wie Essen, Alkohol, Drogen, Shoppen, Spielen, Arbeit und Sport, sind gut bekannt und dokumentiert. Andere vertraute Mittel, von denen wir nicht so oft hören, sind das Internet (Facebook, wer will?), Liebe (üblicherweise in ihrer ungesunden Form) und Sex, Koffein, Beschäftigung, Planung, Vorspiegeln von Glück und manchmal – ich traue es mich kaum zu sagen – Selbsthilfe.

Vielleicht nutzen Sie eins der genannten Mittel übermäßig; vielleicht auch alle ein bisschen. Der Punkt ist, machen Sie sich nicht selbst fertig, wenn Sie an Ihre Liste betäubender Bewältigungsstrategien denken – es geht nur darum zu wissen, welche Sie nutzen. Ich weiß, das klingt verrückt, aber lesen Sie weiter ...

Betäubung versus Trost

Eins ist vertrackt an dieser Angewohnheit. Viele Dinge, die wir zur Selbstbetäubung verwenden, verwenden wir auch als Trostspender, aber wenn wir die Selbstkontrolle zum Fenster rauswerfen, bewegen wir uns in Richtung Dissoziation. Sie wollen sich trösten, indem Sie abwaschen? Nein, verbringen wir doch lieber drei Stunden damit, das ganze Haus von oben bis unten zu desinfizieren, und lassen die Dinnerparty deshalb ausfallen. Schlechten Tag gehabt und mal eben auf Facebook gegangen, um das ein paar Minuten zu vergessen? Einen Monat später stellen Sie fest, dass Sie mehr Zeit auf Facebook verbracht haben als mit realen Menschen.

Wie unterscheidet man Selbsttröstung vom Abtöten von Zorn, Angst und anderen unangenehmen Emotionen? Zuallererst müssen Sie sich bewusst machen, dass Sie sich betäuben. Je weiter Sie in Ihrer persönlichen Entwicklung schon sind, desto mehr wird das der Fall sein. Viele schauen sinnlos fern und merken erst nach einer Stunde, dass sie die ganze Tüte Chips aufgefuttert haben. Oder sie verschließen die Augen davor, dass vier Gläser Wein pro Abend viel mehr ist, als sie brauchen.

Fragen Sie sich selbst, was es für Sie *bedeutet*, für sich selbst zu sorgen. Ist es wirklich Süßkram futtern? Whiskey-Shots? Ich werde Ihnen nicht sagen, was richtig ist und was nicht – Sie, liebe Leserin, wissen es wahrscheinlich.

Es ist eine Gratwanderung, keine Frage. Wo ist die Grenze? Eine bestimmte Zeitspanne, in der Sie das tun, was als Betäubung dient? Ich wünschte, ich könnte Ihnen eine kleine, handliche Tabelle liefern, mit deren Hilfe Sie das festlegen können, aber ich weiß nicht, wie Ihr Verhalten aussieht. Nur Sie wissen das. Sie merken wahrscheinlich, wenn Sie es tun. Dann haben Sie die Antwort.

Obendrein wird es Zeiten geben, in denen Sie wissen, dass Sie sich betäuben, und es trotzdem tun. Wenn Sie an diesen Punkt kommen, nur zu. Setzen Sie es ein und schauen Sie, ob es Ihnen hilft oder ob es Ihnen hinterher schlechter geht. Nennen Sie es bewusste Betäubung, achtsames Auschecken – was immer Sie wollen. Gehen Sie in sich, um herauszufinden, ob es eine Frage des Für-sich-Sorgens ist oder ob es chronisch wird.

Meine Hoffnung ist, dass Sie durch die Lektüre dieses Kapitels und dieses Buches ein neues Bewusstsein für Ihre Trigger entwickeln, erkennen, wenn Sie zu Betäubungsverhalten greifen, und Ihr Bestes tun werden, um Handlungsalternativen zu wählen. Und sich selbst dabei ein wenig Mitgefühl zeigen.

Warum wir uns betäuben

Bevor wir hier mit der Arbeit anfangen, sollten Sie sich eine wichtige Frage stellen. Schreiben Sie die Antwort in Ihr Notizbuch oder kritzeln Sie einfach in dieses Buch:

Welches Problem wird ______________________ (hier Ihre Betäubungsstrategie einfügen) lösen?

Mit anderen Worten: Was versuchen Sie mit der Betäubungsmethode wegzuschieben? Vielleicht antworten Sie sofort etwas wie »Stress«, aber ich will wissen, was noch? Was verbirgt sich hinter dem Stress? Was würde passieren, wenn Sie dem Stress erliegen und darunter zusammenbrechen? Was ist es? Wenn ich raten sollte, würde ich auf Dinge wie sich Niederlagen eingestehen, Angst, Sorge oder Kritik tippen. Es könnte ein ganzer Berg von Gefühlen und Erfahrungen sein, vor denen Sie sich fürchten, also scheint es leichter, sie wegzuschieben.

Viele Frauen koppeln sich wegen des immensen Druckes ab, perfekt zu sein, oder weil sie Angst haben, alles zu verlieren. Die Gründe sind unterschiedlich, doch es ist wichtig, dass Sie Ihr »Warum« kennen und sich damit auseinandersetzen. Selbst wenn Sie den genauen Grund nicht kennen, selbst wenn Ihre Erklärung nur »Weil ich Angst habe« ist, kommen Sie schon voran.

Wenn wir uns betäuben, fliehen wir vor uns selbst. Unter dem Strich laufen wir vor unserer Menschlichkeit davon. Vor den Erwartungen, die wir nicht erfüllen können, bis hin zu den Vorstellungen, die wir haben, wie unser Leben sein sollte. Von der Geschwindigkeit, in der wir unserer Meinung nach »mit dieser Scheiße fertig werden« müssten, bis zu der Bestätigung, die wir, tief innen, von allen haben wollen.

In dieser Gemengelage zu sitzen – in unserer unvollkommenen Menschlichkeit – ist unangenehm, verunsichernd und beängstigend. Aber etwas anderes haben wir nicht, und das ist die Lösung.

Ich muss noch einen weiteren Grund erwähnen, warum besonders Frauen dazu neigen, ihre Gefühle zu betäuben (nicht, dass Männer nicht auch damit zu tun haben; es sieht nur ein wenig anders aus). In der westlichen Kultur gilt Emotionalität als Schwäche. Frauen bekommen vermittelt, dass Tränen hysterisch sind und dass wir zu emotional oder sensibel sind. Wir werden als verrückte Wesen hingestellt, die nicht ganz bei Verstand sind.

Um als die einzige Frau in der Runde im Job oder in einer Beziehung mit jemandem, der wenig auf Gefühle gibt, zu überleben und um die Maske der Stärke tragen zu können (siehe Kapitel 9), ersticken wir unsere Gefühle.

Und nun? Nun da Sie wissen, warum Sie es tun, was machen Sie jetzt? Tja, krempeln Sie die Ärmel hoch, denn Sie werden gleich lernen, das Zeug hervorzuholen, das Sie seit Jahrzehnten mit sich herumschleppen. Der Inhalt dieses Koffers – alles, was Sie vermutlich nicht liebenswert finden – ist ein Teil von Ihnen und deshalb ist es wunderschön. Machen wir uns an die Arbeit!

Wie bringt man das in Ordnung? Acht Werkzeuge, die wirklich funktionieren

Ich würde niemals sagen: »HÖREN SIE AUF, SICH ZU BETÄUBEN«, und mir einbilden, dass alles gut wird. Das wäre, als würde ich Sie mitten im Winter splitterfasernackt aus dem Auto werfen. Gefühle zu fühlen muss man erlernen, und Sie müssen Jahre, möglicherweise Jahrzehnte, in denen Sie es anders gemacht haben, verlernen. Also schnappen Sie sich ein paar Taschentücher, ein Notizbuch und einen Sandsack oder einen Schnuller zum Nuckeln, während Sie sich in Embryohaltung zusammenrollen. Nur Spaß. Sozusagen.

Das erste Werkzeug: Gefühle laut benennen, wenn sie aufkommen. Susan Ariel Rainbow Kennedy (auch bekannt als SARK) gab mir diesen Rat. Sie sagte mir, ich solle einfach ein Wort auswählen, wie »Trauer« oder »Freude« oder »Ärger«. Es klingt vielleicht albern, aber ich habe von vielen Menschen gehört, dass sie gar nicht wissen, wie sie anfangen sollen, und dass sie sich so von dem, was ihr Körper fühlt, abgekoppelt haben, dass sie ihre Gefühle gar nicht erkennen. Diese rudimentäre Übung hilft, klein und einfach zu starten.

Das zweite Werkzeug: Ich nenne es »kontrollierte Gefühlsauslebung«. Machen Sie das an einem Tag, an dem Sie ein paar Stunden Zeit für sich haben. Legen Sie eine Platte von Adele auf (oder eine andere gefühlvolle Musik), holen Sie alte Briefe oder Fotos heraus, wühlen Sie in alten Erinnerungen und lassen Sie alles raus. Weinen Sie, schreien Sie, schnappen Sie sich einen Baseballschläger, prügeln Sie auf einen Sandsack ein. Wählen Sie Musik, die Sie mental und emotional an den richtigen Punkt bringt. Für mich funktioniert die Dusche als sicherer Zufluchtsort hervorragend. Hier kann ich mich hinsetzen und mir die Augen ausweinen, und niemand stört. Suchen Sie sich einen geschützten Platz und lassen Sie sich von Ihren Gefühlen überrollen.

Meine Freundin und Kollegin Laura Probasco, ihres Zeichens zertifizierte Klinische Sozialarbeiterin, sagt: »Kontrollierte Gefühlsauslebung und/oder Traumabearbeitung kann ein zentraler Bestandteil des Heilungsprozesses sein. Menschen speichern Traumata und Emotionen im Gedächtnis, die Erinnerungen werden meist weggeschlossen oder unterdrückt, um uns selbst vor dem Schmerz zu schützen. Sich selbst die Erlaubnis zu geben, zurückzureisen und diese Gedanken erneut zu durchleben, birgt die Fähigkeit, diese nicht nur zu konfrontieren, sondern auch zu heilen.«

Vielen Menschen macht die kontrollierte Gefühlsauslebung Angst, denn sie fürchten, nicht wieder daraus auftauchen zu können. Sie denken: »Wenn ich diesen Weg einschlage, wenn ich mich absichtlich in einen Zustand versetze, in dem ich darüber weine, dann kann ich nicht sicher sein, dass ich je damit aufhören kann.« Eine meiner Schülerinnen, Cheryl, gab einmal zu: »Es fühlt sich an, als hätte ich in mir ein ›schwarzes Loch‹ des Schmerzes, das ich mich nicht zu öffnen oder anzurühren traue, weil ich solche Angst vor dem habe, was darin ist, davor, die Kontrolle zu verlieren, und dass es so sehr wehtun könnte, dass es mich umbringt. Ich verstehe nicht, warum es da ist – schon seit so langer Zeit –, und darum fühle ich auch Scham, dass ich es habe. Es ist hart, weil ich nicht will, dass irgendwer, mich eingeschlossen, weiß, welchen Schmerz ich leide. Denn, so glaube ich, warum sollte irgendjemand etwas mit mir zu tun haben wollen, wenn ich derart geschädigt bin.«

In den Abgrund des Schmerzes zu schauen, kann wie eine *unmögliche* Aufgabe erscheinen, und ich nehme das auch nicht auf die leichte Schulter, bei niemandem. Traumata und Trauer können da sein, und selbst wenn nicht, liegt da zumindest außerordentlich großer Schmerz. Wenn wundert es, dass Sie das all die Jahre zur Seite geschoben haben. Sie haben für sich gesorgt, so gut Sie eben konnten, indem Sie das unterdrückt haben.

Aber die Wahrheit ist: Das schwarze Loch des Schmerzes verschwindet nicht. Ich verstehe, wie lähmend allein die Vorstellung sein kann, all das herauszulassen oder, noch schlimmer, es jemanden sehen zu lassen. Vor nicht allzu langer Zeit, nachdem ich schon eine Weile an mir selbst gearbeitet hatte, wurde mir klar, dass es in meinem Leben einen Kummer gab, den ich noch nicht verarbeitet hatte. Der Gedanke, ihn herauszulassen, beunruhigte mich, denn ich hatte Angst, dass er mich verschlingen würde. Doch wusste ich aus Erfahrung, dass nicht das Herauslassen, sondern das Niederhalten dieses Kummers mich verschlingen würde, gar nicht zu reden davon, dass es mich unglücklich machte. Also beschloss ich, ihn mit kontrollierter Gefühlsauslebung herauszulassen. Nachdem ich darüber nachgedacht hatte, bezog ich meine beste Freundin – eine meiner mitfühlenden Zeuginnen – mit ein.

Ginge es nach meinem inneren Kritiker, hätte ich es allein getan (nachdem ich es fünfzig Jahre aufgeschoben hätte). Aber ich weiß, dass das Vertrauen und die Intimität zwischen mir und meiner Freundin gestärkt wird, wenn ich sie Zeugin sein lasse, und es erlaubt mir, leichter zu heilen.

Schon klar, dass meine Vorlage für Sie möglicherweise nicht funktioniert, aber ich möchte zeigen, dass es möglich ist. Vor Jahren war ich genau wie Cheryl. Ich hatte *panische Angst* vor meinen Gefühlen. Sie waren größer als ich, ich hatte keine Kontrolle über sie. Allein der *Gedanke*, sie jemand anderem zu zeigen, war lachhaft. Aber es ist möglich, wenn man mit kleinen Schritten vorangeht.

Das dritte Werkzeug: Verstehen, dass Erfahrung verwirrend sein kann. Es ist normal, mehr als eine Emotion auf einmal zu fühlen oder dass sich Gefühle innerhalb von Minuten verändern können. Wir wünschen uns Sicherheit. Wenn ich Frauen sage, sie müssten daran arbeiten, sich selbst und ihren Gefühlen zu vertrauen, wollen sie *wenigstens* wissen, was genau sie da eigentlich fühlen. Und ich verlange, sich mit Gefühlen abzufinden, die nicht wirklich Sinn ergeben.

Das vierte Werkzeug: Akzeptieren, dass Gefühle grundsätzlich ein Existenzrecht haben. Haben Sie einmal Ihren Schmerz mit dem einer anderen Person verglichen und entweder entschieden, dass Ihre Geschichte schlimmer war als die des/der anderen oder dass sie eben nicht so schlimm war – und Sie sich darum nicht schlecht fühlen dürften? Ich höre von vielen Frauen, dass sie das Gefühl haben, ihre Geschichten seien nicht so schlimm wie die von Leuten, die *echten Schmerz* erfahren haben, also sagen sie sich, dass ihre Gefühle nicht ausgedrückt werden müssen.

Ich bin mir meiner Privilegien und meines Glücks bewusst und verstehe daher diesen Ansatz. Wer war ich denn, dass ich Schmerz und Leid fühlte, wenn es in der Welt viel *größeren* Schmerz und viel *größeres* Leid gab? Ja, richtig, es gibt in der Welt beträchtlichen Schmerz und großes Leid, *und* ebenso bedeutsam ist Ihr Schmerz. Es geht hier nicht darum, einen auf Märtyrer zu machen und auf Facebook zu posten: »OMG, schaut mal alle, welchen Schmerz ich leide. 10 auf der Skala; und bei euch so?«

Himmel, nein. Doch Gefühle runterzuschlucken, weil Sie glauben, dass diese es nicht wert sind, gefühlt zu werden, erstickt Sie. Es hält Sie klein. Faltet Sie in eine Schachtel. Und damit ist NIEMANDEM gedient, Ihnen selbst am allerwenigsten. Glauben Sie, das Leid anderer wird weniger, wenn Sie Ihr eigenes ignorieren? Was Sie erreichen, ist, dass Sie Ihre Seele zunichtemachen, sich selbst von Liebe, Entfaltung, Entwicklung und Glück fernhalten und sich selbst kleinhalten in dem heroischen Bestreben, andere mögen sich nicht unwohl fühlen. Aber wissen Sie was, Schwester? Niemand erwartet das von Ihnen. Niemand dankt es Ihnen. Es ist kompletter Mist, also hören Sie damit auf.

Es ist nicht ungewöhnlich, die eigenen Gefühle gelegentlich als falsch zu beurteilen. Vielleicht trauern Sie immer noch um einen geliebten Menschen, der bereits vor zehn Jahren gestorben ist. Vielleicht haben Sie das Gefühl, es müsste Ihnen inzwischen »besser« gehen. Vielleicht hat jemand Sie verletzt, und Sie versuchen, sich zu überzeugen, dass dieser Mensch es nicht wert ist, dass Sie verstört sind. Es ist aber so. Versuchen Sie zu erkennen, wann Sie über Ihre Gefühle »zu Gericht sitzen« oder bewerten, wie Ihre Gefühle sein oder nicht sein sollten.

Das härteste Urteil über Gefühle ist, zu denken, dass wir sie gar nicht haben dürften. Wie wäre es, wenn Sie sich von diesem Gedanken lösen würden? Was, wenn Gefühle wie Schwitzen oder Niesen wären? Sie können sie nicht stoppen (wenn wir ein Niesen zurückzuhalten versuchen, pupsen wir manchmal stattdessen, irgendwas kommt also raus). Gefühle und Emotionen sind Ausdruck der Bedürfnisse unseres Körpers. Wie wäre es, das einfach zu akzeptieren?

Das fünfte Werkzeug: Wahrnehmen, wann immer Sie die Vorgaben anderer in Bezug auf Ihre Gefühle übernehmen. Als ich herausfand, dass mein erster Mann seit sieben Monaten eine Affäre hatte, fühlte ich mich unglaublich gedemütigt. Als ich das gegenüber einigen Leuten äußerte, bekam ich zu hören: »Du solltest dich nicht gedemütigt fühlen! *Er* ist derjenige, der Scheiße gebaut hat! *Er* sollte sich schlecht fühlen.« Ich war so verwirrt, weil ich wusste, dass ich in dieser Situation nichts falsch gemacht hatte. Doch die Leute erklärten mir, ich dürfe mich nicht gedemütigt fühlen. Aber es war *meine* Erfahrung. *Meine* Gefühle. Ich fühlte mich gedemütigt, basta.

Wenn Leute Ihnen erklären, wie Sie sich fühlen sollten, meinen sie es vermutlich gut und/oder projizieren, was sie fühlen würden. Menschen sind komisch – wir haben Probleme, uns in die Gefühle anderer einzufühlen, und deshalb sagen wir oft das Falsche. Tatsache ist, Ihre Gefühle gehören Ihnen allein und niemand kann sie Ihnen vorschreiben.

Das sechste Werkzeug: Neugierig auf Gefühle sein. Ich erinnere mich, dass ich mal einen Podcast hörte, in dem eine Frau von ihrem Alkoholismus erzählte und wie sie zweimal ihre Kinder wegen Fehlern, die sie betrunken begangen hatte, verloren hatte. Beim Zuhören verurteilte ich sie nicht nur, ich wurde wütend auf sie. Warum konnte sie sich nicht zusammenreißen? Wie konnte sie ihren Kindern das antun und immer wieder miese Entscheidungen treffen? Als ich diese Gefühle spürte, wurde ich neugierig und frage mich: »Warum fühle ich das? Habe ich Angst, es könnte mir passieren?« Wenn wir neugierig auf unsere Gefühle sind, öffnen wir eine Tür und können tiefer graben und herausfinden, was wirklich los ist. Gleichzeitig geben wir uns die Erlaubnis zu fühlen, was wir fühlen. Beachten Sie, dass ich mich nicht für meine Gefühle verurteilte, ich war nur neugierig auf das *Warum*.

Das ist insbesondere hilfreich, wenn Sie bemerken, dass Sie Ihre Gefühle beurteilen, und sich selbst ein schlechtes Gewissen machen, weil Sie sie haben. In ihnen verborgen liegen Informationen, die Ihnen helfen können, aber nur, wenn Sie neugierig sind.

Das siebte Werkzeug: Über Ihre Gefühle sprechen. Sie haben nicht wirklich damit gerechnet, das vermeiden zu können, oder? Es kann mit einer Therapeutin, dem/der Partner/in, der besten Freundin oder Ihrer Mutter sein. Wem auch immer Sie zutrauen, Ihren Schmerz und all die anderen Gefühle, die Sie haben, zu sehen und zu hören. In Kapitel 2 gehe ich detaillierter auf dieses Werkzeug ein, denn es ist wichtig. Es geht nicht darum, dem Paketboten tiefste und dunkelste Geheimnisse anzuvertrauen, sondern darum, die richtige Person zu erkennen und ihr zu vertrauen.

Eines der niederschmetterndsten Gefühle ist Einsamkeit. Man kann sich sogar einsam fühlen, wenn man unter Menschen ist. Fragen Sie sich: Betäuben Sie Ihre Gefühle, indem Sie nicht mit anderen darüber sprechen? Drücken Sie Ihre Gefühle weg, indem Sie sie geheim halten? Wenn ja, dann kann ich Ihnen versichern, dass das nicht hilft, auch wenn es vielleicht so wirkt. Darüber zu reden kann gruseliger wirken, aber Emotionen unter dem Deckel zu halten lässt sie eitern, wachsen und macht Sie einsam.

Das achte Werkzeug: Sich selbst und den eigenen Gefühlen vertrauen. Diese besondere Art, Gefühle zu fühlen, ist neu für mich, und ich bin froh, dass sie sich mit Nachdruck bei mir gemeldet hat. Lassen Sie mich erklären ...

Es gab einen Punkt in meinem Leben, an dem ich es satthatte, vor meinen Gefühlen davonzulaufen und gleichzeitig nicht weiterzukommen. Als ich aufhörte zu trinken und den Alkohol nicht mehr benutzte, um meine Gefühle zu betäuben, kamen langsam, aber sicher jede Menge Themen an die Oberfläche. Angst, Bedauern, Kummer, Wut, Enttäuschung, all der Ballast, den ich weggedrückt hatte, ließ sich nicht mehr verstecken. Ich hatte aufgehört davonzurennen, es war Zeit, allem ins Auge zu sehen und hindurchzuwaten. Ich wusste, dass ich mit der chronischen Betäubungsstrategie aufhören musste, aber mir war nicht klar, was das mit sich bringen würde.

Als all dieser emotionale Kram hochkam, stellte ich mich ihm nicht bereitwillig. Am Anfang war es ein Shitstorm epischen Ausmaßes. Gefühle sprangen mich scheinbar aus dem Nichts an, und zeitweise verfiel ich in Panik. Meine erste Reaktion war Wut. Ernsthaft, ich habe *nichts*? Keine Betäubungsstrategien? Ich fühlte mich nackt und frustriert. Davonlaufen und verstecken wirkte viel sicherer.

Der Grund für diese heftige Ängstlichkeit, die ich beim Voranschreiten in dieses unbekannte Terrain verspürte, war, dass ich meinen Gefühlen nicht traute. Wie in Cheryls Geschichte in diesem Kapitel, in der sie sagt: *»Es fühlt sich an, als hätte ich in mir ein*

›schwarzes Loch‹ des Schmerzes, das ich mich nicht zu öffnen oder anzurühren traue, weil ich solche Angst vor dem habe, was darin ist, davor, die Kontrolle zu verlieren, und dass es so sehr wehtun könnte, dass es mich umbringt.« Wenn wir am Rand dieses Lochs stehen, wissen wir, dass es wehtun wird, und wir können uns nicht mal vorstellen, wie viel schwieriger es wird, sehenden Auges hineinzuspringen.

Nur fürs Protokoll, ich erwarte nicht, dass Sie sich mit einem Kopfsprung in das Loch stürzen. Ein Minischrittchen könnte sein, es wahrzunehmen, wenn Sie hektisch nach einem Glas (oder einer Flasche) Wein greifen, und es stattdessen bleiben zu lassen. Oder wenn Sie in Versuchung sind zu sagen: »Mir geht es gut; ist nicht schlimm«, und abziehen ins Shoppingcenter. Beschreiben Sie stattdessen, was Sie fühlen. Nach und nach, Schritt für Schritt, können Sie langsam beginnen, sich selbst und Ihrem Herzen zu vertrauen und darauf zu bauen, dass alles gut wird.

Manchmal vielleicht sogar mehr als gut. Meine Freundin Holly, die zugibt, dass sie alles von Essen über Zigaretten bis zum Alkohol benutzt, um auszuchecken, hat unermüdlich daran gearbeitet, ihre Betäubungsstrategien loszulassen. Speziell das Wegkommen vom Alkohol hat alles für sie verändert. Sie schreibt: *»Alles, wonach ich mein Leben lang gesucht habe, habe ich in dem Moment gefunden, in dem ich eine umstürzlerische Entscheidung getroffen habe – aufzuhören zu trinken. Von da an offenbarte sich mir alles, was ich so fehlgeleitet in meinem Leben zu erreichen versucht hatte. Mein heutiges Leben hat mit dem von vor ein paar Jahren nichts mehr zu tun. Alles nur, weil ich beschlossen habe, aufzuhören, mich zu betäuben, und mich zu stellen.«*

An Gefühlen ist noch keiner gestorben. Niemand stirbt daran, wenn er sich in das Fegefeuer begibt, die Gefühle das tun zu lassen, wozu sie da sind. Die Angst vor dem Unbekannten ist am schlimmsten, und ich versichere Ihnen, das, was Sie wirklich wollen – dass der Schmerz endet –, bekommen Sie nur, wenn Sie die Gefühle zulassen. Ihr Körper weiß, was zu tun ist. *Sie* wissen, was zu tun ist. Es braucht nur ein wenig Vertrauen und kleine Schritte.

Ich versichere Ihnen, das, was Sie wirklich wollen – dass der Schmerz endet –, bekommen Sie nur, wenn Sie die Gefühle zulassen.

Wenn es *wirklich* hart wird

Wir haben über die täglichen Anforderungen des Lebens gesprochen, doch was geschieht, wenn es *wirklich* hart wird?

Als ich mitten in der Schreibarbeit für dieses Buch steckte, starb mein Vater. Ich war seit fünf Jahren trocken und hatte mich immer gefragt, was ich wohl tun würde, wenn ich mit so etwas konfrontiert wäre. Würde ich trinken? Würde ich es wollen? Wenn ich nicht trank, würde ich zu einem anderen Betäubungsverhalten greifen?

In der Nacht, in der er starb, war ich mit ihm allein. Er hatte im Laufe des Tages viele Besucher gehabt, und meine Stiefmutter war eine halbe Stunde zuvor gegangen, um sich schlafen zu legen. Er tat seinen letzten Atemzug zur Musik von Bob Dylan und ich erzählte ihm von meinen liebsten Kindheitserinnerungen. Es war ohne Wenn und Aber fürchterlich.

In den folgenden Tagen und Wochen verstand ich, was Leute meinen, die sagen, sie fühlten sich, als bräche die Welt um sie herum zusammen. Das alles sinnlos scheint. Ich fühlte ein niederdrückendes Gewicht auf meiner Brust und konnte es einfach nicht fassen, dass er nie wieder »Happy Birthday« für mich singen oder mich auf den Kopf küssen würde. Ich wurde wütend, wenn ich hörte, dass jemand älter war als er zum Zeitpunkt seines Todes, denn das bedeutete, dass dieser Mensch mehr Zeit bekam, als mein Vater gehabt hatte.

Sogar an den Tagen, an denen ich mich allmählich wieder wie ich selbst fühlte, war ich manchmal allein in meinem Haus und saß einfach nur da und hörte der Uhr beim Ticken zu. Ich bekam Panik bei der Vorstellung, dass er mir in seinen letzten Momenten etwas Wichtiges hatte sagen wollen, bevor sein Leben verlosch, und ich es verpasst hatte. Panik, dass er fort war. Panik, dass meine Kinder nicht mit seiner Liebe aufwachsen würden. Mit zu viel Raum und Zeit um mich fühlte es sich an, als würden die Gefühle mich verschlingen.

In den Wochen vor seinem Tod hatte ich mich entschlossen, in meine Heimatstadt San Diego zurückzufliegen, um bei ihm zu sein. Ich schickte meiner Kollegin Martha Jo Atkins eine Mail und erzählte ihr, dass mein Vater im Sterben läge und wie furchtbar es sei. Aus ihrer Antwortmail stach unter anderem Folgendes heraus: »In dieser Situation bei deinem Vater zu sein kann eine der schwierigsten und bedeutsamsten Erfahrungen deines Lebens werden. So schwer es ist, du kannst das – und gut, dass du zu ihm gehst und nicht wegläufst. Das ist Liebe.«

Ich ging zu ihm, anstatt wegzulaufen.

Ehrlich gesagt wäre ich lieber in North Carolina geblieben. Ich wollte nicht zusehen, wie er dahinsiechte. Ich wollte den ungeschminkten Schmerz vermeiden, meinen Vater sterben zu sehen. Ich wollte mich in der Arbeit und allem anderen vergraben, um mein Gesicht und mein Herz von diesem zerschmetternden Schmerz abwenden zu können.

Aber ich tat es nicht.

Ich stieg in ein Flugzeug, flog quer durchs Land und rannte dem Schmerz förmlich entgegen. »*Nur in dem Ausmaß, in dem wir uns immer wieder der Zerstörung aussetzen, können wir das Unzerstörbare in uns entdecken.«*

Wie habe ich das geschafft, und wie schaffe ich es weiterhin, ohne mich zu betäuben? Die Antwort ist alles, worüber ich in diesem Kapitel geschrieben habe. Ich weiß, dass meine Gefühle sind, wie sie sind, und dass sie nicht falsch sind. Ich habe Traurigkeit, Kummer, Groll, Wut, Zorn, Enttäuschung, Erleichterung, Schuldbewusstsein, Ärger und noch mehr gespürt. Ich habe den Regenbogen der Gefühle hereingelassen, und ich habe sie weder beurteilt noch versucht, ihren Sinn zu erfassen. Ich habe Verantwortung übernommen für meine Handlungen, die mit meinen Gefühlen einhergingen – mit anderen Worten, ich kann nichts für meine Gefühle, aber ich kann bestimmen, wie ich darauf reagiere oder wie ich andere behandeln will. Manchmal machte mich die schiere Existenz von Menschen schon wütend. Aber ich vertraute darauf, dass diese Gefühle vergehen würden, und befahl ihnen nicht, sich zu verpissen. Meine Trauer und viele andere Gefühle haben mich verwirrt, und das war okay. Ich habe über meine Gefühle gesprochen und geschrieben.

Ich glaube, das Wichtigste war, mir weit genug zu vertrauen, um mir klarzumachen, dass meine Gefühle in Ordnung sind, dass ich in Ordnung bin und dass das alles zum Leben gehört. Das Leben ist schön und grauenhaft zugleich. Durch Trauer hindurchzugehen ist, wie durchs Feuer zu gehen. Es ist vermutlich das Schlimmste, das uns je passiert. Wir glauben, dass wir es nicht können, ohne das Gefühl wegzuschieben oder die ganze Zeit zu kämpfen. Vielleicht empfinden wir es als unsicher, weil es nicht geradlinig ist.

Aber eins weiß ich, und zwar dass diese Art von Feuer – diese Art von Schmerz und Kummer und all den anderen Gefühlen – alles ist, was wir haben. Es ist der bedeutsamste Beweis für die Schönheit des Lebens, den wir erfahren können.

Emotionen vor Kindern ausdrücken

Reden wir kurz über das Ausdrücken von Emotionen vor Kindern. Ich wuchs in einem Umfeld auf, in dem die »harten« Gefühle – Kummer, starke Traurigkeit und Verlust – nicht vorgelebt wurden. Ich wusste nicht, dass sie in Ordnung sind, und als ich sie erfuhr, machten sie mir Angst. Ich wuchs mit der Lehre auf, dass Stärke eine Art Orden war. Ich trug ihn voller Stolz. Ich dachte: »Schaut, wie hart ich bin – mich bricht niemand.«

Fast zwei Jahrzehnte später, als ich meine persönliche Entwicklungsreise begann und meine eigenen Kinder bekam, wurde mir klar, dass das nicht gesund war. Ich wollte ein gesundes Verhältnis zu Emotionen vorleben, doch ich fragte mich: »Was darf ich Kindern zeigen und was nicht?« Die Freundin, die ich bereits erwähnte – Martha Jo Atkins –, ist Expertin auf diesem Gebiet. Sie hat das Institut für Tod und Sterben gegründet und beschäftigt sich mit der Thematik. Auf meine Frage zum Thema Emotionen vor Kindern sagt sie:

> Wenn dein Kummer sich so äußert, dass du kreischend auf dem Boden liegst, umhertretend und mit den Fäusten trommelnd, macht das deinen Kindern Angst, es hilft ihnen nicht. Wenn du Tränen in den Augen hast und schluchzen musst, während dich jemand im Arm hält, ist das okay. Es hilft, wenn du deinen Kindern versicherst, dass es dir gutgeht, dass du nur sehr, sehr traurig bist, wenn sie Tränen gesehen oder Geräusche gehört haben, die sie nicht kennen. Vielleicht musst du ihnen das mehrfach versichern. Deine Kinder müssen gesunde Trauer sehen. Deine Tränen verstecken, nicht vor ihnen weinen, alles unter dem Deckel halten, weil du stark sein willst? Bewundernswert, aber unnötig und letztlich nicht hilfreich für dich oder deine Kinder. Sie brauchen

jemanden, der ihnen vorlebt, dass große Gefühle geteilt werden dürfen, wenn traurige Dinge passieren.

Ich glaube, dass wir Kindern keinen Gefallen tun, wenn wir ständig versuchen, vor ihnen stark zu sein. Wir glauben, dass wir sie beschützen, aber wenn wir niemals Emotionen zeigen, senden wir die Botschaft, dass wir nicht glauben, dass sie stark genug sind, sie mitzubekommen. Und sie sehen keine menschliche Belastbarkeit bei Leuten, denen sie vertrauen. Sie vertrauen Ihnen – also zeigen Sie ihnen, wie man seinen Gefühlen und Emotionen vertraut, indem Sie ihnen das vorleben. Sie werden es nicht immer perfekt hinkriegen, aber Sie können es versuchen.

Betäubungsstrategien loszuwerden ist eine Voraussetzung für das Glücklichsein. Sie sind von Natur aus belastbar und in der Lage, mit dem Leben fertig zu werden. Sie können aufblühen, wenn sie diese schwierigen Emotionen durchgemacht haben. Echt hart sind die Typen, die dem Leid entgegengehen, anstatt davor davonzulaufen.

Die peinliche Befragung:

- Was sind Ihre Betäubungsstrategien?
- Warum nutzen Sie sie? Schauen Sie genau hin und denken Sie darüber nach, was dahintersteckt.
- Welche der Werkzeuge, die Ihnen helfen sollen, Ihre Gefühle wahrzunehmen, finden Sie am schwierigsten? Welche können Sie ausprobieren?
- Schreiben Sie über folgende Fragen:
  - Was wäre, wenn Gefühle absolut perfekt sind?
  - Was wäre, wenn keines der Gefühle »schlecht« oder »falsch« ist?
- Was wäre, wenn Gefühle einfach zum Menschsein dazugehören?

KAPITEL 4

AUS VERGLEICHEN ERWÄCHST DIE VERZWEIFLUNG: DAS IMMERWÄHRENDE KARUSSELL IM HIRN

Ich vergleiche mich ständig mit anderen. Sogar mit Fremden. Ich habe das Gefühl, alle anderen haben alles im Griff, unter Kontrolle und sortiert ... nur ich nicht. Ich sage mir selbst, dass ich niemals haben werde, was ich will oder mir wünsche, und immer allein sein werde, weil ich nicht einer von den Menschen bin, die das im Leben erreichen, was sie wollen. Ich habe nicht so viel Glück wie die anderen; ich bin nicht klug, hübsch oder witzig genug.

PAULA, 46 JAHRE ALT

Ah, Vergleiche. Der Stoff, aus dem geringe Selbstachtung gemacht ist. Ich glaube nicht, dass irgendwer ihnen entkommen kann, meine Damen. Das kennen Sie sicher nur zu gut. Sie sehen jemanden – ein Onlineprofil, eine Kollegin, Ihre beste Freundin, eine Berühmtheit im Fernsehen, einen Fremden auf der Straße –, und Sie finden etwas an der Person, das Sie mit sich vergleichen können. Mal vergleichen Sie sich mit den Dingen, die der/die andere hat, mal damit, was er/sie jetzt und/oder in der Zukunft macht, und wie er/sie aussieht. Bewusst oder unbewusst überzeugen Sie sich, dass diese Person etwas hat, was Sie nicht haben, dass sie etwas ist, was Sie nie sein werden. Dass das, was sie hat, nicht unbegrenzt vorhanden und nicht für Sie zu haben ist. Zudem fühlen Sie sich schlecht und/oder bauen extrem hohe Erwartungen auf, um so zu werden wie die andere Person.

Paradebeispiel: Meine beste Freundin Amy führt eine wundervolle Ehe. Sie und ihr Mann sind schon seit zwei Jahrzehnten zusammen, ihre Partnerschaft hat Priorität, und da sie bewusst kinderlos sind, können sie all ihre Energie in ihre Beziehung stecken. Sie legen ihre Meinungsverschiedenheiten wie Erwachsene und vor allem liebevoll bei, und wenn man mit ihnen Zeit verbringt, weiß man, dass sie sich heiß und innig lieben. Ich habe so was noch nie erlebt.

Ich habe das, was man eine »normale Ehe« nennen würde. Es ist kein Geheimnis, dass ich diese Ehe (meine zweite) einging, als ich verletzt war und mich durch eine Menge Mist arbeitete. Mein Mann und ich haben zwei Kinder im Grundschulalter. Ein ganz anderes Leben, nicht?

Ich finde, dass ich eine wundervolle Ehe führe – eine, an der wir regelmäßig arbeiten, um sie zu verbessern. Aber es gibt Momente, da sehe ich Amys Ehe und empfinde meine eigene als nicht so toll: die Liebesbriefchen, die sie sich schreiben, die Geheimsprache, die sie entwickelt haben, und ihre wöchentlichen Dates miteinander wecken meinen inneren Kritiker auf. Ich bekomme zu hören, dass ich haben sollte, was die beiden haben, dass ich mir nicht genug Mühe gebe, dass ich weder als Frau noch als Ehefrau gut genug sei und dass meine Ehe nicht ist, wie sie sein sollte. In dieser Welt, in der jeder immer mehr haben, besser sein und mehr tun muss, können Vergleiche echt die Pest sein.

Wie bringt man das in Ordnung?

Ich möchte vorausschicken, dass ich niemals sagen würde, Sie sollen aufhören, sich mit anderen zu vergleichen – der Trick ist es, die Sache zu managen. Auch wenn Ihr Feed in den sozialen Medien vermutlich voll mit inspirierenden Zitaten ist, die sich darum drehen, dass der Schlüssel zum Glück darin besteht, ebenjene Angewohnheit abzulegen, Vergleiche gehören zum Menschsein dazu. Lassen Sie uns lernen, damit umzugehen, anstatt sich dauerhaft in ihnen einzurichten, so dass Sie sich nicht länger mies, sondern glücklich fühlen.

Man kann davon ausgehen, dass viele die sozialen Medien nicht benutzen, damit wir uns besser fühlen, sondern um uns daran zu erinnern, wie viele Leute da draußen cooler sind als wir. Und die Wahrheit ist – und ich wette, dass Sie das nicht zum ersten Mal hören –, die Wahrheit *ist*, dass die Leute, mit denen Sie sich vergleichen, mit Absicht ihre Muskeln spielen lassen, sich im Urlaub in Pose werfen, ihre Partner küssen und generell all die supergeilen Sachen vorführen, die sie haben und erreichen. Das, womit sie den Großteil ihrer Zeit verbringen, posten sie nicht: auf der Toilette sitzen und auf dem Telefon scrollen, zur Arbeit fahren, mit der Kindererziehung kämpfen, sich Sorgen um das Bankkonto machen, sich von viel zu viel Eis voll fühlen – Sie wissen schon, all die ganz normalen menschlichen Dinge, die uns 98 Prozent der Zeit in Trab halten. Bitte, machen Sie sich klar, dass Sie Ihr Alltagsleben mit den wenigen Momenten vergleichen, die Menschen in den sozialen

Medien der Welt zeigen. Das ist, als stellte man meine siebenjährige Tochter in einem Schwimmwettbewerb neben Michael Phelps auf. Ich weiß, dass mein Mädchen ganz gut schwimmen kann (und im flachen Wasser kann sie echt gut Handstand) ... aber mal ehrlich, bei diesem Wettkampf wird sie verlieren. Ist sie deswegen ein Loser? Natürlich nicht. Heißt das, dass sie nie als Schwimmerin bei den Olympischen Spielen auflaufen wird? Nein, auch das nicht. Diese Kombination ergibt einfach keinen Sinn, und der Vergleich Ihres Lebens mit jenen Momenten, die andere in den sozialen Medien teilen, ist kein fairer Vergleich.

Meistens vergleichen Sie Ihr Alltagsleben mit den wenigen Momenten, die Menschen in den sozialen Medien der Welt zeigen.

Vergleiche überzeugen uns davon, dass wir, nur weil eine andere Person etwas hat, was wir wollen, nicht dasselbe haben können. Ich ertappe mich dabei, wie ich Vergleiche anstelle, zum Beispiel meine Ehe mit jener von Amy vergleiche. Dass meine Freundin eine außergewöhnliche Ehe führt, heißt nicht, dass ich nicht auch eine gute Ehe führen kann. Beobachten Sie, ob Sie sich etwas einreden, wenn Sie Vergleiche anstellen.

Wenn Sie sich mit anderen vergleichen, sind Sie meistens die Verliererin. Ich schwimme selten im Ozean der Vergleiche und denke: »Puh! Gott sei Dank ist mein Leben/meine Figur/mein Haus/meine Beziehung so großartig *und* so viel besser als ihre/s.« Das passiert vielleicht, aber nicht oft. Obendrein ist es nicht gerade gesund für die Selbstachtung, das Selbstbewusstsein und die Zufriedenheit, diese auf gefühlten Unzulänglichkeiten anderer aufzubauen.

Machen Sie sich mit Ihren Erfolgen vertraut

Wie oft nehmen Sie sich Zeit, stolz auf das zu sein, was Sie erreicht haben? Ich gebe meinen Klientinnen regelmäßig diese Hausaufgabe und bin verblüfft, wenn sie mich anschauen, als hätte ich sie aufgefordert, die Nationalhymne auf Lateinisch zu rezitieren. Sie haben nicht nur Probleme, den Sinn darin zu erkennen, Ihre Leistungen und Erfolge anzuerkennen, sondern sie fühlen sich auch unwohl dabei. Es erscheint ihnen wie Prahlen und nicht sehr bescheiden. Kein Wunder – als Frauen werden wir dazu erzogen, keinen großen Wirbel um unsere Erfolge zu machen.

Wenn Sie diese Aufgabe angehen, reduzieren Sie die Liste auf die nackten Fakten. Vielleicht neigen Sie dazu, zu schreiben: »Wurde befördert, weil ich an der Reihe war.« Nein, nein, nein. Schreiben Sie stattdessen: »Ich wurde befördert.« Statt »Topverkäuferin 2012 geworden (aber die Latte lag auch niedrig)« schreiben Sie: »Ich bin Topverkäuferin 2012 geworden.« (Wenn Sie sich schwertun, sollten Sie sich genauer mit Kapitel 6 und dem Thema Hochstaplersyndrom befassen.) Der Punkt ist, entweder haben Sie eine Sache geschafft oder nicht. Auf der Liste sind keine Relativierungen oder Entschuldigungen erlaubt.

Diese Bestandsaufnahme beschränkt sich nicht nur auf große Erfolge wie den Gewinn des Pulitzer-Preises oder die Arbeit als Astrophysikerin. Fangen Sie mit Dingen wie dem Absolvieren der Mittelstufe oder dem bestandenen Abitur an. Vielleicht haben Sie an der Uni das Seminar in organischer Chemie geschafft, ein Kind zur Welt gebracht oder adoptiert, sind aus Ihrer Heimatstadt weggezogen, haben mit dem Rauchen aufgehört, Töpfchentraining mit einem Kleinkind gemacht (keine Kleinigkeit!) oder die Kunst der französischen Maniküre gemeistert – nichts ist zu unbedeutend für diese Liste.

Jetzt kommt der lustige Teil: Arbeiten Sie daran, stolz auf sich zu sein. Bevor Sie zum nächsten Kapitel springen, hören Sie bitte erst mal zu.

Einer der vornehmlichen Gründe, warum Frauen sich unwohl damit fühlen, stolz auf sich zu sein, ist die Überzeugung, dass Stolz das Gleiche wie Narzissmus oder Angeberei sei. Es sei viel edler, bescheiden zu sein, die eigenen Leistungen nicht weiter zu beachten und zur Tagesordnung überzugehen. *Niemand mag eine Frau, die sich ständig selbst beweihräuchert,* denken wir. Besser zurückhaltend sein, auf sicher spielen und nicht auf sich aufmerksam machen.

Ich will Sie nicht auffordern, die Liste Ihrer Erfolge auf Facebook zu posten oder davon zu erzählen. Wenn Sie sich damit wohlfühlen, tun Sie es und ich beglückwünsche Sie dazu. Wenn Sie sich mit der Aufgabe schwertun, stellen Sie sich vor, dass niemand außer Ihnen von Ihrer Erfolgsliste weiß. Niemand wird diese finden, aber – schließlich ist das rein hypothetisch – selbst wenn sie aus irgendeinem Grund jemand findet, wird er/sie nicht darauf reagieren. Bei dieser Aufgabe beurteilt Sie und Ihre Liste niemand. Ihre Erfolgsinventur ist nur für Sie von Bedeutung.

Gucken Sie sich Ihre Liste an und sagen Sie sich selbst: »Das alles habe ich erreicht.« *Punkt.* Denken Sie dran, keine Abwertungen oder Entschuldigungen, warum Sie die Dinge auf Ihrer Liste geschafft haben. Machen Sie weiter mit »Das alles habe ich geschafft, und ich bin stolz auf mich«. Versuchen Sie das *eine Minute lang.* Denken Sie dran, dass niemand eine Meinung dazu abgeben wird. Diese Liste und Ihr Stolz gehören allein Ihnen.

Vermutlich haben Sie den größten Teil Ihres Lebens gedacht, dass die Leistungen der anderen allesamt besser sind als Ihre. Es ist an der Zeit, dass Sie sich mit Ihren eigenen Leistungen vertraut machen und Stolz auf all das, was Sie erreicht haben, entwickeln.

Denn Sie haben das geschafft! Erlauben Sie sich, in der Zufriedenheit über Ihre Erfolge zu versinken. Das wird Ihnen helfen, mit den Vergleichen umzugehen, die Sie fertigmachen.

Kontrollieren Sie, was Sie können

Im letzten Jahr hatte ich einen Entfolgen-Anfall auf Instagram. Mir war klargeworden, dass ich vielen Accounts folgte, die kurze Fitnessvideos posteten, oder Yogis, die täglich Yoga-Posen teilten. Ich hatte gedacht, dass ich die Fitnessvideos nutzen, von den Yoga-Posen inspiriert sein und schließlich selbst trainieren würde (bitte hier hysterisches Gelächter einfügen). Vermutlich überrascht Sie das nicht, aber nachdem ich den Accounts einige Monate gefolgt war, wurde mir klar, dass ich mich jedes Mal schlechter und keineswegs inspiriert fühlte, wenn ich diese Bilder im Instagram-Feed sah. Mein Körper und meine Gelenkigkeit waren definitiv nicht vergleichbar mit denen der Sportexperten und Yogis, und nicht nur das, es schlich sich der Gedanke ein, dass ihre Leben besser als meins waren. Wer aus der Hocke drei Stufen hochspringen kann, gelenkig und zenmäßig aussieht, und das alles in einem 30-Sekunden-Video, der muss doch ein großartiges und perfektes Leben führen, oder?

Vom Verstand her wusste ich, dass das nicht stimmte. Mir war klar, dass diese Menschen reale Leben und reale Probleme hatten, wie alle anderen auch. Aber in den kurzen Momenten des Scrollens fühlte ich kleine Stiche der Unzulänglichkeit und mit der Zeit wurden diese zu echten Glückskillern.

Vielleicht begleiten Sie diese kleinen Stiche der Unzulänglichkeit den ganzen Tag. In der Summe wirken sie wie ein Schlag auf den Kopf mit der Bratpfanne. Einzeln tun sie nicht so weh, aber mit der Zeit sammelt sich so viel an, dass es schmerzt und sich auf das Wohlbefinden auswirkt und vor allem darauf, wie wohl Sie sich mit sich selbst fühlen.

Dass ich diesen Leuten folgte, hatte keine Auswirkungen auf meine Sportgewohnheiten, das wusste ich, also löschte ich sie alle. Amüsanterweise spürte ich in dem Moment, in dem mein Finger über dem Button schwebte, einen kurzen Moment der Panik und dachte: »Aber wenn ich ihnen nicht folge, dann wird das mit dem Sport ja *bestimmt* nie was.« OMG, DER WAHNSINN. Ich deabonnierte die Accounts trotzdem, überging meinen inneren Kritiker in dem Bewusstsein, dass meine körperliche und geistige Gesundheit nicht von Miss Sixpack mit den Gummigliedern auf Instagram abhing. Ich ersetzte diese Accounts durch die von Leuten, die mich zum Lachen bringen und mir nicht das Gefühl geben, ich sei nicht gut genug.

Im wahren Leben gibt es vielleicht auch Leute, denen Sie nicht mehr folgen sollten. Natürlich können Sie nicht jeden loswerden, der Sie in Vergleiche treibt, aber denken Sie über die Leute in Ihrem Umfeld nach. Vielleicht diese Frau, die in einer anderen Abteilung arbeitet, deren Nähe Sie suchen und mit der Sie bei der Happy Hour quatschen. Die, die immer so tolle Klamotten trägt, einen netten Freund hat und gerade befördert wurde. Oder jene Cousine, die Sie jedes Jahr beim Familientreffen sehen, die ihr eigenes Unternehmen hochgezogen hat und stets glücklich zu sein scheint (geht's noch?!). Wenn diese Leute Sie zu Vergleichen aufstacheln, wenn Sie sich in ihrer Gegenwart unzulänglich fühlen, dann ist es besser, nicht mehr mit ihnen zu reden. Gestehen Sie sich das zu.

Wir können nicht alle Trigger vermeiden, aber denken Sie über die Dinge nach, die Ihre Vergleichssucht anstacheln und die Sie kontrollieren *können*. Soziale Medien gehören dazu. Fernsehkonsum genauso. Ich habe eine Freundin, die nicht *Keeping Up with the Kardashians* gucken kann, ohne sich schlecht zu fühlen. Nach jeder Sendung verglich sie ihr Leben mit dem der Reality-Soap-Stars, vom Bankkonto bis zur Frisur, und fühlte sich nie wohl dabei. Also hat sie damit aufgehört. Jeder Trigger – groß oder klein – trägt zu Ihrer Einstellung gegenüber Ihnen selbst bei.

Denken Sie darüber nach, was Sie als Inspiration betrachten. Haben Sie ein Foto von sich selbst mit zehn Kilo weniger auf den Rippen an den Kühlschrank gepinnt, um sich zu einer besseren Ernährung zu »inspirieren«? Motiviert Sie das nur dazu, Ihr jetziges Ich mit Ihrem früheren Ich zu vergleichen, so dass Sie sich mies fühlen? Ist Ihre Pinterest-Pinnwand voller Bilder von Ihrem Traumhaus, Ihrem Traumkleiderschrank, Ihrer Traumbeziehung, Ihrem Traum-was-auch-immer, und wenn Sie sie angeguckt haben, fühlen Sie sich schrecklich? Wo ist die Grenze für Sie? Die Definition von »inspirieren« lautet »ein Gefühl oder einen Gedanken erzeugen«. Und etwas, das Sie kreieren, um sich davon inspirieren zu lassen, sollte *positive* Gedanken hervorrufen, oder?

Ziel ist es, zu merken, was passiert, so dass man vermeiden kann, in diese Falle zu tappen und sich wie die größte Versagerin zu fühlen, die je auf diesem Planeten wandelte. In Kapitel 1 habe ich ein Mantra vorgestellt und wir werden es auch hier nutzen. In diesem Zusammenhang benutzen wir es, um Aufmerksamkeit zu bündeln und Sie aus der Vergleichsfalle zu befreien. Denken Sie dran, Mantras sind nicht dasselbe wie positive Bestätigung. Eine positive Bestätigung wäre, sich selbst zu sagen, wie großartig Sie im Vergleich zu Miss Germany sind. Ein Mantra fokussiert in diesem Zusammenhang Ihre Aufmerksamkeit und zieht Sie aus den Tiefen der Verzweiflung heraus oder, noch besser, fängt Sie ab, bevor Sie überhaupt dort landen. Mein Lieblingsmantra ist: »Nun, das ist gerade passiert.« Ich stelle einfach nur das Offensichtliche fest (ich mache mich nicht fertig und es ist nicht sonderlich positiv). Dieses Mantra ermöglicht es mir, mit der Feststellung eine Linie zu ziehen, so dass ich mich für ein anderes Verhalten entscheiden kann.

Ziel ist es, zu merken, was passiert, so dass Sie vermeiden können, in die Falle zu tappen und sich wie die größte Versagerin zu fühlen, die je auf diesem Planeten wandelte.

Einmal entdeckte ich beispielsweise auf Facebook den Post einer anderen Coach. Sie hatte ihr Business ein paar Jahre vor mir gegründet und war online sehr beliebt. Sie schrieb, dass sie auf dem Weg nach London sei, um dort auf einer Veranstaltung zu sprechen. Ein paar Klicks und ich sah all die exotischen Orte, zu denen sie für ihre Vorträge reiste. Und da saß ich kleine Null nun und war noch nie aus Nordamerika herausgekommen. Nie. In meinen Gedanken ging Folgendes ab: *Ich werde nie eine Karriere als Rednerin haben wie sie, und da sie keine Kinder hat, besteht ihr Leben garantiert aus Shoppingtrips und Wellnesstagen, sie läuft einfach rum und macht, was immer sie will.* In weniger als einer Minute und wegen eines *einzigen* Facebook-Posts hatte ich mir eine Riesenstory ausgedacht, nicht nur über ihr Leben, sondern auch darüber, wie wertlos meines im Vergleich war und wie düster meine Zukunft aussah. Nachdem ich ein paar Minuten mit diesem Unsinn verbracht hatte, fühlte ich mich schlecht. Als mir klar wurde, in welche Spirale ich gerade tappte, sagte ich: »Nun, das ist gerade passiert«, und klappte meinen Laptop zu. Ich versuchte nicht, meine Gedanken zu ändern und mir einzureden, wie großartig ich sei oder dass ich eines Tages als Rednerin um die Welt reisen würde. Ich hatte mich in diesem Moment ertappt, realisiert, was ablief, und die Richtung geändert.

Die Vergleichsmanie kann wie eine Gewohnheit wirken, die man nur sehr schwer ablegen kann, aber ich versichere Ihnen, mit etwas Anstrengung gelingt es. Wie es Dusti gelang, einer neunundzwanzigjährigen Autorin und Mutter:

> Ich bloggte seit ungefähr sechs Monaten, als ich anfing, mich mit anderen Frauen zu vergleichen, die dasselbe taten. Viele hatten mehr Erfahrung als ich und waren nicht mit den gleichen Herausforderungen konfrontiert, denen ich mich gegenübersah. Ich versuchte alles, vom Imitieren ihres Stils bis zum Verändern meines Aussehens, und alles diente nur dazu, jemand zu werden, der ich nicht war.
> Ich hörte damit nicht auf, bis ich mir die Zeit nahm, meine eigene kleine Nische im Internet zu finden, wo ich meine Wahrheit leben konnte, wo ich keine Angst hatte, als ich selbst hervorzustechen, statt mich unter Tünche und Täuschung zu verstecken, wie es passiert, wenn man andere nachmacht. Sehr dabei geholfen, das Vergleichen sein zu lassen, hat mir, dass ich inzwischen reif genug bin, um zu wissen, dass all diese Leute auch nur Menschen sind, oberflächlicher Ruhe und perfekten Frisuren zum Trotz.
> Ich habe immer noch Momente, in denen ich mich mit anderen Frauen vergleiche. Jetzt trete ich einen Schritt zurück, rufe mir ins Gedächtnis, wie dankbar ich für das bin, was ich erreicht habe, und wie weit ich es gebracht habe. Die Angewohnheit des Vergleichens loszulassen hat mich nicht nur zufriedener gemacht, sondern auch meine Kreativität befördert. Diese »alte« Art zu leben sagt mir nicht mehr zu!

Vergleiche können wahre Energie- und Glücksblutsauger sein. Die Gewohnheit stirbt schwer, aber Sie haben die Kraft, Chefin über Ihre Vergleiche zu sein. Seien Sie aufmerksam, nutzen Sie Ihre Werkzeuge, üben Sie weiter und Sie werden täglich so viel mehr Freude erleben!

Die peinliche Befragung:

- Womit oder mit wem vergleichen Sie sich am meisten?
- Auf welche Veränderungen können Sie sich einlassen bzw. welche können Sie vornehmen, um nicht mehr zu Vergleichen verleitet zu werden?
- Schreiben Sie Ihre Erfolgsliste.
- Gibt es etwas, was Sie »inspirierend« nennen, wodurch Sie sich aber schlechter fühlen? Was können Sie dagegen tun?

KAPITEL 5

DIE ABRISSBIRNE IHRES LEBENS: SELBSTSABOTAGE

Es gibt einen sehr aufregenden Punkt im Leben, an dem uns klar wird, was wir wollen. Wir sind offiziell erwachsen! Vielleicht haben wir endgültig die Nase voll von toxischen Beziehungen, haben die Muster erkannt, in die wir immer wieder verfallen, und sind nun bereit für eine gesunde, reife Beziehung.

Wir wollen bei der Arbeit glänzen. Wir wissen, dass wir mehr Geld verdienen können, also nehmen wir zusätzliche Projekte an und klettern auf der Karriereleiter nach oben.

Wir hüpfen im Leben voran, zufrieden mit uns selbst, weil wir uns selbst wertvoll genug sind, nicht nur zu wollen, was wir wollen, sondern es auch umzusetzen. Eine Runde High fives!

Dann wird es interessant.

Ihre Beziehung läuft gut, aber nun fangen Sie an, über die gescheiterten Beziehungen nachzudenken. Das sind Sie nicht gewohnt, und Sie sind sich nicht sicher, wie Sie reagieren sollen. Vielleicht haben Sie Angst, dass Ihre Makel erkannt werden könnten, also verstecken Sie sich vor Ihrem Partner und distanzieren sich.

Vielleicht haben Sie einen Erfolg bei der Arbeit gelandet, und das macht Ihnen Angst. Sie fühlen den Druck und fragen sich: »Wie soll ich das auf Dauer durchhalten?« Der innere Kritiker taucht auf und kommandiert herum, erklärt, dass Sie die Beförderung nicht verdienen, andere mehr Erfahrung oder eine bessere Ausbildung haben und dass Sie ohnehin früher oder später alles verbocken werden.

Vielleicht machen Sie manchmal sogar das *Gegenteil* von dem, was Sie tun sollten, um zu bekommen, was Sie wollen. Das ergibt weder für Sie noch für andere Sinn, aber Sie tun es trotzdem. Vielleicht brechen Sie Streit mit Ihrem Partner vom Zaun oder flirten mit anderen. Oder, noch schlimmer, Sie gehen fremd, obwohl Ihre Partnerschaft erfüllend ist.

Bei der Arbeit sind Sie unzuverlässig oder machen Fehler, auf Partys betrinken Sie sich, zeigen beim aufreizenden Tanzen Ihren Stringtanga und knutschen mit dem Caterer. Dabei wissen Sie, dass Sie sich so nicht vor Kollegen präsentieren wollen und es nicht schlau ist. Aber Sie tun es trotzdem.

Das, meine Freundinnen, ist Selbstsabotage. Sie benehmen sich wie eine metaphorische Abrissbirne – Sie brettern ziellos durch die Gegend, mit einem gelegentlichen Blick auf den Schutt, den Sie hinterlassen. Aber leider ist das kein Spiel. Es ist Ihr Leben.

Es ist, als versuchten Sie, ein anderes Gleichgewicht zu finden – jenen Punkt, an dem Sie sich am wohlsten fühlen. Einen Ort unterhalb des Radars, ein wenig klein geraten, nicht »zu viel«, so dass niemand kommentiert und nichts wehtut, sollte es auseinanderfallen. Als würden Sie damit rechnen, dass alles zusammenkracht. Als versuchten Sie, das Unausweichliche herbeizuführen und Ihr Schicksal unter Kontrolle zu halten, indem Sie dem Chaos zuvorkommen.

Bevor ich hier weiter aushole, lassen Sie mich darauf hinweisen, dass es zwei Arten von Selbstsaboteuren gibt: bewusste und unbewusste. Menschen, die sich bewusst boykottieren, wissen, dass ihr Tun ihr Leben beeinträchtigt, und tun es trotzdem. Manchmal beschäftigt es sie und sie möchten es ändern, aber sie wissen nicht, wie. Anderen ist es egal, sie sind nicht bereit, sich der Sache zu stellen und etwas zu ändern (übrigens, diese Leute lesen dieses Buch vermutlich *nicht*).

Nehmen wir Liz als Beispiel. Sie sagt: »Ich bemerke, dass ich, wenn die Dinge in einer Beziehung, Freundschaft oder irgendetwas anderem, bei dem andere involviert sind, gut laufen, versuche, dies zu sabotieren, damit mich niemand verletzen kann. Ich ziehe mich zurück oder mache Schluss. Früher war ich nicht so, ich habe erst nach meiner Scheidung damit angefangen. Ich hatte diesen Menschen in mein Leben und mein Herz aufgenommen und es ist schiefgegangen. Ich glaube, ich möchte nicht, dass das noch einmal passiert. Ich habe das Gefühl, es ist es einfach nicht wert, noch mal jemanden an mich heranzulassen.«

Oder Rebecca, eine junge alleinerziehende Mutter, die mir von einem On-Off-Freund erzählte. »Das ist eine total ungesunde Beziehung, das weiß ich.« Sie geht mit anderen Männern aus, aber wann immer sie Single ist, ruft sie diesen Exfreund an. »Schon bevor ich das Telefon nehme, um ihm eine SMS zu schicken, weiß ich, dass es schlecht für mich ist, ich weiß, dass es übel enden wird, und ich mache es trotzdem.«

Liz und Rebecca sind zwei Beispiele für bewusste Selbstsabotage. Sie wissen, dass das, was sie tun, ihnen nicht nützt, sie wissen, dass sie durch andere Entscheidungen vermutlich eher zu dem Leben kämen, das sie wirklich wollen, aber sie treffen trotzdem die bewusste Entscheidung, Dinge zu tun, die ihnen nicht guttun.

Unbewusste Selbstsaboteure hingegen wissen nicht, dass ihre Handlungen ihnen schaden und sie von dem entfernen, was sie wollen. Dieses Verhalten findet man häufig in Beziehungen, besonders wenn Sie zu ungesunden Partnerschaften neigen, die im Chaos enden (siehe auch das Beispiel zu Beginn dieses Kapitels). Sie beginnen eine Beziehung mit einem großartigen Menschen, der emotional reif scheint, und im Großen und Ganzen läuft alles glatt. Dann funken

Sie plötzlich Ihren Exfreund an, um zu fragen, ob er seine alte Spice-Girls-CD braucht, denn Sie haben sie gefunden und hey, vielleicht hat er ja Lust auf einen Kaffee, um ein bisschen zu quatschen? Sie reden sich selbst ein, dass alles harmlos sei; mal ernsthaft, er braucht diese CD doch sicherlich, und es ist ja nur ein Kaffeetrinken, nicht wahr? Sie fangen an, mit dem neuen Partner zu streiten und ihn auf all die Dinge hinzuweisen, die er falsch macht. Bevor Sie wissen, wie Ihnen geschieht, schickt er Sie in die Wüste und es ist vorbei. Obendrein erinnern Sie sich, wenn Sie Ihren Exfreund treffen, ziemlich schnell daran, warum Sie sich von ihm getrennt haben. Sie können sich nicht erklären, warum es immer so ausgeht.

Sie ziehen Ihre Kampfstiefel an, zertrampeln Ihr Glück und alles, was Sie wirklich wollen. Sie machen andere dafür verantwortlich oder Ihre eigenen Mängel oder behaupten, es läge an Ihrer »rebellischen Natur«, aber im Grunde, ganz tief drin, ist es etwas anderes.

Für dieses Verhalten gibt es mehrere Gründe. Zum einen machen wir uns verletzlich, wenn wir versuchen, unsere Ziele zu erreichen. Vielleicht klappt es nicht. Vielleicht erreichen wir das Ziel nicht. Vielleicht scheitern wir. Trennungen passieren. Vielleicht sagen andere Dinge über uns, die wir nicht mögen. Vielleicht haben wir Erfolg, dann zerreißen sich die Leute darüber das Maul und Sie fühlen sich deshalb unwohl. Es gibt KEINE Garantien. Vermutlich *lieben* Sie Garantien. Wir sind süchtig nach Sicherheit (ich nehme mich da nicht aus). Loszulassen und uns selbst und dem Universum zu vertrauen ist so furchteinflößend, dass wir es schlicht nicht können und nicht tun. Das ist so eine von diesen Lose-lose-Situationen – entweder bleiben wir, wo wir sind, und sabotieren uns selbst (was sich mies anfühlt) oder wir streben nach dem, was wir wollen (was Angst macht und sich auch mies anfühlt). Wir neigen zur vertrauten Option: Wir bleiben, wo wir sind, und sabotieren uns selbst. Es wirkt verrückt – irrsinnig fast –, aber normalerweise mögen wir keine Veränderungen. Sie sind nervenaufreibend. Lassen wir alles, wie es ist, wissen wir, was herauskommt, und auf eine seltsame Art fühlen wir uns damit wohler. Eine gewisse Zeit lang.

Ein weiterer Grund für Selbstsabotage ist, dass man sich selbst nicht sonderlich mag. Selbsthass führt normalerweise zu Verhalten, das untermauert, wie mies man – in der eigenen Wahrnehmung – ist. Oft sammeln solche Menschen, zumeist unbewusst, Beweise dafür, dass sie nichts Gutes verdient haben und dass niemand sie lieben kann. Ein Beispiel: Rebecca, die junge Frau, die immer wieder zu dem Mann zurückkehrte, von dem sie wusste, dass er nicht gut für sie war. Im tiefsten Inneren hielt sie nicht allzu viel von sich selbst. Einen guten Mann auszuwählen fühlte sich unangenehm und ungewohnt an. Sie war es gewohnt, sich mit sich selbst mies zu fühlen, kein Wunder also, dass sie sich immer wieder für einen Mann entschied, der diese Überzeugung verstärkte.

Vielleicht hassen Sie sich nicht selbst, sondern Ihre Selbstsabotage ist nur eine schlechte Angewohnheit. Fitness und die richtige Ernährung sind hier alltägliche Beispiele. Sie wissen, dass Sie gesünder essen und sich mehr bewegen müssten, Sie wissen auch, *wie* es geht, vielleicht kaufen Sie sogar mehr Gemüse, einen Entsafter und alles steht bereit. Aber das Gemüse wird schlecht und den Sport schieben Sie auf die lange Bank. Der Mangel an Schwung killt die Motivation, und diesen Teufelskreis zu durchbrechen ist schwer. Bald essen Sie wieder ungesunden Kram und verstehen nicht, warum.

Wie bringt man das in Ordnung?

Was wirkt dagegen? Wenn Sie eine Selbstsaboteurin sind, dann zeige ich nun jene Schritte, mit denen Sie dieses Verhalten loswerden und Ihr Leben auf Vordermann bringen können.

Geben Sie es zu und benennen Sie es

Schauen Sie sich Ihre Vergangenheit an und jene Momente, in denen Sie Ihr Leben sabotiert haben. Beziehungen, Arbeit, Gesundheit und Fitness sowie Geld (ja, Geld!) sind die häufigsten Bereiche. Dieser Schritt ist wichtig, um genau zu bestimmen, was dahintersteckt.

Fragen Sie sich: Was vermeide ich tatsächlich?

Liz zum Beispiel vermeidet vermutlich, jemals wieder einem Menschen zu vertrauen, weil sie bei ihrer Scheidung verletzt wurde. Dieses Misstrauen hat sie jedoch nun auf Freundschaften ausgeweitet. Und wenn Rebecca ihrem Exfreund eine Nachricht schickt, obwohl sie weiß, dass ihr das nicht guttut, vermeidet sie vielleicht, sich ihre Baustellen im Bereich Beziehungen anzuschauen. Es scheint leichter, kurze Spaßphasen ohne Verpflichtungen zu haben und zu wissen, wie es enden wird, als sich der Unsicherheit einer neuen Beziehung zu stellen und/oder dem Schmerz der Frage, *warum* man immer die falschen Partner wählt.

Machen Sie Ihre Hausaufgaben

Schreiben Sie zwei Listen.

- Listen Sie auf, was Sie wirklich wollen. Nicht »Ich will einen Tesla, mehr Geld und einen heißen Freund«. Natürlich wollen Sie das. Aber was Sie *wirklich* wollen, ist vermutlich Anerkennung, Bestätigung, Freiheit, Frieden, Intimität und zwischenmenschliche Beziehungen. Graben Sie sich ein paar Schichten in die Tiefe und stellen Sie sich den großen Fragen. Letztendlich sind es keine Dinge, die wir wollen, sondern das Gefühl oder die Erfahrung, die wir uns von ihnen erhoffen. Immer. Es ist in Ordnung, Anerkennung und Bestätigung für harte Arbeit und Anstrengung zu wollen. Und das kann auf eine Beförderung hinauslaufen. Es ist in Ordnung, Intimität und zwischenmenschliche Bindungen in einer Beziehung zu wollen. Sie haben all das verdient.

- Machen Sie eine Liste, was Schlimmes passieren könnte, wenn Sie diese Dinge bekommen. Vielleicht wollen Sie eine intakte Beziehung, und wenn Sie tiefer graben, stellen Sie fest, dass Sie sich Intimität wünschen. Vielleicht haben Sie jedoch Angst, dass jemand erkennen könnte, wie Sie wirklich sind – ein fehlbarer Mensch, mit Mängeln und allem Drum und Dran. Vielleicht wurden Sie in der Vergangenheit zurückgewiesen, vielleicht gab es in der Kindheit Traumata, die jetzt hochkommen. Vielleicht bekommen Sie bei der Beförderung und Gehaltserhöhung (neben Anerkennung und Bestätigung) Angst, die Leistung nicht halten zu können, oder es macht Sie nervös, im Rampenlicht zu stehen. Sich darüber klarzuwerden, wovor Sie sich fürchten, bringt Sie der Heilung näher. Sie können nichts in Ordnung bringen, wenn Sie nicht wissen, was Sie ins Straucheln bringt.

Sich darüber klarzuwerden, wovor Sie sich fürchten, bringt Sie der Heilung näher. Sie können nichts in Ordnung bringen, wenn Sie nicht wissen, was Sie ins Straucheln bringt.

Bitten Sie um Hilfe

Ja, dieses nervige Verletzlichkeitsding mal wieder. Bei diesem Schritt geht es darum, sich Hilfe zu suchen von jemandem, der sich das Privileg verdient hat, Ihre Geschichte zu hören. Ich betone das immer wieder (siehe Kapitel 2). Wenn Sie anfangen aufzudecken, was Ihnen *wirklich* Angst macht – Achtung, Spoiler! –, wird Ihnen klar, dass es mit dem Gesehenwerden zu tun hat. Damit, sich zu zeigen, wie man wirklich ist, und zu riskieren, dass man akzeptiert ... oder abgelehnt wird. Hoffentlich haben Sie einen Menschen, dem Sie Ihre Ängste mitteilen können und dem gegenüber Sie zugeben können, dass Sie sich in puncto ________________ selbst sabotiert haben.

Selbstsabotage macht sich gerne breit, wächst und gedeiht, aber nur, wenn Sie sie als kleines Geheimnis bewahren. Einmal ans Licht gebracht, bricht sie in sich zusammen. Selbst wenn Sie sich weiterhin selbst sabotieren, wird es sehr viel schwerer, die Zerstörung durchzuziehen, denn Sie haben Unterstützung dazugeholt, jemanden, der Sie liebevoll zur Rechenschaft zieht und auffordert, bessere Entscheidungen zu treffen.

Handeln Sie

Genauer gesagt, handeln Sie unvollkommen, ängstlich und mutig. Vertrauen Sie mir, wenn ich sage, dass Sie, wenn Sie die ersten drei Werkzeuge (siehe oben) benutzen, bereits auf dem besten Weg sind, selbstsabotierendem Verhalten den Garaus zu machen. Sich mit diesen Gewohnheiten auseinanderzusetzen und einem vertrauenswürdigen Menschen davon zu erzählen – was Sie bereits getan haben – erforderte ja bereits großen Mut, da sollte dieser letzte Schritt nicht so furchteinflößend sein.

Mutigsein zu üben ist meist keine geradlinige Sache, also seien Sie darauf vorbereitet, dass es etwas wackelig werden könnte. Wenn Sie feststellen, dass Sie Gefahr laufen, wieder in Ihr selbstsabotierendes Verhalten zurückfallen, und sich stattdessen dafür entscheiden, sich auf die Unsicherheit dessen, was Sie wollen, einzulassen – sei es, um sich auf den höheren Posten bei der Arbeit zu bewerben oder sei es, ihre neue Freundin zu fragen, ob sie etwas zusammen unternehmen –, könnten verrückte Dinge passieren. Vielleicht kriegen Sie die Beförderung nicht. Vielleicht hat die neue Bekannte schon was vor.

Dann wird ihr innerer Kritiker allerhand Gründe parat haben, warum Sie besser nichts hätten tun sollen. Aber der Punkt ist, Sie haben Mut statt alter Verhaltensweisen gewählt.

Vielleicht merken Sie, während Sie an alldem arbeiten, überhaupt nicht, dass Sie in alte Selbstsabotagemuster zurückgefallen sind. Auch dann ist wieder Ihr innerer Kritiker am Werk. All das gehört zum Fortschritt, und der erfordert eben einen Schritt nach dem anderen. Eine Gewohnheit, eine Entscheidung, eine Situation nach der anderen.

Wenn Sie sich das nächste Mal selbst sabotieren, fragen Sie sich: »Werde ich mich am Ende gut damit fühlen? Werde ich mich wohl damit fühlen, dass ich hätte handeln können, obwohl ich Angst hatte?« Wir können die Angst nicht loswerden, aber wir können uns ihr stellen.

Selbstsabotage – auch wenn das nicht einleuchtet – bedeutet, den schnellsten, einfachsten und manchmal spaßigsten Weg zu wählen. Wie bei allen Gewohnheiten, von denen Sie in diesem Buch lesen, kommt dabei nie das Ergebnis heraus, das Sie wirklich wollen. Es wird Ihnen nie gerecht, aber Sie sind so an dieses Verhalten gewöhnt, dass es Ihnen natürlich scheint. Und oft merkt man gar nicht, was man tut, bis man vor dem Trümmerhaufen steht, den man gerade verursacht hat.

Selbstsabotage ist ein Ticket ohne Rückfahrschein zum ewigen Miesfühlen. Tappen Sie nicht in die Falle. Sie sind viel zu großartig, smart und vor allem in der Lage, diese glücksvernichtende Gewohnheit, die Sie sich da zugelegt haben, abzulegen.

Die peinliche Befragung:

- Läuft Ihre Selbstsabotage bewusst oder unbewusst ab?
- Was, glauben Sie, ist der Grund für Ihre Selbstsabotage?
- Was wollen Sie wirklich? Nicht »Dinge«, sondern welche Gefühle und Erfahrungen erhoffen Sie sich?
- Wovor haben Sie Angst?
- Mit wem können Sie das alles teilen?
- Welche unvollkommene, ängstliche und mutige Handlung nehmen Sie sich vor?

KAPITEL 6

ICH FÜHLE MICH WIE EINE BETRÜGERIN: DAS HOCHSTAPLERSYNDROM

Ist Ihnen jemals etwas gelungen und Sie waren ungefähr fünf Sekunden stolz und haben sich dann sofort gefragt, wann alle anderen rausfinden werden, wie unfähig Sie wirklich sind? Tun Sie es ab, wenn Ihnen etwas Gutes passiert? Denken Sie zum Beispiel bei einer Beförderung: »Na ja, wahrscheinlich hatten die Druck von oben, eine Frau zu befördern, und deshalb bin ich es geworden.«

In ihrem Buch *The Secret Thoughts of Successful Women: Why Capable People Suffer from the Impostor Syndrome and How to Thrive in Spite of It* schreibt Valerie Young:

> Im Kern bezeichnet das Hochstaplersyndrom den hartnäckigen Glauben einer Person, nicht intelligent, fähig oder kompetent zu sein. Diese Menschen sind überzeugt, dass sie weder Lob noch Anerkennung ihrer Leistungen verdient haben, sondern schreiben ihre Erfolge dem Zufall, Glück, Verbindungen oder anderen externen Faktoren zu. Sie sind unfähig, ihre Erfolge zu internalisieren oder zu fühlen, dass sie sie verdient haben, sie zweifeln fortwährend ihre Fähigkeit an, vergangene Erfolge zu wiederholen. Wenn sie Erfolg haben, fühlen sie eher Erleichterung als Freude.

Wenn ich über dieses Thema mit Frauen spreche und sie sich damit identifizieren können, rufen sie als Erstes aus: »Ich wusste gar nicht, dass es dafür einen Begriff gibt!« Der Hochstaplerkomplex ist ein spezifischer Teil des inneren Kritikers und viel häufiger, als Sie vielleicht annehmen.

Nehmen wir Rachel als Beispiel:

> Ich habe eine Ausbildung zur Krankenschwester gemacht und mit Bestnoten abgeschlossen. Während der gesamten Ausbildung hatte ich das Gefühl, dass ich die richtigen Antworten in den Prüfungen wohl nur erraten hatte, wenn ich es nicht sicher wusste oder die Information nicht verstand. Jetzt arbeite ich als Krankenschwester in der Notaufnahme, und ich bin mir sicher, die am wenigsten kompetente Schwester zu sein.
>
> Ich weiß, dass mir die Patienten wichtig sind, aber ich habe immer noch das Gefühl, dass meinen Kollegen und Chefs Tag für Tag klar sein muss, dass ich die schwächste Schwester bin. Ich bin stolz auf meinen Abschluss, aber ich habe das Gefühl, dass ich nicht stolz darauf sein sollte, Krankenschwester in der Notaufnahme zu sein, weil ich glaube, dass ich dafür nicht gut genug bin.

Viele Frauen fühlen sich im Job wie Blender, aber da hört es noch nicht auf. Frauen fühlen sich typischerweise auch in Beziehungen wie Blender. Karen sagt: »Ich bin seit fast fünfzehn Jahren mit meinem Freund zusammen. Ich weiß, dass er mich vergöttert und auf keinen Fall will, dass ich gehe, aber ich habe Angst, dass er aufwacht und sich fragt, was zum Geier er hier mit mir macht, und es dann vorbei ist. In meinen Freundschaften rechne ich immer damit, dass eine sagt, dass sie sich nur aus Mitleid mit mir abgibt, weil ihr klar sei, wie erbärmlich ich bin, und sie nicht gewollt habe, dass ich mich noch schlechter fühle, und sie deshalb so tue, als wäre sie meine Freundin.«

Einer der faszinierendsten Aspekte am Hochstaplerkomplex ist, dass die Frauen nichts davon wissen. Sie sind nicht nur überrascht, dass es »das überhaupt gibt«, sondern ebenso erstaunt, dass andere Frauen genauso denken und fühlen. Ihnen ist klar, dass Frauen generell dazu neigen, sich selbst runterzumachen, aber es fällt ihnen schwer, die Vorstellung zu akzeptieren, dass Frauen herumlaufen und sich wie Betrüger fühlen. Das ist noch mal eine Extraschicht Einsamkeit.

Woher kommt das?

Es steht außer Frage, dass wir ein bestimmtes Alter erreichen, in dem sich alle Puzzleteile an den richtigen Platz rütteln, während uns klar wird, woher viele unserer Glaubenssätze, Gewohnheiten und Verhaltensweisen kommen und was unsere Familien uns mitgegeben haben. Ganz zu schweigen von unserem Eindruck, was unsere Eltern, Geschwister und Lehrer von uns dachten. Ich glaube nicht, dass irgendjemand die Kindheit und Jugend komplett unversehrt übersteht, selbst wenn man in einer »intakten« Familie mit gutherzigen Eltern aufgewachsen ist, die die besten Absichten hatten. Die meisten von uns nehmen beim Aufwachsen ein paar blaue Flecke und Narben mit.

Eine Vielzahl von Erfahrungen können am Hochstaplerkomplex beteiligt sein. Vielleicht interessierten Ihre Eltern nur Ihre Zweier, auch wenn Sie sonst nur Einsen bekommen haben, oder sie haben Ihre Erfolge ignoriert, damit Sie bescheiden bleiben und keine »Prahlhanne« aus Ihnen wird. Oder Sie wurden grundlos gelobt, einfach nur weil Sie bei »Jugend musiziert« mitgemacht hatten, selbst wenn Sie in der ersten Runde rausgeflogen waren und das Gefühl hatten, dass das Lob nicht verdient war. Vielleicht hatten Sie Geschwister, die es in der Schule schwer hatten, weshalb Ihre Eltern darauf achteten, Sie nicht zu sehr zu loben. Oder vielleicht galt Ihre Schwester als »die Intelligente«, während Sie »die Lustige« waren, und Sie hatten immer das Gefühl, *nie* sein zu können wie sie.

Was auch immer vielleicht von klein auf Ihr Gefühl, eine Betrügerin zu sein, gefördert hat, möglicherweise arbeiten Sie nun zusätzlich noch in einer Branche, die Selbstzweifel züchtet. Vielleicht arbeiten Sie in einem Männerumfeld und haben das Gefühl, doppelt so hart arbeiten zu müssen, damit Ihre Ideen und Meinungen gehört werden. Oder Sie stehen beruflich in der Öffentlichkeit und viele Menschen schauen zu Ihnen auf und haben hohe Erwartungen an Sie als Mensch und als Fachkraft.

Vielleicht trifft nichts von alldem auf Sie zu.

Wenn das der Fall ist, kann ich Ihnen fast garantieren, dass es durch unsere Kultur kommt; eine Kultur, die den Erfolg und die Intelligenz von Frauen herabmindert. Auch wenn Sie wirklich und wahrhaftig gut genug sind, intelligent genug, erfahren genug, qualifiziert genug, sagen tief verwurzelte Grundannahmen, dass es absurd sei, dass Sie als Frau all das sein können. Wir glauben, es sei unlogisch, dass wir großartig und intelligent und fähig sein können – und mit dieser Denkweise kann es so nahezu unmöglich sein, sich selbst zu akzeptieren und zu vertrauen.

Mit anderen Worten, es ist größtenteils nicht Ihre Schuld. Aber jetzt ist es an Ihnen, diesen gewohnheitsmäßigen Denkprozess zu verändern, denn im Grunde genommen ist es nur das: ein gewohnheitsmäßiger Denkprozess. Sie können den Gedanken, dass Sie eine Blenderin seien, ändern.

Wie bringt man das in Ordnung?

Sich nicht mehr wegen des Hochstaplerkomplexes mies zu fühlen hat viel mit dem inneren Kritiker zu tun, aber wenn das Hochstaplersyndrom ins Spiel kommt, spielen Selbstgespräche eine noch größere Rolle. Wenn Sie die Beschreibung des Hochstaplerkomplexes gelesen und gedacht haben: »Ja, das bin ich!«, haben Sie bereits den ersten Schritt getan, denn Sie haben erkannt, womit Sie kämpfen.

Nachdem Sie das nervige Blendersyndrom anerkannt haben, sind mehrere scheinbar kleine (jedoch gewichtige) Schritte zu tun. Nehmen Sie einen in Angriff und Sie werden eine Verschiebung wahrnehmen. Nehmen Sie alle in Angriff und Sie werden eine maßgebliche Veränderung bemerken.

Seien Sie realistisch

Tun wir mal einen Moment so, als ob. Nehmen wir mal an, Sie haben tatsächlich von *nichts* eine Ahnung, genau wie die Hochstaplerkomplex-Stimme es Ihnen einflüstert. Sie machen *tatsächlich* allen etwas vor und sind *wirklich* eine riesengroße Blenderin.

Okay, denken Sie mal über das nach, was ich da gerade gesagt habe. Das wäre ein immenser Aufwand. Das wäre wirklich ein Mordscoup, so ähnlich, wie die Hutkollektion der Königin von England zu stehlen oder so was. Sie nehmen an, dass die Leute, die Sie verscheißert haben, totale und komplette Idioten sind. Dass die so dämlich sind, dass sie nicht mal merken, wie inkompetent Sie sind. Sie haben Sie damit davonkommen lassen und tun es weiterhin.

Erkennen Sie, dass das beschriebene Szenario völlig irrational ist und Sie wenigstens *einige* Ihrer Erfolge anerkennen könnten? Trauen Sie anderen etwas zu und machen Sie sich klar, dass es unwahrscheinlich ist, dass nun alle Dödel sind. So können Sie erkennen, dass Sie *tatsächlich* Fähigkeiten und Kompetenzen haben. Denn hören Sie genau zu: *Das haben Sie.*

Achten Sie auf Ihre Wortwahl

Als Nächstes achten Sie darauf, wie Sie sich ausdrücken. Nein, ich meine keine Schimpfwörter (von denen bin ich Fan); ich rede davon, dass Sie aufmerksam beobachten sollten, wie Sie über Erfahrungen, Fähigkeiten und Erfolge sprechen. Verwenden Sie Wörter wie »nur«, »lediglich«, »bloß« oder »einfach«? Wenn ja, dann unterminieren Sie sich selbst und lassen gleichzeitig andere Menschen wissen, wie Sie selbst Ihre Erfahrungen, Fähigkeiten und Erfolge einschätzen. Dieser kleine Schritt kann ein monumentaler sein. Wie Sie vor anderen über sich sprechen, ist nicht zu deren Bestem, sondern zu Ihrem. Sie müssen nicht zur Egomanin werden und 24/7 prahlend herumlaufen oder sich Verdienste anrechnen, die nicht die Ihren sind. Achten Sie auf Äußerungen wie diese: »Ich hab einfach ein neues System für die Firma entwickelt, um die Umsätze zu steigern, und dadurch hatten wir immerhin 43 Prozent Steigerung dieses Jahr.« Nein. Schlicht und einfach nein. Die Verwendung des Wortes »einfach« vermittelt den Eindruck, jeder Depp hätte das gekonnt. Ändern Sie es in: »Ich habe ein neues System für die Firma entwickelt, um die Umsätze zu steigern, und dadurch hatten wir 43 Prozent Steigerung dieses Jahr.« Es gibt Bonuspunkte, wenn Sie noch hinzufügen: »Was sagen Sie dazu?« (Nur ein Witz. Sozusagen.)

Wie Sie vor anderen über sich sprechen, ist nicht zu deren Bestem, sondern zu Ihrem.

Stehen Sie zu dem, was Sie geschafft und erreicht haben, und zwar laut. Ihr innerer Kritiker dreht vielleicht durch, schreit »Alarm« und brüllt: »Sei bescheiden – niemand mag Angeber.« Wenn das passiert, gut so. Erstens lernen Sie, Ihren inneren Kritiker schnattern zu lassen, und zweitens sind Sie einen Schritt näher dran, die Gedanken, Glaubens- und Denkmuster, an die Sie sich seit Jahrzehnten halten, zu verändern. Drittens, hören Sie Ihrem inneren Kritiker zu, danken ihm für seinen Beitrag und machen weiter.

Erlauben Sie sich, eine Ausdrucksweise zu benutzen, die Sie nicht unterminiert und die vor allem nicht dafür sorgt, dass Sie sich klein fühlen und klein wirken. Sie dürfen die Verantwortung für Ihre Bemühungen, Ihre Arbeit und sich selbst übernehmen. Hier geht es darum, Ihre eigene Macht zu nutzen!

Nehmen Sie positives Feedback an

Das könnte schmerzlich für Sie werden. Wenn ich Sie richtig einschätze, tun Sie bei positiven Rückmeldungen Folgendes: Sie schreiben es der Hilfe einer anderen Person zu (auch wenn diese nur begrenzt war), übergehen es komplett, indem Sie an vergangene Fehler denken (damit heben Sie das positive Feedback auf), oder Sie fragen sich, wann die anderen herausfinden werden, dass Sie eine Blenderin sind.

In Bezug auf positive Rückmeldungen sollten Sie die folgenden zwei Punkte überdenken:

1. Was, wenn Sie sich stattdessen das positive Feedback anhören und davon ausgehen, dass die Person es ehrlich meint? Dass sie tatsächlich sagt, was sie von Ihnen oder Ihrer Arbeit denkt? Dass man Sie *nicht* verarschen will? Versuchen Sie innezuhalten, wenn Sie eine positive Rückmeldung bekommen.

Die Pause ist ein wichtiges Werkzeug in so vielen Momenten im Leben, wenn der erste Instinkt uns etwas tun oder sagen lässt, wodurch wir uns dann mies fühlen. Die Pause kann ein Straßenkampf mit dem inneren Kritiker sein, komplett mit Treten und Schreien, und Sie müssen dieses Unbehagen einen Moment lang aushalten. Nehmen Sie das Feedback für bare Münze. Anstatt es zu bewerten oder es niederzureden, schauen Sie es sich objektiv an.

2. Was, wenn Sie sich das Lob anhören und es als das annehmen, was es ist – ein Geschenk von jemandem? Wenn der/die andere Ihnen tatsächlich ein Geschenk gäbe – eins, das er/sie sorgfältig ausgewählt, eingepackt, mit einer Schleife und vielleicht sogar einer handgeschriebenen Karte verziert hat. Das würden Sie doch auch nicht aufmachen und dem Schenkenden ins Gesicht werfen, oder? Sie würden es nicht auf den Boden werfen und abrupt fortlaufen? Nein, denn Sie sind kein Arschloch. Warum tun Sie das dann, wenn Ihnen jemand Wertschätzung zeigt, Sie lobt oder Ihre Anstrengung anerkennt? Warum ist es in Ordnung, dass andere dieses Geschenk annehmen, Sie aber nicht? *Sie verdienen diese Geschenke.* Sie haben dafür gearbeitet. Die Menschen um Sie herum sind nicht Teil einer Verschwörung, um Anerkennung und Lob für Sie zu erfinden. Wenn sie es Ihnen geben, dann glauben Sie ihnen. Der innere Aufruhr, der mit dem Hochstaplerkomplex einhergeht, wird teilweise durch Perfektionismus und die damit verbundene Angst, dass Sie nicht ALLES wissen, verursacht. Und insbesondere die Angst, dass Sie deshalb verurteilt, kritisiert und abgelehnt werden.

Die einzige Lösung für den Hochstaplerkomplex scheint zu sein, die perfekte Expertin in allem zu werden. Der Glaubenssatz ist:

Wenn ich alles weiß, alles kann, alles perfekt mache und niemals Fehler passieren, dann hat niemand Grund, mich für eine Blenderin zu halten.

Das Problem ist nur, dass niemand alles weiß und niemand perfekt ist. Ich bin nicht die Erste, die Ihnen das erzählt – Sie haben es sicher schon eine Million Mal gehört – aber ganz tief drinnen legen Sie *immer noch* einen unerreichbaren Maßstab an sich selbst an.

Lassen Sie es mich einfach so sagen: Es wird immer Dinge geben, die Sie nicht wissen. Egal, wie viele Abschlüsse, Zertifikate und Auszeichnungen Sie haben. Egal, wie viel Übung, Training und Erfahrung Sie haben, es wird immer Dinge geben, die Sie nicht können . Sie werden Fehler machen. (Hoffentlich, denn durch Fehler lernt man. Nicht, indem man alles immer richtig macht.) Und es wird – bis zu Ihrem letzten Atemzug – Dinge geben, die Sie nicht wissen.

Es wird immer Dinge geben, die Sie nicht wissen.

Sie sind noch lange keine Blenderin, weil Sie Fehler machen. Wenn Sie mal falschliegen, sind Sie deshalb keine Betrügerin. Sie sind keine Hochstaplerin, nur weil Sie nicht perfekt sind. All das heißt nur, dass Sie ein Mensch sind, wie wir alle. Meistens tun Sie Ihr Bestes, stolpern durchs Leben, machen vieles richtig und manches falsch, wie alle anderen auch. Wenn Sie dieses Buch lesen, um an sich zu arbeiten, dann sind Sie absolut unglaublich!

Machen Sie Inventur in Ihrem Umfeld

Diese Übung beinhaltet eine Inventur der Leute, mit denen Sie Ihre Zeit verbringen. Schreiben Sie die Namen auf einen Zettel oder in

Ihr Notizbuch und ergänzen Sie, welche Gefühle diese Menschen in Ihnen auslösen. Sicher haben Sie schon mal gehört, dass Sie selbst verantwortlich dafür sind, wie Sie sich fühlen, und dass es *Ihr* Problem ist, nicht das der anderen, wenn Sie sich aufgrund der Worte der anderen schlecht fühlen. Oft stimmt das, aber es gibt Leute, die einem einfach keine guten Gefühle erlauben. Vielleicht ist es ein kritischer Elternteil oder eine Kollegin, die nur in Wettstreit treten will, wessen Leben wohl beschissener ist. Vielleicht eine Freundin, die Sie ständig als Kummerkasten missbraucht, so dass Sie aus jedem Zusammentreffen schlecht gestimmt herausgehen.

Alle diese Situationen können zu einem generellen Unglücklichsein beitragen, was dazu führen kann, dass Sie den traurigen Song des niedrigen Selbstwertes hören, was zum Dauergefühl »Blenderin« führt.

Die Energie, mit der Sie sich umgeben, kann sich exponentiell auf Sie auswirken. Wenn Sie von negativer Energie umgeben sind, ist es ein enormer Kampf, sich mit sich selbst wohlzufühlen. Beantworten Sie auf demselben Zettel folgende Fragen über Ihr Umfeld:

- Wo können Sie es sich leichter machen?
- Wo müssen Sie Grenzen setzen?
- Mit welchen Personen sollten Sie weniger Zeit verbringen?

Schreiben Sie es auf und ergreifen Sie Maßnahmen, wenn Sie das Gefühl haben, dass es Ihnen am meisten nützt.

Bewerten Sie Erwartungen und Erfolge

Irgendwann haben Sie Erwartungen an sich selbst formuliert, die Ihnen vielleicht nicht völlig bewusst sind (in Kapitel 8 reden wir ausführlicher darüber), und Sie rechnen sich eigene Leistungen nicht an. Die folgenden Übungen werden Ihnen helfen. Wenn Sie wollen, schreiben Sie sich alles auf.

1. Fragen Sie sich: *Wo liegt die Messlatte?* Schreiben Sie es auf oder machen Sie sich eine Liste, was Sie in welchen Bereichen Ihres Lebens von sich erwarten. Seien Sie ehrlich mit sich selbst. Wenn Sie fertig sind, lesen Sie sich die Liste vor. Wahrscheinlich liegt die Latte so hoch, dass Sie sie unmöglich überspringen können. Vielleicht sehen Sie, was andere schaffen, die mehr Zeit, Erfahrung oder Übung haben als Sie, und Sie haben das Gefühl, dass Sie mithalten müssen. Möglicherweise haben Sie sich auch einfach eine Story ausgedacht, wer Sie sein müssten und was Sie alles können sollten, und zwar basierend auf Ihren ausgedachten Standards. Erreichen Sie durch ein Wunder Ziele (auch wenn Sie sich auf dem Weg dahin fast umbringen), gratulieren Sie sich nicht etwa, sondern hacken auf dem herum, was Sie hätten besser machen können, oder Sie schreiten so schnell weiter, dass Sie gar keine Gelegenheit haben, sich zu gratulieren.
   Vielleicht denken Sie: »Wenn ich meine Erwartungen runterfahre, bin ich ein Faulpelz. Niedrige Standards sind was für faule Loser.«
   Schwester, das Pendel muss nicht den maximalen Ausschlag haben. Sie müssen ja nicht Ihre Aufzeichnungen in die Luft werfen und »Leckt mich« brüllen und alles aufgeben. Es *gibt* auch so etwas wie einen Mittelweg.
2. Verschaffen Sie sich Klarheit darüber, warum Sie sich überhaupt wie eine Hochstaplerin fühlen. Beenden Sie auf Ihrem Zettel den Satz *Ich fühle mich wie eine Blenderin, weil …*
   Vielleicht liegt es daran, dass Sie glauben, nicht genügend Erfahrung zu haben. Oder keine ausreichenden Qualifikati-

onen. Weil sie die Neue sind. Oder vielleicht beenden Sie den Satz einfach mit *weil ich nicht gut genug bin.*

Die Messlatte nach unten zu setzen bedeutet, sich mit dem Gedanken auseinanderzusetzen, dass es ein Bachelorabschluss auch tut, es muss kein Master sein. Oder dass Sie gut genug sind, obwohl Sie die einzige Frau in der Abteilung sind. Dass Sie *keine* zehn Pfund abnehmen müssen, damit Ihre Freundinnen Sie mögen. Ihre überhöhten Standards anzuzweifeln setzt voraus, dass Sie sich bewusst sind, was Sie sich zusammenspinnen, und diese Glaubenssätze anzufechten. Es gibt eine gute Chance, dass Sie nicht glauben werden, dass die neuen Standards okay sind, aber *versuchen Sie es.*

3. Erinnern Sie sich an Kapitel 4, und daran, dass Sie sich mit Ihren Erfolgen vertraut machen sollen? Wenn Sie das noch nicht gemacht haben, tun Sie es jetzt. Blättern Sie zurück und lesen Sie den Abschnitt. Ich warte solange.

   Folgendes wird vermutlich passieren. Sie machen die Liste, lesen sie sich selbst vor und denken: »Na ja, ich hab es wegen einer Systempanne auf die Uni geschafft.« Oder: »Ich habe Zwillinge zur Welt gebracht, aber das haben Hunderttausende andere Frauen auch.« Wenn Sie in Versuchung geraten, Ihre Leistung als etwas abzutun, was nur mit Glück, Zufall oder mit etwas anderem als Ihrer Erfahrung, Ihren Bemühungen oder Ihren Fähigkeiten zu tun hatte, dann sollten Sie die Sätze wie folgt beenden:

   Ich habe es auf die Uni geschafft, weil ich geeignet dafür war.

   Ich habe die Beförderung bekommen, weil ich die erfahrenste und kompetenteste Person in der Abteilung war.

   Ich habe Zwillinge zur Welt gebracht, weil ich ein gottverdammt harter Knochen bin.

Der Hochstaplerkomplex kann Sie auf eine Miniaturversion Ihrer selbst reduzieren. Sie sind für Größeres und Besseres bestimmt. Sie sind dazu bestimmt, diese alten, abgestandenen Glaubenssätze loszulassen, die Ihnen vormachen, es sei schlecht, die eigene Kraft zu nutzen. Diese Glaubenssätze sind nur das: Glaubenssätze. Erfundene Storys in Ihrem Kopf. Sie sind aus ihnen rausgewachsen. Ich lade Sie dazu ein, sie wahrzunehmen, zuzugeben, dass sie nichts taugen, und sie loszulassen.

Die peinliche Befragung:

- Wenn Sie glauben, das Hochstaplersyndrom zu haben, was sind Ihre geheimen Gedanken in diesem Zusammenhang? Was genau sagt Ihr innerer Kritiker, wenn er Sie als Blenderin bezeichnet?
- Habe Sie eine Ahnung, woher Ihre Hochstaplergefühle kommen?
- Haben Sie die Messlatte zu hoch gesetzt? Wenn ja, wo können Sie Ihre Standards herunterschrauben?
- Welche Erfolge können Sie sich zugestehen? Gibt es etwas, was Sie zur Seite geschoben haben, das Sie anerkennen und auf das Sie stolz sein können?

KAPITEL 7

DIE GROSSE SHOW: GEFALLSÜCHTIGE UND ANERKENNUNGSJUNKIES

Wenn Sie nichts dagegen haben, werde ich jetzt über Leute reden, die anderen gefallen wollen. Oder wäre Ihnen ein anderes Thema lieber? Tut mir leid, natürlich ... lassen Sie mich kurz umsortieren ...

Da, haben Sie es gemerkt?

Leute, die anderen gefallen wollen, sind im Allgemeinen sehr nett. Sie wollen, dass alle um sie herum glücklich sind, also neigen Sie dazu, herumzurennen und alles Mögliche für andere zu tun – Pläne machen, anderen Gefallen tun, ständig alles übernehmen. Eine der zentralen Angewohnheiten der »Gefaller« ist, dass sie »Ja« sagen, wenn sie eigentlich lieber »Nein« sagen würden. Sie haben Angst, dass sie verurteilt oder zurückgewiesen werden könnten und dass sie niemand mehr mag. Erstaunlich (aber wahr) ist, dass die meisten Gefallsüchtigen lieber lügen, als zu erzählen, wie sie sich wirklich fühlen. Solange die anderen bekommen, was sie wollen und glücklich sind, hat der Gefaller seinen Job erledigt.

Vielleicht stehen Sie ja an einem Punkt im Leben, an dem Sie es ablehnen, sich für Leute, die es nicht verdient haben, ein Bein auszureißen, und der Gedanke ans Einschleimen verursacht Ihnen Brechreiz. Vielleicht sehen Sie sich nicht als waschechten Gefaller, das ist prima. Allerdings habe ich über die Jahre mit vielen Frauen gesprochen, ihnen geholfen und festgestellt, dass einige sich zwar nicht als Gefaller sehen, aber trotzdem nach Bestätigung durch andere streben.

Nicht jeder, der Bestätigung sucht, ist ein Gefaller, aber die meisten Gefaller sind Menschen, die nach Bestätigung streben. Ich fasse hier beides zusammen, weil es große Überlappungen gibt. Überspringen Sie also dieses Kapitel nicht gleich, weil Sie der Meinung sind, dass Sie nicht der Typ sind, der Leuten gefallen will; lesen Sie weiter.

Die Sucht nach Bestätigung sieht so aus: Alles, was Sie tun, wird aus der Sicht der anderen beurteilt. Selbst wenn niemand zuschaut oder es niemanden interessiert, Anerkennungsjunkies machen sich dauernd Sorgen darüber, was andere denken. Ihr Selbstbewusstsein, ihre Selbstachtung und sogar ihre Stimmung werden davon bestimmt. Meistens *wissen* sie gar nicht, was die anderen von ihnen denken, also müssen sie es sich vorstellen. Sie leben in einem Zustand dauerhafter Unsicherheit, was uns wieder zum Thema Gefaller zurückbringt. Denn wenn jene Menschen, die Anerkennung wollen, etwas tun können, was andere glücklich macht (wie dauernd »Ja« sagen), dann bekommen sie mit größerer Wahrscheinlichkeit auch Anerkennung. Alicia, eine neunundzwanzigjährige Finanzanalystin, erklärt: »Ich strebe nach Anerkennung in allen Bereichen meines Lebens. Ich nehme Dinge viel zu persönlich und bin ständig verletzt, weil ich in den Augen der anderen nicht perfekt bin – und daher auch nicht in meinen. Ich möchte stolz auf mich und meine Leistungen sein, unabhängig von den Gedanken oder Kommentaren anderer, aber ich schaffe es nicht.«

Woher kommt das?

Die meisten Frauen bekommen beigebracht, ein »braves Mädchen« zu sein. Ich bin selbst Mutter und kann Ihnen versichern, dass niemand auszieht, um seine Kinder zu Arschlöchern zu erziehen. Als Eltern wollen wir natürlich, dass unsere Kinder freundlich und nett zu anderen sind. Aber vom Kleinmädchenalter an werden die meisten dazu erzogen, ihre Meinung nicht zu laut zu äußern, nicht der Grund zu sein, warum andere sich unwohl fühlen, und dafür zu sorgen, dass die uns wichtigen Menschen glücklich sind. Es geht darum, gemocht zu werden, anderen zu gefallen und ihre Anerkennung zu erlangen.

Manche Frauen können den Beginn dieser Verhaltensweisen in der Kindheit festmachen, sie glaubten, ihr Verhalten als Kind beeinflusse das Glück ihrer Eltern. Jessica, eine vierunddreißigjährige zweifache Mutter, sagt:

> Als Kind versuchte ich fortwährend, die hohen Standards meiner Mutter zu erreichen. Ich hab mir solche Mühe gegeben ... und hin und wieder war ich gut genug und bekam Anerkennung von ihr. Ich rufe sie immer noch täglich an, erzähle ihr von meinem Tag und warte darauf, dass sie mir sagt, dass ich es gut gemacht oder die richtige Entscheidung getroffen habe. In meinem neuen Leben steht unter anderem gerade die Entscheidung für einen neuen Job an, und damit einhergehend eine enorme Gehaltseinbuße – meine Mutter hat mir tatsächlich gesagt, dass ich, wenn ich nicht mehr Geld verdiene als sie, nicht länger ihre »größte Leistung« sei.

Eltern oder andere Schlüsselfiguren in der Kindheit haben Ihnen vielleicht ernsthaft, scherzhaft oder mit subtilen Kommentaren ihre Erwartungen an Sie mitgeteilt. Schauen Sie zurück und erkennen Sie, wo Ihr Drang zu gefallen und/oder Anerkennung zu bekommen, herrührt. Nicht damit Sie Schuld zuweisen, sondern um das Muster erkennen zu können. Sie können die daraus resultierenden

Glaubenssätze und vor allem die Vorstellung anfechten, dass Sie allen gefallen müssten, um gemocht, geliebt und akzeptiert zu werden.

Wie bringt man das in Ordnung?

Gefallsucht und der Wunsch nach Anerkennung sind Gewohnheiten, die Sie vielleicht schon Ihr Leben lang pflegen, aber es gibt keinen Grund, warum Sie das nicht ändern sollten. Sie, die wunderbare Person, die dieses Buch liest, sind eine intelligente und fähige Frau, und ich weiß, dass Sie neue Gewohnheiten annehmen können, die auf Ihr Glück einzahlen. Legen wir los, okay?

In meinem letzten Buch, *52 Ways to Live a Kick-Ass Life*, habe ich erklärt, wie man als Gefaller lernen kann, »Nein« zu sagen. Ich möchte darauf aufbauen und über den größten Komplex sprechen, wenn es ums Neinsagen geht. Viele Frauen lehnen nichts ab, weil sie Angst davor haben, was die Leute denken könnten. Wird das Gegenüber ärgerlich werden? Verletzt sein? Sie nicht mehr mögen? Sie für ein Miststück halten? So viele Dinge können einem durch den Kopf gehen, wenn man darüber nachdenkt, »Nein« zu sagen – Dinge, die sich furchtbar anfühlen. Also sagt man stattdessen »Ja«, und sei es nur, um die Was-wenns zu vermeiden.

Die Lösung ist etwas, woran mich meine eigene Therapeutin 1473-mal erinnern musste: Sie sind nicht verantwortlich für die Gefühle anderer Menschen. Solange Sie sich in einer Weise verhalten haben, auf die Sie stolz sind, sind die Gefühle anderer deren Sache, und letztendlich haben Sie darüber keine Kontrolle.

Sie sind nicht verantwortlich für die Gefühle anderer Menschen.

Ich will im Privatleben immer noch niemanden verärgern. Liebe Leserin, ich will nicht mal *Sie* verärgern, dabei werden wir uns höchstwahrscheinlich nie begegnen. Ich will, dass die Menschen, die mir am wichtigsten sind, mich mögen, glücklich sind und vor allem nicht wütend auf mich wegen irgendetwas, was ich getan habe. Ich verstehe Sie, aber bei meiner Arbeit mit mir selbst habe ich Freiheit, Frieden und Stärke gefunden, indem ich aufgehört habe, mich für die Gefühle anderer verantwortlich zu fühlen.

Diese Freiheit, dieser Frieden und diese Stärke sind erreichbar. Meine Freundin Amy zum Beispiel ist in einem sehr konservativen christlichen Elternhaus aufgewachsen. Ihre Eltern waren Missionare und in Amys Kindheit drehte sich alles um ihre Religion. Als sie als Erwachsene den Glauben ihrer Familie in Zweifel zog, wurde das von ihrer Familie nicht gut aufgenommen. Amy arbeitete hart daran, dass sie in ihrem neuen Glaubenssystem die Zustimmung ihrer Eltern nicht brauchte.

Eines Tages sagte Amys Mutter, wie enttäuscht sie sei, dass Amy ihre religiösen Überzeugungen verändert habe. Die Mutter war vermutlich enttäuscht, weil es ihr wichtig war, dass sie und ihre Tochter denselben Glauben hatten. Vielleicht kam es ihr vor, als hätte sie als Mutter versagt, und vielleicht trauerte sie. Aber wissen Sie was? Auch wenn die Gefühle der Mutter berechtigt waren, hatten sie *nichts* mit Amy zu tun. Es sind die Gefühle ihrer Mutter. Es war der Wunsch und Traum der Mutter, dass Amy die Religion, mit der sie aufgewachsen war, beibehielt. Hätte Amy Verantwortung für die Gefühle ihrer Mutter übernehmen wollen, hätte sie vorgeben können, dass sie dem Glauben ihrer Kindheit immer noch anhing. *Das* wäre Gefallsucht und der Versuch, Anerkennung zu bekommen.

Eines Tages, nachdem sie sich angehört hatte, wie enttäuscht ihre Mutter von ihr war, gab Amy zurück: »Mama, es ist nicht notwendig, dass du meine spirituellen Überzeugungen gutheißt, denn *ich* heiße mich selbst gut.«

Vielleicht verletzte es die Gefühle von Amys Mutter, dass ihre Tochter ihr sagte, dass sie ihre Anerkennung nicht brauchte. Aber Amy hatte sie nicht angeschrien, und sie setzte ihre Mutter nicht ins Unrecht, weil sie ihren Glauben beibehielt; sie versuchte nicht einmal, das Thema zu vermeiden, indem sie auf etwas anderes zu sprechen kam. Amy verhielt sich liebenswürdig und liebevoll und stand für sich selbst ein. Mit anderen Worten, sie war und ist nicht verantwortlich für die Gefühle ihrer Mutter. Amy sagt:

> Ich bin eine Gefallerin im Genesungsprozess, und ich erkenne Schuldgefühle inzwischen sofort als das, was sie sind, und ich sage nicht mehr Ja zu etwas nur aus schlechtem Gewissen oder Pflichtgefühl. Ich bin in der Lage zu erkennen, welche Verantwortung in welcher Situation bei mir liegt, und ich kann starke Entscheidungen für mich treffen, selbst wenn meine Mutter (oder irgendjemand anderes) das nicht gutheißt. Es macht nie Spaß, mit jemandem über Kreuz zu liegen, aber das Gefühl von Stolz und Selbstvertrauen ist es mehr als wert. Die unbewusste Botschaft an mich selbst ist, dass wichtig ist, was ich will, fühle und glaube.

Klar, vielleicht denken Sie jetzt, dass Sie das, was Amy getan hat, *nie* könnten und so etwas nie zu Ihrer Mutter oder zu irgendwem sagen würden. Glauben Sie mir, es hat lange gedauert, bis Amy sich selbst annehmen konnte und den Mut aufbrachte, ihrer Mutter zu sagen, wie sie sich fühlte.

Es dauerte Jahre. Sie wusste genau, was sie sagen würde, als das Thema aufkam. Wenn Sie nun das, was Amy geschafft hat, nicht können, fangen Sie mit etwas anderem an. Fangen Sie klein an, denn Ihr Glück hängt davon ab. Die Fragen am Ende des Kapitels sind ein gut zu meisternder Startpunkt.

Nehmen Sie nicht alles so persönlich

Es fällt auf, dass Leute, die darauf aus sind, anderen zu gefallen und von ihnen Anerkennung zu bekommen, dazu neigen, Dinge *sehr* persönlich zu nehmen. Ein seltsamer Blick einer anderen Mutter beim Elternabend, ein passiv-aggressiver Kommentar vom Partner, ein unwesentliches Feedback vom Chef, und sie fangen an, sich zu fragen: *Ist er sauer auf mich? Kann sie mich nicht leiden? Was hab ich gemacht?* Sie kennen ja den Ratschlag, »Dinge nicht persönlich zu nehmen«. Der steht gerne auf diesen niedlichen Pinterest-Memes, und schwups ziehen Sie los auf Ihren Ich-werde-die-Dinge-nicht-mehr-persönlich-nehmen-Kreuzzug. Klingt gut, oder? Puh! Sie können gut aufs Gefallen und auf das Suchen nach Anerkennung verzichten, richtig?

Was sagen diese Memes? Wenn Sie die Worte und Handlungen anderer Leute persönlich nehmen, fallen Sie in die Opferrolle, verwenden Ihr Leben darauf, der Wertschätzung anderer hinterherzurennen und generell alles auf sich zu beziehen, auch wenn es mit Ihnen gar nichts zu tun hat.

Aber manchmal interpretieren Menschen diesen Ratschlag schwarz-weiß. Option eins ist, Dinge überhaupt nicht persönlich zu nehmen, alles leichtzunehmen und sich frei und gut zu fühlen. Option zwei ist, die Dinge persönlich zu nehmen und in der ewigen Verdammnis zu leben, in der wir Opfer und Beute anderer sind. Ja, eine etwas übertriebene Erklärung, aber manchmal gibt Selbsthilfe Leuten das Gefühl, DASS SIE ALLES FALSCH MACHEN.

Wenn wir kleine Ratschläge hören wie »Nimm nicht alles so persönlich« und wir Dinge persönlich nehmen (weil wir Menschen mit Gehirnen sind, die sich ganz schnell Geschichten ausdenken – das ist wissenschaftlich erwiesen), dann haben wir das Gefühl, alles falsch zu machen, und geben uns die Schuld dafür. Ich will nun nicht sagen, dass die Schuld stets bei anderen liegt, aber das Ganze aus einer Alles-oder-nichts-Perspektive zu betrachten kann zu Selbstvorwürfen führen.

Der Ratschlag untermauert auch die Annahme, dass es nicht die Worte des anderen sind, die verletzen; weh tut die Wunde, an die gerührt wurde. Da ist was Wahres dran. Ich halte es für wichtig, zu wissen, wo die persönlichen Trigger sind, so dass man weiß, was die eigenen Probleme sind und was nicht (Tipp: normalerweise sind es die eigenen). Aber ich möchte klarstellen, dass dieser Rat kein Freibrief für andere ist, Ihnen alles zu sagen und alles mit Ihnen zu machen, was sie wollen, da Sie sich ja ohnehin selbst die Schuld geben, weil »alte Wunden aufgebrochen sind«.

Gar nichts persönlich zu nehmen und loszulassen, was irgendjemand gesagt oder getan und damit einen empfindlichen Punkt getroffen hat, finde ich ebenfalls nicht ideal. Jemand beleidigt uns oder ist ein Depp und wir sollen denken: »Hm, was für ein Idiot. Das hat nichts mit mir zu tun. Ich mache einfach weiter mein Ding, lächle und kümmere mich nicht darum.«

So kriegt das niemand hin. Und wenn doch, dann nimmt derjenige ausgezeichnete Drogen.

Ich glaube, es gibt solche Leute. Sie sind spirituelle Menschen, tief mit einer anderen Welt verbunden, arbeiten mit jedem Atemzug an sich und üben ständig. Aber ich weiß, dass viele andere Probleme haben dürften, Dinge im Alltag loszulassen. Üben wir das schrittweise, und ich erkläre Ihnen, wie dieses Konzept helfen kann.

Don Miguel Ruiz, Autor von *Die Vier Versprechen*, schreibt ausführlich über das Konzept, Dinge nicht persönlich zu nehmen:

»Wir nehmen Dinge aus Gewohnheit persönlich. Nichts persönlich zu nehmen bedeutet nicht, dass Sie nicht darauf reagieren oder handeln werden. Aber wenn Sie handeln, haben Sie Klarheit; Sie wissen genau, was Sie wollen. Wenn Sie Dinge persönlich nehmen, tun Sie Dinge, die Sie nicht tun wollen, sagen Dinge, die Sie nicht sagen wollen, weil Gefühle Sie leiten. Wenn Sie Klarheit haben, ist es leichter, Entscheidungen zu treffen.«

Ich liebe diese Erklärung. Ich möchte hinzufügen, dass wir Dinge persönlich nehmen, weil wir Menschen sind und – da hat Don Miguel Ruiz recht – es eine Angewohnheit ist. Aber wir müssen es nicht zulassen, dass diese Dinge uns zerstören. Wir müssen nicht zulassen, dass sie Geschichten in unserem Kopf auslösen. In Kapitel 1 habe ich ausführlich über den inneren Kritiker gesprochen. Wenn wir Dinge persönlich nehmen, liefern wir ihm Brennstoff und »Beweise«.

Als Gefaller oder Anerkennungsjunkie ist es unabdingbar, dass Sie sich mit *Ihren* Problemen auseinandersetzen. Versuchen Sie nicht zu vermeiden, Dinge persönlich zu nehmen, indem Sie auf allen Seiten nach Anerkennung heischen, auch wenn Sie Ihre Seele dafür verkaufen müssen. Diesen Teufelskreis können Sie nur durchbrechen, wenn Sie wissen, womit Sie es zu tun haben. Legen Sie zum Beispiel Wert darauf, dass Leute sich sofort zurückmelden, wenn Sie texten, e-mailen oder anrufen, nehmen Sie es vermutlich persönlich, falls diese das nicht tun – Sie unterstellen, dass die Leute sauer auf Sie sind, quälen sich mit dem Gedanken, was Sie falsch gemacht haben, und beschließen, selbst sauer zu sein. Sicherlich, es gibt beim Thema Zurückmelden gesellschaftliche Normen, aber achten Sie darauf, wo Sie dünnhäutig sind. Sie dürfen empfindlich sein, und ich bin der Meinung, mehr Menschen sollten ihre eigene Empfindlichkeit akzeptieren, aber ich rate dazu, genau zu beobachten, was bei Ihnen die Knöpfe drückt.

Ausreichende Grenzen

Ich könnte kaum darüber schreiben, wie man aufhört, sich mies zu fühlen, ohne über Grenzen zu sprechen, oder? Grenzen lösen in vielen Menschen eine Mischung aus Verwirrung und Angst aus. Vielleicht liegt das daran, dass es in Bezug auf sie einige Fehlannahmen gibt. Grenzen haben einen schlechten Ruf, sie gelten als etwas, was »fiese Leute« setzen. Dabei sind Menschen, die Grenzen setzen, in Wirklichkeit eher die nettesten und glücklichsten. Aber Frauen glauben tendenziell, dass die Leute sie nicht mögen werden, wenn sie Grenzen setzen.

Lassen Sie mich klarstellen, was Grenzen nicht sind: Es geht nicht um aggressive Konfrontation, Streitsucht oder Angriffslust. Es geht nicht um Ultimaten und Drohungen. Früher dachte ich, um Grenzen zu setzen, müsse man in Deckung gehen, ein bisschen (oder ziemlich) gemein sein, den Leuten mit dem Finger drohen und alle wissen lassen, dass man sich nichts von ihnen oder sonst wem gefallen lässt.

Das hat nichts mit Grenzen zu tun. Die einfachste Erklärung ist, dass Grenzen das bezeichnen, was Sie für sich als akzeptabel oder eben nicht akzeptabel sehen. Sie sind wie Regeln und Vorgaben für Ihr Leben. Sie *könnten* es auch als Signal betrachten, dass Sie sich nichts mehr gefallen lassen. Es kommt aber darauf an, wie Sie es rüberbringen. Darüber reden wir gleich.

Hier ein individuelles Beispiel fürs Grenzensetzen. Eine Frau aus meiner Branche bat mich um einen Gefallen. Das hatte sie schon einmal getan. Ich hatte mich nicht wohl damit gefühlt, darum sagte ich beim ersten Mal Nein und erklärte ihr, warum. Beim zweiten Mal bat sie mich um denselben Gefallen, und mein Bauchgefühl sagte sofort Nein, aber ich dachte: »Wenn ich noch mal Nein sage, wird sie mich für ein Miststück halten.« Es gab mehrere gute Gründe, Nein zu sagen, der wichtigste war mein Bauchgefühl. Außerdem musste ich mit mir selbst ins Gericht gehen. War ich selbstgefällig? Nein. War ich faul? Nein. Doch ich hatte das deutliche Gefühl, dass ich nicht Ja sagen wollte.

Ich saß an meinem Computer, dachte über meine Antwort nach und grübelte, welche Entschuldigungen (oder genau genommen Lügen) ich erfinden könnte, damit ihre Gefühle nicht verletzt würden. Damit sie sich gut fühlte. Damit sie mich weiter mögen würde. Damit ich nicht alle Brücken abbrechen würde und so weiter und so fort.

Stattdessen beantwortete ich ihre E-Mail und sagte Nein. Ohne Erklärung. Das ist mir nicht leichtgefallen; ich würde sogar sagen, es war *revolutionär* für mich.

Zu meiner Überraschung schrieb sie zurück und fragte nach dem Grund. Ich hatte den Eindruck, dass diese Frau nicht daran gewöhnt war, Absagen zu hören, und das motivierte sie zu fragen, warum ich ihr den Gefallen nicht tun wollte. (Denken Sie dran, wir waren nicht gerade das, was man Freunde nennen würde. Wir hatten uns mal über die Arbeit unterhalten und ein paar Mails ausgetauscht.)

Als sie mich bat, mein Nein zu erklären, hatte ich vier Optionen:

1. Ihre Frage zu beantworten und die Wahrheit zu sagen. Die Wahrheit hätte vermutlich ihre Gefühle verletzt und das wollte ich nicht.
2. Ihre Frage zu beantworten und zu lügen. Ich konnte einen Grund für meine Absage erfinden, um ihr Ego zu schützen.
3. Fest dazu zu stehen, dass ich mich nicht erklären musste. Ich schuldete ihr nichts. Ein Nein kann einfach ein Nein sein.
4. Einen Rückzieher zu machen und ihr den Gefallen zu tun, um nichts erklären zu müssen und dafür zu sorgen, dass sie

zufrieden war und sich wohlfühlte. Das ging aber gegen meine Intuition und bei dem Gedanken daran wollte ich mich mit einer Gabel erstechen.

Ich entschied mich für die dritte Option: dazu zu stehen, dass ich mich nicht erklären musste. Es war nicht einfach. Ich fühlte mich mit keiner der Optionen wohl. Aber zum Grenzensetzen gehört auch, Nein sagen zu können und es bei einem einfachen Nein zu belassen. Sich nicht erklären zu müssen. Nicht für die Gefühle anderer verantwortlich zu sein, ob er/sie nun wütend darüber ist, nicht zu bekommen, was er/sie will, irritiert, dass wir den Grund nicht preisgeben, oder geschockt über die mangelnde Bereitschaft, ihn/sie glücklich zu machen. Grenzen setzen bedeutet, nicht für das Wohlbefinden anderer verantwortlich zu sein.

Zum Grenzensetzen gehört auch, Nein sagen zu können und es bei einem einfachen Nein zu belassen.

Wenn Sie zu hören bekommen: »Was soll das heißen, ›NEIN‹?«, dann antworten Sie: »Es heißt einfach Nein.«

Nur fürs Protokoll: Niemand erwartet, dass Sie sagen, dass Nein eben Nein heißt, und dann fröhlich davonhüpfen und sich den Rest des Tages großartig fühlen. Nein sagen ist unangenehm. Es braucht Übung, ist anstrengend, und man muss mit jenem quälenden Gefühl klarkommen, das manchmal damit einhergeht, Ungewohntes zu tun.

Ich glaube, häufig warten Menschen so lange, bis die Dinge so schlecht stehen und sie so genug davon haben, anderen alles zu geben, dass sie irgendwann hochgehen, brüllen und Forderungen stellen. Davon hat niemand was. Niemand will zuhören und Kompromisse schließen, wenn er unter Beschuss steht. Überlegt gesetzte Grenzen sind überdacht, bewusst und werden freundlich kommuniziert.

Niemand will zuhören und Kompromisse schließen, wenn er unter Beschuss steht. Überlegt gesetzte Grenzen sind überdacht, bewusst und werden freundlich kommuniziert.

Ich kann gar nicht mehr zählen, wie oft ich mit Leuten gesprochen habe (und oft genug dasselbe gemacht habe), die wütend auf jemanden waren, der etwas getan hatte. Ich habe nachgefragt: »Haben Sie denn gesagt, dass Sie nicht wollen, dass er/sie das macht?« Nach einer langen Pause kam stets die Antwort: »Na ja, nein. Ich glaube nicht, dass wir darüber reden können.« Dann erklärten sie mir, dass sie genau wüssten, wie diese Unterhaltung verlaufen würde (schlecht), und dass es die Sache deshalb nicht wert sei. Vorwurf, Vorwurf, Vorwurf, Ausreden, bla, bla.

Erstens wird sich niemand ändern, wenn Sie nicht sagen, dass sein Tun Sie stört. Gedankenlesen ist immer noch nicht verbreitet, darum müssen wir diese schwierigen, aber notwendigen Gespräche führen. Zweitens haben Sie kein Recht, wütend auf jemanden zu sein, der/die etwas gemacht hat, was Ihnen nicht passt, wenn Sie ihm/ihr das *nie* gesagt haben. Sagen Sie jetzt bitte nicht, »das sollte er/sie von selbst merken«, denn, ich wiederhole mich gern, niemand kann Gedanken lesen. Würde es Ihnen gefallen, wenn jemand bei Ihnen diese Nummer abzieht – dass Sie einfach *wissen* sollten, was der/die andere will oder nicht?

Leute, die anderen gefallen wollen und Anerkennung suchen, neigen aus vielerlei Gründen dazu, keine Grenzen zu setzen, unter anderem weil sie nicht als »zickig« oder »verschlossen« gelten wollen. Lieber fühlen sie sich unwohl und sind wütend, aufgebracht oder verletzt, als ein schwieriges Gespräch zu führen. Manchmal sind sie im tiefsten Inneren sicher, dass ihre Wünsche und Bedürfnisse es nicht wert sind, geäußert zu werden.

Stellen wir eine Sache richtig: Was Sie im Leben wollen und brauchen, ist genauso wichtig wie das, was irgendjemand anderes will. Punkt. Das Setzen von Grenzen unterstreicht das. Grenzen sind nicht nur wichtig, sondern *notwendig*. Notwendig, um gesunde Beziehungen führen zu können, um Selbstbewusstsein aufzubauen, um wertzuschätzen, wer wir sind, und um unser Glück zu sichern. Denn ich weiß, und Sie wissen das auch, dass Sie sich selbst keine Wertschätzung zeigen, wenn sie ständig allen gefallen wollen und deren Anerkennung nachrennen.

Wie man Grenzen setzt

Okay, und *wie* genau führt man solche Gespräche? Was ist der Rahmen? Lassen Sie mich Ihnen den Prozess an einem Beispiel demonstrieren. Nehmen wir mal an, Ihre Chefin überträgt Ihnen ständig Projekte, die im vorgegebenen Zeitrahmen nicht zu schaffen sind. Sie schaffen es zwar immer, aber Sie müssen Überstunden machen und am Wochenende arbeiten. Sie gibt diese Projekte immer *Ihnen*, weil, na ja, Sie schaffen es ja immer, noch dazu ohne zu jammern. Aber Sie werden immer wütender und gereizter, beschweren sich bei ihrem Partner und haben jeden Morgen Angst davor, zur Arbeit zu gehen.

Schritt 1: Das Gespräch mit Ihrer Chefin kann und sollte mit Dankbarkeit beginnen. Sagen Sie ihr, wie dankbar Sie sind, dass sie Ihnen diese dringlichen Projekte anvertraut. Dass Sie geehrt sind, dass sie

Ihnen zutraut, sie zu schaffen. Sie müssen ihr nicht in den Hintern kriechen oder sie manipulieren, es geht nur darum, eine freundliche Atmosphäre für das Gespräch zu schaffen. Dann ist die Chance größer, dass Ihr Gegenüber sich wohlfühlt und zuhört.

Schritt 2: Erklären Sie ihr, wie Sie sich fühlen. Lassen Sie sie wissen, dass die Arbeitsbelastung Sie beeinträchtigt.

Schritt 3: Bitten Sie um das, was Sie brauchen. Schlagen Sie vor, was Sie sich wünschen, und seien Sie direkt. Sagen Sie nicht: »Ich möchte, dass Sie die Belastung für mich verringern.« Das hilft Ihrer Chefin nicht weiter. Sagen Sie ihr *genau*, was Sie verändert sehen möchten. »Wenn Sie mir ein großes Projekt geben, brauche ich mindestens zwei Wochen anstatt einer, und Karen muss mir zwanzig Stunden helfen. Wäre das möglich?«

Seien Sie verhandlungsbereit, aber vorsichtig. Als Gefaller und Anerkennungsjunkie könnten Sie dazu neigen, bei den Grenzen einzuknicken. Es gibt vielleicht Verhandlungsspielraum, abhängig davon, worum es geht, aber hören Sie auf Ihr Bauchgefühl.

Das ist ein sehr allgemeines Beispiel. Wenn Sie zu Ihrer Chefin ein einigermaßen gutes Verhältnis haben, kann dieses Gespräch einfacher sein, als mit jemandem zu reden, mit dem Sie in einer privaten Beziehung stehen. Doch was ist, wenn ein Elternteil, Partner oder eine Freundin – jemand, mit dem Sie eine enge, emotionale Beziehung haben – Ihre Grenzen verletzt? Dann könnte das Gespräch so laufen:

1. Das finde ich toll an dir/unserer Beziehung.
2. Das stört mich/das mag ich nicht und so beeinträchtigt es mich.
3. Das werde ich nicht mehr tolerieren (seien Sie hier konkret).

4. Ich möchte, dass du das an der Situation änderst (seien Sie auch hier konkret).
5. Das wird passieren, wenn du diese Grenze überschreitest.

Eines der schwierigsten Dinge am Grenzensetzen (oder an jedem schwierigen Gespräch) ist, sich nicht auf einen Ausgang zu versteifen. Wäre es nicht großartig, wenn die Person, der Sie eine Grenze setzen wollen, sagt: »Oh mein Gott, ja! Es tut mir so leid, dass ich dich mit meinem Verhalten geärgert habe. Ja, ich werde das ändern, kein Problem. Danke, dass du es mir gesagt hast. Ich bin so froh, dass wir darüber gesprochen haben. Lass dich umarmen!«

So läuft es leider nicht immer, und darum wollen wir üblicherweise solche Gespräche gar nicht erst führen. Aber ich möchte würdigen, dass Sie *für das eingestanden sind, was Sie wollen.* SIE, die chronische Gefallerin und Anerkennungsheischerin par excellence, haben jemandem gesagt, wie Sie sich fühlen und dass Sie eine Veränderung wollen. Yeah, Sie! Wie der/die andere reagiert, ist seine/ihre Sache. Wenn er/sie Streit anfängt, Nein sagt oder sich generell wie ein Idiot benimmt, seien Sie auf der Hut vor Ihrem inneren Kritiker, der wieder murmeln wird, dass Sie das Gespräch nie hätten führen dürfen, gemein sind oder irgendeinen anderen Mist. Genau aus diesem Grund sollten Sie sich auf das Gespräch vorbereiten und genau festlegen, worum Sie bitten wollen. Das gibt Ihnen maximales Selbstvertrauen. Wenn Sie stolz darauf sind, Ihre Gefühle, Wünsche und Bedürfnisse klar ausgedrückt zu haben, dann haben *Sie* gewonnen, egal, was am Ende rauskommt.

Am Ende Ihres Lebens werden Sie sicher nicht sagen: »Ich bin so froh, dass ich alle anderen glücklich gemacht habe, indem ich Ja zu Dingen gesagt habe, zu denen ich nicht Ja sagen wollte, und ich bin froh, dass ich mir so viele Sorgen darüber gemacht habe, was andere von mir denken.« Gefallsucht und Aufmerksamkeitsheischerei machen Sie nicht glücklicher. Es ist IHR Leben. Sie bekommen keinen zweiten Versuch – das hier ist es!

Die peinliche Befragung:

- Falls Sie eine Gefallerin und/oder ein Anerkennungsjunkie sind, können Sie sich vorstellen, warum das so ist?
- Welche Konsequenz befürchten Sie, wenn Sie aufhören, Leuten zu gefallen oder etwas auf ihre Anerkennung zu geben?
- In welchen Situationen bzw. mit wem haben Sie das Gefühl, verantwortlich für die Gefühle anderer zu sein?
- Haben Sie das Gefühl, dass Sie zu viel persönlich nehmen? Wie können Sie das eindämmen?
- Welche Grenzen müssen Sie setzen (listen Sie sie auf)? Über welche sind Sie bereit, Gespräche zu führen?

KAPITEL 8

DAS PERFEKTIONISMUSGEFÄNGNIS: SELBSTZERSTÖRUNG IN REINKULTUR

Und diese perfekten Mädchen haben immer noch das Gefühl, dass sie noch fünf Pfund abnehmen könnten … Wir sind die Mädchen mit Angststörungen, vollen Terminkalendern, Fünfjahresplänen … Wir sind stolz darauf, dass wir so wenig wie möglich schlafen. Wir trinken Kaffee, viel … Wir sind die Töchter von Feministinnen, die uns gesagt haben: »Du kannst alles«, und wir haben gehört: »Du musst alles sein.«

PERFECT GIRLS, STARVING DAUGHTERS
VON COURTNEY E. MARTIN

Perfektionismus ist eine weitere Angewohnheit, die sich Frauen gern wie eine Medaille ans Revers heften. Für viele ist das Streben nach Perfektion dasselbe wie das Streben nach Erfolg, Spitzenleistung und Verbesserung. Es gibt keine andere Option.

Ich will ehrlich sein: Perfektionismus kann zerstören. Ja, ich dramatisiere, aber Perfektionismus ist eine der verbreitetsten Gewohnheiten, die Menschen daran hindern, ein großartiges Leben zu führen, also gehen wir ans Eingemachte.

Das reizvolle und verführerische Versprechen der Perfektion ist: Wenn wir perfekt aussehen und uns perfekt verhalten, können wir den Schmerz der Zurückweisung vermeiden. Wir können es vermeiden, »zu wenig« zu sein, und damit eines der schmerzlichsten Gefühle überhaupt umschiffen – Scham. In der Einleitung habe ich erklärt, dass die meisten Frauen nicht notwendigerweise herumlaufen und sich schämen, sondern dass Scham ihr Leben bestimmt. All die Entscheidungen beeinflusst, die sie jeden Tag treffen. Perfektionismus ist eine dieser verwirrenden Angewohnheiten, die es der Scham ermöglichen, uns an der kurzen Leine zu halten, unser Verhalten zu kontrollieren, und letzten Endes dafür sorgt, dass wir uns mies fühlen.

Die Frauen in meiner Bekanntschaft, die perfektionistisch sind, scheinen diejenigen zu sein, deren Leben am wenigsten von Angst bestimmt ist, aber sie spielen allen etwas vor und niemand ahnt es. Ich bin selbst eine chronische Perfektionistin und kann mit großem Selbstbewusstsein sagen, dass es Zeiten in meinem Leben gab, in denen ich lieber gestorben wäre, als andere meine Fehler und Unvollkommenheiten sehen zu lassen. Ich war überzeugt, dass die Sicht anderer auf mich meine Persönlichkeit bestimmte und definierte, ob ich etwas wert war oder überhaupt ein Existenzrecht hatte.

Als ich vierzehn war und auf die Highschool kam, beschloss ich, mich für das Tennisteam zu bewerben. Ich hatte noch nie in einem Schulteam gespielt (vom Bowlingclub in der siebten Klasse mal abgesehen), aber die Idee lag nahe, denn ich hatte quasi meine Kindheit auf dem Tennisplatz verbracht. Ich spielte seit meinem dritten Lebensjahr; entweder bekam ich Stunden beim Trainer oder mein Vater unterrichtete mich. Meine ganze Kindheit über lebte und atmete ich Tennis.

An einem heißen Sommertag fuhr mich mein Vater zu den Auswahlspielen. Nervös umklammerte ich meinen Schläger und beobachtete die anderen Mädchen durch den Maschendrahtzaun. Manche waren mein Level, aber auf die konzentrierte ich mich nicht. Ich beobachtete jene Spielerinnen, die besser als ich waren. Lähmende Gedanken überwältigten mich: *Was, wenn ich verliere? Was, wenn ich vor allen versage? Was werden meine Eltern denken? Was werden alle denken?*

Gelähmt vor Angst, war ich nicht in der Lage, das Tor zu öffnen und mitzumachen. Nach mehreren Minuten heller Panik drehte ich mich um, suchte ein Münztelefon und rief meinen Vater an, dass er mich abholen solle. Ich hörte an diesem Tag mit dem Tennis auf und erst zwanzig Jahre später betrat ich wieder einen Platz.

An diesem Tag mit dem Tennisspielen aufgehört zu haben gehört zu den Punkten, die ich am meisten bedaure. Es mag unwichtig scheinen, aber beim Tennis fühlte ich mich zu Hause. Ich hatte zugelassen, dass mein Perfektionismus, die Angst vor dem Versagen und die Angst, was andere von mir denken könnten, mir eine Entscheidung diktierten, die ich später bereute. Ich hatte an diesem Tag beschlossen, dass ich lieber aufhören wollte, statt zu riskieren, es nicht perfekt hinzukriegen.

Woher kommt das?

Manche Frauen, wie Rane, wachsen in Familien auf, in denen der Perfektionismus wie verrückt wuchert:

> Bei mir zu Hause wurde Perfektionismus vorausgesetzt. Ich hatte eine Großmutter, die die Teppiche harkte, und danach durfte niemand darauf laufen. Meine Mutter war genauso

> drauf, das Haus musste perfekt sein. Von mir wurden glatte Einser erwartet und alles darunter war für meinen Vater eine Enttäuschung. Ich habe mir den Arsch aufgerissen, schloss die Highschool schon nach der Elften ab und fing einen Monat nach meinem siebzehnten Geburtstag auf dem College an.
>
> Als Erwachsene habe ich das Gefühl, dass mein Haus perfekt sein muss, wenn Gäste kommen. Ich sage Verabredungen zum Spielen ab oder putze panisch wild, bevor ich es meinen Kind erlaube [andere Kinder einzuladen].

Rane hat den Perfektionismus offensichtlich geradezu in die Wiege gelegt bekommen. In Familien wie der ihren gibt es eine klare Botschaft: Sei perfekt, oder du bist nicht gut genug und wir akzeptieren dich nicht. Durchschnitt oder gar etwas darunter ist nicht akzeptabel. Vielleicht war Ihre Familie ja anders. Vielleicht hatten Sie nie das Gefühl, die Liebe und Aufmerksamkeit zu bekommen, die Sie brauchten, so dass Ihr Perfektionismus dem Bedürfnis entspringt, die Anerkennung anderer zu bekommen. Dem Glauben *Wenn ich perfekt bin, werden die Leute mich lieben und anerkennen.*

Vielleicht hatten Sie Geschwister mit dem Superstar-Gen und so das Gefühl, nicht mithalten zu können. Und bis heute versuchen Sie, etwas zu erreichen, das es nicht gibt.

Ich kam nicht aus einer Familie von Erfolgsmenschen. Meine Eltern freuten sich, dass ich mich für das Tennisteam bewerben wollte, aber sie schubsten mich nicht. Ich war eine durchschnittliche Schülerin und wurde von meinen Eltern nie unter Druck gesetzt. Im Rückblick glaube ich, dass ich ein Opfer der amerikanischen Kultur war. Ich wuchs in den 1980ern auf, als der Aerobicboom auf dem Höhepunkt war, Frauen gingen in Hosenanzug und Tennisschuhen zur Arbeit, und MTV brachte mir alles bei, was ich wissen musste. Perfektion war berauschend und ich wurde ihre Gefangene.

Einmal mehr kann es hilfreich sein, Verbindungen herzustellen, vom Ursprung Ihres Perfektionismus zur Gegenwart, um Ihre Glaubenssätze infrage stellen zu können. Licht auf Probleme zu werfen, die Sie vielleicht mit sich herumschleppen, ohne sich dessen bewusst zu sein. Denken Sie dran, Sie haben jederzeit die Macht, alte Glaubenssätze, Gewohnheiten und Muster zu ändern.

Kein Platz für Faulpelze

Immer wieder höre ich von Frauen, die mit Perfektionismus zu kämpfen haben, dass sie Faulpelze werden würden, wenn sie aufhörten, nach Perfektion zu streben. Aufzuhören, die Beste sein zu wollen, ist gleichbedeutend damit, die Hände in die Luft zu werfen und »Scheiß drauf!« zu sagen und jegliche Bemühungen um ihr Äußeres, ihre Arbeitsmoral, ihre Anstrengungen als Mutter, alles, aufzugeben. Sie sind so daran gewöhnt, nach Perfektion zu streben, dass alles andere schlicht ein Gräuel ist – eine Beleidigung für das weibliche Geschlecht. Der Glaubenssatz ist »Entweder bemühe ich mich um Perfektion, oder ich bin ganz einfach faul«. Oh, das Grauen.

Meine Damen. So muss es nicht sein. Sie können nach Großem streben – sogar nach Spitzenleistungen –, ohne gleich auf Perfektion aus zu sein. Brené Brown, die Autorin von *Die Gabe der Unvollkommenheit,* differenziert, indem sie erklärt, dass das Streben nach Großem auf uns selbst fokussiert ist *(Wie kann ich mich selbst verbessern?)*, während das Streben nach Perfektion auf das Umfeld fokussiert ist *(Was werden sie denken?).*

Niemand fordert Sie auf, Ihre To-do-Liste wegzuwerfen, Ihren Job zu kündigen und in das Souterrain Ihrer Eltern zu ziehen. Sie können immer noch gut sein in all den Dingen, die Sie tun, aber ich möchte, dass Sie darüber nachdenken, für wen Sie es tun. Tun Sie es für sich? Wenn ja, dann können Sie am Ende des Tages stolz auf das sein, was Sie geleistet haben – stolz darauf, wie Sie alles gemacht haben. Oder ist es für andere? Wenn ja, dann können Sie sie beeindrucken und dafür sorgen, dass Sie gemocht und anerkannt werden und damit Kritik, Zurückweisung, Schuldzuweisungen und, ganz tief an der Wurzel, Scham vermeiden.

Erkennen Sie den Unterschied?

Ich glaube nicht, dass es hier eine klare Grenzlinie gibt. Selbst die größten Selbstvervollkommnungsjunkies tappen in die Falle, Dinge im Namen des Perfektionismus zu tun, besonders wenn sie sich ein bisschen verletzlich fühlen (also oft). An alle Schwarz-Weiß-Denker, seien Sie vorsichtig, wenn Sie an Ihrem Perfektionismus arbeiten, falls Sie glauben, dass Sie perfekt an Ihrem Perfektionismus arbeiten müssen.

Wie bringt man das in Ordnung?

Wenn Sie bereit sind, sich aus dem Würgegriff des Perfektionismus zu befreien, krempeln Sie sich jetzt die Ärmel hoch, wir machen uns ans Werk. Sie können großartig sein und gleichzeitig Ihren Perfektionsanspruch loslassen. Die folgenden Werkzeuge helfen Ihnen dabei.

Lernen Sie, mit Kritik umzugehen

Für Leute, die mit Perfektionismus zu kämpfen haben, fühlt sich Feedback, besonders kritisches Feedback, an, wie auf dem Scheiterhaufen verbrannt zu werden. Perfektionisten reagieren gern defensiv auf Kritik und geraten in eine Abwärtsspirale. Ich verstehe, dass Kritik manchmal nicht gut rübergebracht wird (manche Leute sind Idioten), aber Perfektionisten neigen dazu, sich von Kritik den ganzen Tag, oder mehr, verderben zu lassen. Fragen Sie sich, ob Sie es zulassen, dass Kritik zu einem Glaubensgrundsatz über ihr ganzes Selbst wird? Zum Beispiel wenn Ihre Chefin Ihnen sagt, dass sich etwas an Ihrer Arbeitsleistung ändern muss, sagen Sie sich dann, dass Sie dumm sind? Oder denken Sie wochenlang, dass sie die Leibhaftige selbst ist?

Hier ein Prozess, den Sie durchgehen können, wenn Kritik Sie ereilt. Anstatt in ein Loch voll Selbstvorwürfen zu hechten, überlegen Sie, von *wem* das Feedback kommt. Ist derjenige Ihnen wichtig? Wenn nein, wenn es zum Beispiel ein anonymer Onlinekommentar ist, denken Sie mal nach. Wollen Sie wirklich der Meinung eines Fremden erlauben, Ihre Gefühle in Bezug auf Ihre Person zu diktieren?

Oder, wenn Sie das nicht abschütteln können, fragen Sie sich, ob die Person etwas berührt hat, was tatsächlich wahr ist, etwas, was Ihre perfekte Fassade bedroht. Ist es etwas, was Sie in Ordnung bringen können? Machen Sie zum Beispiel Fehler bei der Arbeit oder in Ihrer Partnerschaft, die Sie aumerzen können?

Zusätzlich können Sie sich, wenn Sie Kritik bekommen und in die Abwärtsspirale gehen, fragen, welche Geschichte Sie gerade erfinden. Können Sie die Fakten von den Dingen trennen, die durchaus zweifelhaft sind? Wenn Sie zum Beispiel einen Fehler bei der Arbeit machen und dafür kritisiert werden, ist der einzige Fakt, dass Sie einen Fehler gemacht haben. Mehr nicht. Aber wahrscheinlich spinnen Sie sich jetzt zusammen, dass Sie unfähig sind, gefeuert werden und dass alle bei der Arbeit Sie hassen, was mit Fakten absolut nichts zu tun hat. Der Knackpunkt ist, wenn die Kritik zuschlägt, seien Sie aufmerksam, seien Sie neugierig und schaffen Sie Klarheit.

Jeden Abend beim Essen stellen mein Mann und ich unseren Kindern drei Fragen. Zuerst fragen wir sie, was heute am schönsten war. Dann fragen wir sie, was am *wenigsten* schön war, denn wir wollen nicht, dass sie ständig Optimismus verbreiten müssen (Stichwort Perfektionismus). Als Letztes bitten wir sie, uns zu erzählen, welchen Fehler sie heute gemacht haben. Wir möchten, dass sie von klein auf wissen, dass man auch keine wichtigen Lektionen lernt, wenn man keine Fehler macht. Dass Fehler zum Menschsein dazugehören und man aus ihnen lernen kann und sie nicht mit aller Macht vermeiden muss.

Ich bitte Sie also (ob jemand Ihnen direktes Feedback gibt oder nicht), sich Ihre täglichen Fehler anzusehen und aus ihnen zu lernen, anstatt sich zu schwören, den Fehler nie mehr zu machen oder sich in Grund und Boden zu kritisieren.

Setzen Sie sich realistische Ziele

Häufig arbeite ich mit privaten Coachees an Zielsetzungen, und zu Beginn unserer Arbeitsbeziehung geben sie mir ihre Liste. Manchmal schaue ich mir diese Listen und muss darüber schmunzeln, was sich meine Kundinnen so ausdenken. Ich bin ja durchaus für gute Leistungen und dafür, hohe Ziele zu haben, aber diese Listen reichen für fünf Leute aus. Ich frage sie dann, wer die Liste aufgestellt hat. Sie selbst oder ihr innerer Kritiker? Ihr authentisches Ich oder ihr »perfektes Ich«? Typischerweise erkennen sie, wenn ich tiefergehende Fragen stelle, dass sie diese Liste nicht für sich selbst gemacht haben, sondern für das Gefühl, das sie sich davon erhoffen, wenn jeder weiß, dass sie alle ihre Ziele erreicht haben.

Perfektionisten konzentrieren sich tendenziell auf das Ergebnis ihrer Ziele anstatt auf das eigentliche Erreichen, und sie erfreuen sich selten, wenn überhaupt, an ihren Leistungen, wenn sie etwas erreicht haben. Darum frage ich Sie zwei Dinge: Sind Ihre Ziele für Sie? Wenn Sie sie erreicht haben, wie würden Sie sich fühlen, wenn es niemand interessierte oder sogar niemand davon wüsste? Würden sie Ihnen immer noch etwas bedeuten? Würde es sich immer noch genauso gut anfühlen, das Ziel erreicht zu haben?

Geben Sie sich selbst eine Erlaubnis

Sich von Perfektionismus freizumachen setzt Selbstmitgefühl voraus. In Kapitel 1 habe ich Ihnen dafür diverse Werkzeuge an die Hand gegeben. Hier gibt es ein weiteres: Geben Sie sich selbst eine Erlaubnis.

Schauen Sie sich zuerst alle Bereiche Ihres Lebens an, in denen Sie zum Perfektionismus neigen. Schreiben Sie folgende Kategorien auf ein Blatt Papier, oder ähnliche, die zu Ihnen und Ihrem Leben passen:

- Elternschaft
- Arbeit/Karriere
- Beziehungen
- Essverhalten/Körper
- Künftige Ziele
- Zuhause

Als Nächstes listen Sie bei jeder Kategorie die Dinge auf, bei denen Sie sich selbst die Erlaubnis geben wollen, etwas lockerer zu lassen.

Die Erlaubnis ...

als Mutter Fehler zu machen
mir kein Bein auszureißen, um als Mutter/Ehefrau/Angestellte/ Freundin perfekt zu sein
mal eine Fitnesseinheit ausfallen zu lassen

jeden Tag nett zu mir selbst zu sein
jeden Tag Stunde für Stunde anzugehen
mir Hilfe von ________ zu holen, anstatt mich zu isolieren

Schreiben Sie diese Erlaubnis-Sätze auf Post-its und kleben Sie sie überall dorthin, wo Sie sie sehen können. Kleben Sie sie als Erinnerung auf Ihr Telefon. Schicken Sie sich selbst getimte E-Mails. Tätowieren Sie sie sich aufs Gesicht. Wo immer Sie sie sehen und lesen und akzeptieren können.

Auch hier haben Sie vielleicht das Gefühl, dass Sie sich die Erlaubnis zum Faulenzen geben, aber es geht eher darum, sich selbst eine Pause zu gönnen und sich zu erlauben, nicht perfekt zu sein. Ihre Ziele müssen nicht schwarz-weiß sein. Das Ziel ist Achtsamkeit, Konsequenz und Freundlichkeit und Mitgefühl mit Ihnen selbst. Wenn Sie all das üben, werden Sie glücklicher. Einverstanden?

Was dahintersteckt

Rücken wir Ihrem Perfektionismus mal richtig auf die Pelle. Ich möchte Sie auffordern niederzuschreiben, was Ihr Perfektionismus Sie tatsächlich kostet. Zum Beispiel könnten Ihre Kinder gestresst sein wegen Ihrer dauernden Sorge über den Zustand Ihres Hauses. Vielleicht stehen Sie an der Schwelle zum Workaholic oder sind sogar schon einer. Vielleicht leidet Ihre Beziehung, weil Sie sich nie öffnen, weil Sie Angst haben, nicht gut genug zu sein, nicht schön genug, nicht fit genug. Oder vielleicht empfinden Sie, dass Ihr Perfektionismus gar niemanden in Mitleidenschaft zieht, das Gefühl der Angst und Unzulänglichkeit aber für *Sie* sehr schwer ist. Nachdem Sie diese Liste gemacht haben, fragen Sie sich, ob Ihr Streben nach Perfektion das, was es in Ihrem Leben anrichtet, aufwiegt. *Ist es das wert?*

Letzten Endes geht es bei Perfektionismus um das, was Ihnen Angst macht. Ich würde Ihnen keinen Gefallen tun, wenn ich Sie nicht ganz direkt fragen würde. Also, wovor *haben* Sie denn Angst? Schreiben Sie es auf. Schreiben Sie es direkt in dieses Buch, auf ein Stück Papier oder mit Lippenstift auf den Spiegel. Es ist mir egal, wo – aber schreiben Sie es auf. Was macht Ihnen Angst an der Vorstellung, dass die Leute wissen könnten, dass Sie nicht perfekt sind? Wenn ich raten müsste, dann würde ich tippen, Sie haben Angst vor Folgendem:

- Fehler zu machen
- Dass die Leute Sie für dumm, nicht intelligent genug, nicht qualifiziert genug halten könnten
- Dass die Leute Ihren Körper beurteilen könnten
- Dass Ihr Partner Sie verlassen könnte, weil Sie nicht mega-super-großartig in allem sind und »Probleme« haben
- Dass die Leute bewerten könnten, wie Sie Ihre Kinder erziehen
- Nicht erfolgreich zu sein
- Mit dem Leben nicht klarzukommen, auch als »es nicht im Griff haben« bekannt

Ich versichere Ihnen, Sie machen das mit dem Leben gar nicht so schlecht, wie Sie glauben. Es *gibt* Spielräume für etwas Nachsicht Ihnen selbst gegenüber, für Grautöne, für neue Ufer. Für Ihren Kritiker sieht es aus, als gäben Sie auf, wenn Sie Ihren Perfektionismus loslassen, aber es ist tatsächlich Ihre Fahrkarte zu Frieden, Freiheit und mehr Freude.

Wir warten dort alle auf Sie, und wir reservieren Ihnen einen Platz.

Die peinliche Befragung:

- Können Sie sagen, wo Ihr Perfektionismus herkommt? Wenn ja, können Sie sich die Ursprünge Ihrer Vorstellungen anschauen und die Glaubenssätze infrage stellen, die damals entstanden sind?
- Was bedeutet es für Sie, *keine* Perfektionistin zu sein?
- Wie können Sie bewusster mit Kritik umgehen? Und welche Geschichten denken Sie sich über sich selbst aus, wenn Sie Kritik oder auch nur Feedback zu hören bekommen?
- Was brauchen Sie, um sich zu erlauben, sich keine überhöhten Standards mehr zu setzen?
- Was kostet Sie Ihr Perfektionismus?

KAPITEL 9

STARK SEIN: DIE TRÜGERISCHE HARTE SCHALE

»Sei stark«, bekommen wir gesagt.

Das ist zwar aufmunternd gemeint, aber für das Kommando »Sei stark!« sollte es meiner Meinung nach einen besonderen Ort in der Hölle geben. Genau genommen: Wäre das Starksein ein Haus, ich würde einen Ziegelstein durchs Fenster werfen und es abfackeln.

Die meisten von uns sind in einer Kultur aufgewachsen, in der das Zeigen von Emotionen, besonders bei Frauen, mit Hysterie gleichgesetzt wird. Dieses Stereotyp macht den meisten von uns Angst und dennoch entkommen wir ihm nicht. Damit klarzukommen bedeutet, unsere Emotionen eng im Zaum zu halten und sie niederzudrücken, so sehr wir nur können, und wir hoffen und beten mit gedrückten Daumen, dass die Gefühle damit verschwinden.

So wie Tracy zum Beispiel.

> »Du bist so stark«, bekomme ich zu hören, seit ich ein Kind bin. Ich hatte viele gesundheitliche Probleme, als ich jünger war, und so habe ich mir, wenn ich das aus meinem Umfeld hörte, unbewusst gesagt: »So muss ich mit den Dingen umgehen und auf jeden Fall zeigen, dass ich stark bin, egal, wie hart es für mich ist.«

> Jetzt bin ich Ehefrau und Mutter und ziehe mir meine »starke Rüstung« an, wann immer ich kann. Ich kenne es nicht anders. So wie ich es empfinde, hat mir diese Gewohnheit ganz gute Dienste getan, denn ich musste mich durch eine Scheidung navigieren, da ich herausgefunden hatte, dass mein Mann eine Affäre hat, ich hatte drei Jahre keine Arbeit und kürzlich wurde Krebs bei mir diagnostiziert. Meine Fähigkeit, stark zu sein, hat mir geholfen, die Mutter zu sein, die ich sein musste, für mich zu sorgen, wenn ich es musste, aber andere um Hilfe bitten ... oder verletzlich sein ... das ist nichts für mich.

»Stark sein« funktioniert (bis zu einem gewissen Punkt). Wenn wir es üben, entwickeln wir die Gewohnheit, Stärke zu zeigen, während wir gleichzeitig unsere Emotionen hart im Griff haben. Unsere Gefühle zu kontrollieren wird zu unserer Definition von Stärke.

Wir werden dafür gelobt; wir gratulieren uns sogar gegenseitig. Wenn ich jedes Mal einen Dollar bekommen hätte, wenn ich »Du bist so unglaublich stark; ich glaube nicht, dass ich das geschafft hätte, was du durchgemacht hast« zu hören bekam, dann wäre ich eine reiche Frau. Um ehrlich zu sein: Wenn ich jedes Mal einen Dollar gekriegt hätte, wenn ich das zu einer anderen Frau gesagt habe, dann wäre ich noch reicher.

Uns Frauen wird beigebracht, uns das gegenseitig zu sagen, um der anderen ein gutes Gefühl zu geben. Leider sehe ich immer wieder, dass eine Frau, die etwas wirklich Hartes durchmacht, wie eine Scheidung, Krankheit oder einen Todesfall in der Familie, gesagt bekommt, sie soll stark sein. Als wäre die Alternative – der Zusammenbruch – falsch.

Das Folgende halte ich für die Wahrheit:

Stark sein ist nicht prinzipiell schlecht. Es kann gut sein und Ihnen unter bestimmten Umständen helfen, wenn es nötig ist. Wie

Tracy erzählt, hat ihr die Gewohnheit, Stärke zu zeigen, in einem gewissen Ausmaß geholfen, als sie sich mit der Scheidung konfrontiert sah, ihren Job verlor und die Krebsdiagnose bekam. Wir Menschen sind resiliente Naturen, und im Kern ist Starksein eine Gewohnheit, die wir uns aussuchen.

Aber ich habe auch eine Warnung:

Wenn wir Leuten sagen, sie sollen stark sein, sagen wir tatsächlich: Brich nicht zusammen, wein nicht so sehr, knick nicht ein, geh nicht so weit, dass es für uns – die deinen Schmerz sehen – unangenehm wird. Natürlich ist es schrecklich, Menschen, die einem wichtig sind, leiden zu sehen; wir fühlen uns oft unwohl, wenn Menschen schwierige Emotionen ausdrücken und zeigen.

Was ich meine, ist – wir lieben Beständigkeit. Wir lieben Glück und Positivität. Also sagen wir den Leuten, sie sollen stark sein, anstatt Unbehagen und Verletzlichkeit zu riskieren.

Ich möchte das gerne umdrehen.

Woher kommt das?

Fangen Sie damit an, sich darüber klarzuwerden, was Sie sich in Bezug auf Ihre Gefühle ausdenken. Was ist für Sie das Gegenteil von Stärke? Was wurde Ihnen vorgelebt? Haben Ihre Eltern vor Ihnen Emotionen gezeigt? Vielleicht ja, und es gab keine Grenzen – zum Beispiel haben sie vielleicht Ärger und Wut gezeigt, aber niemals das darauffolgende Chaos in Ordnung gebracht oder hinterher mit Ihnen darüber gesprochen. Oder vielleicht bekamen Sie, wenn Sie Gefühle zeigten, zu hören:

Reiß dich zusammen.
Benimm dich nicht wie ein Kleinkind.

Dafür hab ich echt keinen Nerv.
Vergiss es; das wird wieder.
Du musst das abhaken.

Wenn Ihnen das Gefühl gegeben wurde, dass Ihre Emotionen falsch waren, beeinflusst das definitiv, wie Sie Ihre Gefühle als Erwachsene ausdrücken (oder nicht ausdrücken). An irgendeinem Punkt wurde den meisten von uns ein schlechtes Gewissen wegen bestimmter Gefühle eingeredet. Das kann sehr verwirrend sein, auch wenn die Leute es gut meinen; nehmen wir mal an, Sie hatten Angst und bekamen zu hören, Sie sollen sich nicht fürchten oder dass es »keinen Grund gibt, Angst zu haben«. Diese Art Ratschlag bleibt hängen und überzeugt Sie im tiefsten Inneren, Stärke zu zeigen.

Als ich achtzehn war, wurde ich von der Scheidung meiner Eltern kalt erwischt. Meine Halbgeschwister sind deutlich älter als ich, also stand ich der Sache mehr oder weniger als Einzelkind gegenüber. Ich wurde zu einer Therapeutin geschickt und schwor mir, ich würde in ihrer Praxis nicht weinen; ich setzte mir das zum Ziel. Ich sagte ihr und meinen Eltern wieder und wieder, dass es mir gutginge. Damals erzählte ich das niemandem, aber für mich fühlte es sich an, als schützte mein Verhalten nicht nur mich selbst vor negativen Gefühlen, sondern auch die Leute, die mir wichtig waren. Ich wollte nicht, dass meine Eltern wussten, dass das Ende ihrer Ehe mich schmerzte. Ich sagte mir, dass es sie verletzen würde, wenn ich meine Gefühle zeigte, und das wollte ich um jeden Preis vermeiden.

Ich war überzeugt, dass die Gefühle, die ich über die Jahre mit so viel Anstrengung verschüttet hatte, wie ein Tornado herausschießen und jeden verletzten würden, der im Weg stand, wenn ich die Tür auch nur einen Spaltbreit öffnete. Also hielt ich sie unter Verschluss, trug eine Maske der Stärke, machte mir quasi einen Orden daraus und machte einfach weiter.

Wie Tracys Geschichte zeigt, hat die Ansage »Du bist so stark« einen mächtigen Effekt. Ob es jemand anders gesagt hat oder Sie es sich selbst gesagt haben, Sie haben beschlossen, dass Stärke die richtige Methode ist, mit den unschönen Seiten des Lebens umzugehen. Stärke bedeutet Überleben, und sich dem Schmerz zu ergeben macht Angst. Es war keine Frage, was besser für Sie funktionieren würde.

Über-Unabhängigkeit

Hätte das Starksein eine Schwester, dann wäre ihr Name Über-Unabhängigkeit. Vielleicht kennen Sie sie. Sie will alles selbst machen, und wenn es hart wird oder sie Schwierigkeiten hat, dann erzählt sie das niemandem und um Hilfe bittet sie schon gar nicht. Es gibt Ähnlichkeiten zur Isolation und zum Versteckspiel (siehe Kapitel 2), aber auch Unterschiede. Überunabhängige Frauen sagen:

- Ich muss autark sein.
- Kein Grund, den Leuten meine Bedürfnisse mitzuteilen.
- Wenn es gut gemacht werden soll, muss ich es selbst machen.
- Ich bin die Einzige, die das kann.

Vielleicht glauben sie auch, dass sich auf jemanden zu verlassen – sei es in der Liebe, bei Gemeinsamkeiten oder etwas anderem – bedeute, bedürftig, schwach und kindisch zu sein. Dass sie darauf nicht stehen, können Sie sich sicher vorstellen.

Vielleicht loben andere Sie für Ihre Unabhängigkeit. Sie sind ohne Hilfe erfolgreich und glücklich. Aber im Inneren wird es schwieriger, glücklich und zufrieden sein, denn es fehlen all die notwendigen menschlichen Beziehungsgeflechte, zum Beispiel dass wir andere Menschen brauchen.

Wie bringt man das in Ordnung?

Eine ganz irre Idee: Was, wenn es okay wäre, hin und wieder zusammenzubrechen? Bei Trauer zu weinen, wütend zu sein, wenn es einen packt, besiegt auf die Knie zu fallen und Gefühle einfach kommen zu lassen? Was, wenn man noch einen Schritt weiter ginge und all dies vor einem anderen Menschen tun könnte? Was, wenn wir uns in der Gegenwart eines anderen unwohl und verängstigt fühlen können und das Gefühl haben, dass er/sie uns noch mehr liebt, weil er/sie das gesehen hat? Was, wenn wir in dieses Szenario hineingehen könnten in dem Wissen, dass am Ende alles gut wird? Vielleicht denken Sie jetzt: »Macht die Tante Witze? Vor jemandem zusammenbrechen?« Ich verstehe die Angst. Das ist etwas, worauf man hinarbeitet. Behalten Sie das mal im Hinterkopf.

Stärke hat nichts damit zu tun, sich durch herausfordernde Ereignisse und Umstände zu pflügen, ohne sie zu fühlen. Stärke heißt nicht, dass man den Kloß im Hals runterschlucken muss. Stärke heißt nicht, Gefühle tief in der eigenen Seele zu vergraben.

Ich möchte Sie ermutigen, Ihr Herz und Ihren Verstand für eine neue Perspektive von Stärke und Resilienz zu öffnen, eine, die es Ihnen erlaubt, sich zu akzeptieren und anzunehmen, und dazu gehören ebenso alle Ihre Lebensumstände – auch die harten und furchtbaren.

Stellen Sie sich Ihren Gefühlen

Sie wissen jetzt, dass Stärke nichts damit zu tun hat, sich durchs Leben zu pflügen und alles aus dem Weg zu schubsen, was nach Schwierigkeiten riecht. Aber was soll die neue Perspektive sein? Stark sein heißt, negativen Gefühlen wie Wut, Enttäuschung, Reue, Traurigkeit, Trauer, Verlust und Angst entgegenzugehen, genau wie den sogenannten guten Gefühlen wie Freude, Liebe, Aufregung, Glück und Erfolg. Sie alle können schwer zu ertragen sein.

Stärke heißt, sie ans Licht zu holen und zu fühlen. Neugierig auf sie zu sein, mehr Gefühle aufzudecken und diese zu fühlen. Es ist, als zöge man an einem Faden eines Pullovers und fange an, ihn aufzudröseln: Je neugieriger wir auf unsere Gefühle sind, desto schneller und leichter ist es, weitere Gefühle herauszulocken und zu verarbeiten.

Das ist Stärke.

Gefühle auszudrücken, dieses Thema kommt bei den Frauen, mit denen ich arbeite, unweigerlich auf. In der Palette der Gefühle sind Trauer und Wut die beiden größten Emotionen, die Frauen unterdrücken und bei denen sie beschließen, »stark« zu sein.

Nehmen wir eine meiner Klientinnen, Jessica, als Beispiel. Sie hat unbewältigte Gefühle bezüglich ihres Vaters. Sie sagte, sie sei immer noch wütend auf ihn und hätte das nie ausgedrückt. Wenn sie spürte, dass das Gefühl hochkam, drückte sie es nach unten. Ich fragte sie: »Was, fürchten Sie, könnte passieren, wenn Sie Ärger und Wut zulassen?« Sie sagte: »Ich habe Angst, dass ich nicht damit umgehen kann.« Ich fragte: »Und dann?« Sie blieb sekundenlang still und antwortete dann: »Ich habe Angst, dass ich nicht aufhören kann zu weinen und dass ich die Kontrolle verliere. Und das mag ich nicht.«

Jetzt kommen wir voran.

Ich gab Jessica die Hausaufgabe, wütend zu werden. Was konnte sie tun, um diese Gefühle zu erzeugen? Sie sagte, sie habe einige Fotos, die sie durchsehen könne, die sie zu diesem Punkt zurückbringen und Emotionen wecken könnten. Sie stimmte der Hausaufgabe zu.

Einige Tage später bekam ich eine Textnachricht mit einem Foto. Es zeigte ein Bett mit einer Decke, ein kaputtes Telefonbuch und eine Schachtel Taschentücher. Jessica schrieb: »Hier ist mein Haufen Taschentücher und ein Telefonbuch, das ich mit einem Gummihammer zerstört habe. Ich habe eine Stunde lang geweint und war wütend und habe dann eine Stunde geschlafen.« Als ich kurz darauf mit ihr sprach, fragte ich sie, wie sie sich fühle. Sie sagte, im Vorfeld habe sie Angst gehabt, als wüsste ihr Körper, was passieren würde, und als ob sich bereits die Energie bündelte. Ihr Körper war bereit, sie loszulassen, und sie sagte, sie habe es schwer gehabt, sie zu zügeln, bis es so weit war. Hinterher fühlte sie sich besser und war erleichtert, dass sie unbeschadet rausgekommen war.

Ich will nicht behaupten, dass Jessica nach ihrem Kampf mit diesem Thema »geheilt« war. Vielleicht kommt es im Laufe der Zeit noch mal hoch und sie wird wieder damit fertig werden müssen. Aber diese Übung hilft, weil Gefühle rauskönnen und Vertrauen in sich selbst aufgebaut wird. Jessica hat jetzt den Beweis, dass sie Gefühle fühlen kann und danach wieder alles in Ordnung ist. Die Welt ist nicht zusammengebrochen.

Sich dem eigenen Körper überlassen

Gefühlen auszuweichen ist ein Weg, sich vorzumachen, dass man die Kontrolle hat. Wenn wir Gefühle ausdrücken, geben wir unserem Körper nach, lassen ihn tun, was notwendig ist, anstatt uns mit dem Verstand durch die Sache zu retten. Vielen von uns ist das Konzept, sich dem eigenen Körper zu überlassen, fremd.

Aber in manchen Situationen ist es nötig. Ich möchte diejenigen, die ein Kind geboren haben, bitten, sich vorzustellen, was passiert wäre, wenn sie versucht hätten, das Baby drinnen zu halten, nachdem die Wehen einmal angefangen hatten. Läuft nicht, oder? Oder was, wenn man versucht, nicht zu kotzen? Eklig, ich weiß, aber auch das kann man nicht zurückhalten. Der Körper weiß, dass er etwas loswerden muss. Ihr Körper sorgt für Sie, indem er loswird, was rausmuss.

Genauso ist es mit Gefühlen. Ihr Körper weiß, was zu tun ist.

Einmal mehr ist das eine Situation, bei der beide Ausgänge übel aussehen. Gefühle kommen hoch und wir haben zwei Möglichkeiten:

1. Gefühle unterdrücken. Wir sind »stark«. Ja, es ist schwierig, denn das ist anstrengend. Besonders wenn man Gefühle unterdrückt, ihnen ausweicht und allen erzählt, dass es gutgeht. Oder wenn man anderen die Schuld gibt.
2. Gefühle ausdrücken. Diese Option ist ebenfalls qualvoll, denn niemand heult sich gerne die Augen aus oder schreit in ein Kissen. Schmerz empfinden ist, na ja, schmerzhaft.

Für viele sind beide Alternativen trübe Aussichten, aber die erste Wahl – runterschlucken – ist schlicht und einfach die Einzige, die man kennt und an die man gewöhnt ist, also wird sie wiederholt. Wahrscheinlich wurde dieses Verhalten das ganze Leben lang antrainiert. Ihnen wurde beigebracht, die Maske der Fähigen und Unbeugsamen aufzusetzen, in die Welt hinauszugehen und stark zu sein. Sie bekommen Bestätigung dafür, dass Ihnen nichts etwas ausmacht.

Sie sind es gewohnt. Es fällt Ihnen inzwischen leicht, weil Sie es darin zur Meisterschaft gebracht haben. Aber diese Maskerade ist anstrengend. Außerdem müssen all die Gefühle, die Sie unterdrücken oder anderen aufhalsen, trotzdem ausgedrückt werden. Sie können Gefühle nicht lebendig begraben und erwarten, dass sie sterben. Das tun sie nicht. Sie kauern sich in Ihrem Körper zusammen und zeigen sich als Unsicherheit, Krankheit, Gereiztheit gegenüber anderen, Angst, Schlaflosigkeit und, bei einigen Menschen, Depressionen.

Wie wäre es, wenn wir Stärke neu definieren? Stärke ist:

- Um Hilfe bitten.
- Nicht ALLES machen, nur weil wir ALLES machen können.
- Gefühle tatsächlich zu fühlen, statt sie zu betäuben, zu ignorieren oder andere zu verletzen, um den eigenen Schmerz erträglicher zu machen.

Hüten Sie sich vor der Idee, dass es in manchen Situationen nur alles oder nichts gibt: Entweder überlassen Sie sich in jeder Sekunde Ihren Gefühlen, brechen bei der Arbeit zusammen und verlieren vor Ihren Kindern die Kontrolle oder ... in solchen Momenten reißen Sie sich zusammen und seien Sie stark.

Es muss nicht alles oder nichts sein. Manchmal ist es in Ordnung, sich eine Weile zusammenzureißen, bis ein geeigneter Zeitpunkt gekommen ist, um die Emotionen rauszulassen. Oder vielleicht müssen Sie einen Tag warten, bis Ihre Freundin Zeit hat, sich Ihre Geschichte anzuhören. Aber Vorsicht. Wartet man ein, zwei Tage, ist es leicht, wieder darauf zu verfallen, alles zu unterdrücken. Ziehen Sie sich selbst zur Verantwortung und denken Sie darüber nach, wie Sie Stärke neu definieren können.

Wahrscheinlich wissen Sie es, wenn Sie Gefühle unterdrücken, um stark zu sein. Achten Sie *darauf*. Fangen Sie da an.

Aufmerksamkeit ist der Schlüssel

Zentral am Thema Stärke und am Loslassen derselben ist, wie bei allen anderen Gewohnheiten, zu merken, dass man es macht. Wenn Sie das Gefühl haben, dass Sie sich eine Identität geschaffen haben, die auf Stärke baut, dann wissen Sie das jetzt und werden erkennen, wann Sie diese Strategie nutzen. Die peinliche Befragung am Kapitelende wird Ihnen helfen, tiefer zu graben.

Wenn Sie merken, dass Sie in die Art Selbstgespräch verfallen, in dem Sie sich selbst sagen: »Reiß dich zusammen, du Heulsuse« oder: »Pokergesicht aufsetzen«, seien Sie sich bewusst, dass hier Ihr innerer Kritiker spricht. Der innere Kritiker hat Angst davor, schwach oder verletzlich zu wirken, und ganz ehrlich, er sollte sich mal psychologisch untersuchen lassen.

Es ist wichtig, dass Sie verstehen, dass Stärke keine Auszeichnung ist, Sie nicht weiterbringt und Sie ihretwegen auch nicht besser als andere sind. Am Ende des Lebens bekommt man keinen Preis dafür. Es funktioniert vielleicht vorübergehend, und ich sage »funktionieren«, denn die Anerkennung von anderen und die Dreingabe, dass Sie nicht mit Ihren wirklichen Problemen und Gefühlen umgehen müssen, ist vermutlich das, was Sie anstreben. Und das, meine Liebe, löst Ihre Probleme auf Dauer nicht.

Ihren Frieden mit dem Starksein können Sie dann schließen, wenn Sie sich erlauben, Ihre Gefühle zu fühlen. Sie können gegen das Stärkezeigen angehen, wenn Sie sich an Ihre mitfühlende Zeugin wenden.

Ohne Zweifel *sind* Sie stark und resilient. Sie sind für die Herausforderungen des Lebens geboren, und sie machen Sie zu der Frau, die Sie sind. Sie können vieles sein: resilient, stark, fehlbar und noch im Werden. Je mehr Sie sich erlauben, sich dem Leben unterzuordnen, selbst wenn das bedeutet, nicht mehr länger »stark zu sein«, desto glücklicher werden Sie sein. Ich möchte Sie ermutigen, diese Richtung einzuschlagen, um selbstbewusster, mutiger und glücklicher zu werden.

Die peinliche Befragung:

- Was ist Ihrer Meinung nach das Gegenteil von Stärke?
- Glauben Sie, dass Sie Gefühle unterdrücken, um stark zu sein? Wenn ja, warum?
- Gibt es etwas, von dem Sie fürchten, dass es eintreten könnte, wenn Sie nicht stark sind oder andere denken, dass Sie nicht stark sind?
- Was genau haben Sie in Ihrem Leben vermieden, indem Sie sich angewöhnt haben, stark zu sein?
- Was genau können Sie tun, um damit aufzuhören?

KAPITEL 10

LASS MICH NUR MACHEN: KONTROLLE AUFGEBEN

Wenn alle das täten, was ich sage, wäre alles in Ordnung.

Das war für mich früher die reine Wahrheit, ich habe es aus ganzem Herzen geglaubt. Wenn mein Leben furchtbar war, dann nur wegen der anderen, und wenn sie einfach getan hätten, was ich sagte, wären wir alle glücklicher gewesen. (Warum hatte ich eigentlich zu dieser Zeit überhaupt Freunde?)

Mit zweiundzwanzig hatte ich meinen ersten richtigen Job. Meine Chefin (später stellte sich heraus, dass sie die Königin der Kontrollfreaks war) sagte mir in der ersten Woche: »Es gibt so wenig Dinge, die wir wirklich unter Kontrolle haben, also tu dein Bestes, die Dinge zu kontrollieren, bei denen es geht.« In dem Moment sprach sie von meinem Schreibtisch – sie riet mir, meinen Arbeitsplatz ordentlich zu halten – aber ich nahm mir diesen Rat zu Herzen. Ich meine, sie hatte doch recht. Wir können nicht alles kontrollieren, aber ich war eine überambitionierte, perfektionistische, starke junge Frau und würde zumindest nicht ohne Kampf kapitulieren.

Wir sind Menschen und wir wollen Sicherheit. Manche Leute behaupten, wir seien süchtig danach. Meine Freundin Christine Hassler, die Autorin von *Expectation Hangover*, sagt: »Die Leute wollen so unbedingt Kontrolle und wissen, was kommt, dass wir Hellseher um Antworten bitten, wenn wir es selbst nicht rauskriegen.«

Ich war überzeugt, dass alle Unsicherheit, Unruhe und Angst aus meinem Leben verschwinden würde, wenn ich alles kontrollieren könnte (Menschen eingeschlossen). Menschen, die das Gefühl haben, über sich selbst, über ihr Leben und ihre Emotionen keine Kontrolle zu haben, neigen dazu, andere kontrollieren zu wollen, und ich war keine Ausnahme.

Das Knifflige an Leuten, die mit Kontrollzwang kämpfen, ist, dass es am Anfang eine gute Sache ist. Kontrollettis sind effizient, verlässlich, intelligent und produktiv. Sie finden oft den besten Weg, ein Projekt oder eine schwierige Situation zu steuern. Wenn der Boden uneben wird, mag man so jemanden an seiner Seite wissen.

Aber da ist diese verdammte Grenze. Die Grenze zur Stadt der Verrückten. Kontrollfreaks können nur sehr eingeschränkt loslassen, delegieren und vertrauen. Es geht schnell in eine Abwärtsspirale, und wenn das passiert, dann sollte man besser zurücktreten, denn sie explodieren mit großer Heftigkeit in ihrem Versuch, alles zu kontrollieren.

Klar, die meisten Leute, für die Kontrolle ein Thema ist, laufen anderen Leuten nicht ständig mit dem Klemmbrett hinterher und bellen Befehle. Sie konzentrieren sich gerne auf Kleinigkeiten. Ein typisches Beispiel ist der Haushalt – sie sind total versessen auf eine bestimmte Ordnung und flippen aus, wenn diese gestört wird.

Oder sie sind pedantisch mit Terminen und Zeitplänen. Jede Verschiebung macht sie nervös und manchmal wütend. Bei der Arbeit übernehmen sie die gesamte oder zumindest den größten Teil der Verantwortung, und wenn sie delegieren, schauen sie dauernd über die Schulter, beobachten und kommentieren die Arbeit.

Als Eltern managen Kontrollfreaks ihre Kinder. Sie kontrollieren jeden Bissen, überwachen die Zeitpläne, geben den Kindern nicht die Möglichkeit, Fehler zu machen oder selbständig Erfolge zu haben.

Wo ist die Grenze vom Beschützen der Kinder zum Kontrollieren überschritten? Zwischen übereffizient bei der Arbeit sein und ohne Rücksicht auf Verluste über persönliche Grenzen gehen und Dinge an sich reißen? Lassen Sie uns das herausfinden.

Woher kommt das?

Ich will nichts beschönigen: Die Menschen, die ein Thema mit Kontrolle haben, leben in Angst. Sie haben solche Angst vor dem, was passieren könnte, dass sie die Gefühle anderer und ihre Beziehungen (und manchmal die Vernunft) zur Seite schieben und sich allein auf das konzentrieren, was sie kontrollieren können.

Damals wusste ich das nicht, aber auf dem Höhepunkt meiner Kontrollfreak-Karriere waren die dahinterstehenden Probleme mangelnde Selbstachtung, Unsicherheit und mangelndes Selbstvertrauen. An der Oberfläche bildete ich mir ein, ich wüsste, was das Beste für alle anderen war, und dass alle besser dran wären, wenn sie einfach auf mich hörten. Wenn ich ein positives Ergebnis herbeiführen konnte oder fremde Problem lösen konnte, fühle ich mich wohler mit mir selbst.

Je mehr Dinge und Situationen in meiner Verantwortung lagen, desto besser fühlte ich mich, denn das bedeutete, dass ich mehr Kontrolle hatte. Aber in Wirklichkeit waren das ganze Mikromanagement und die Kontrolliererei eine Ablenkung für mich, weil ich meine eigentlichen Probleme nicht näher anschauen musste. Das gebrochene Herz, Trauer, Druck, Sorge, Angst, Verwirrung und Anstrengung. Alles Dinge, mit denen vermutlich die meisten Menschen im Lauf ihres Lebens zu kämpfen haben. Ich bin nicht sicher, ob mir klar war, dass all das unter der Oberfläche lauerte, aber der kleine Teil von mir, der es wusste, hatte Angst, überhaupt hinzuschauen. Viele Menschen mit chronischer Kontrollsucht agieren so, um Schmerz und Streit in ihrem Leben zu vermeiden. Sich das Unangenehme im Leben genau anzusehen ist zu schwer, also mischen sie sich einfach in das Leben anderer ein und suchen sich etwas zu tun.

Viele Leute mit chronischer Kontrollsucht agieren so, um Schmerz und Streit in ihrem eigenen Leben zu vermeiden.

Leute mit chronischer Kontrollsucht sind auch emotional unsicher. Wenn ich einen Blick auf die Gefühle und Emotionen erhaschte, die ich erfolgreich unter dem Deckel hielt, verwirrte und verängstigte mich das, es war wie das Gefühl, wenn man aus Versehen in ein Spinnennetz hineinläuft. Man fuchtelt mit den Armen und versucht verzweifelt, das Netz wegzubekommen, und hofft, dass man keine Spinne im Gesicht oder in den Haaren hat. Man schüttelt sich und versucht, jede Spur gleich wieder loszuwerden. So fühlte ich mich in Bezug auf aufkommende Emotionen. Ich rannte schnell vor ihnen davon und suchte mir etwas anderes, was ich kontrollieren und steuern konnte.

Menschen, die Probleme mit Kontrolle haben, haben auch Probleme mit Perfektionismus. Sie wollen die Regeln aufstellen, die Antworten geben, recht haben und immer perfekt aussehen. Damit ein Perfektionist das alles schafft, muss er die Kontrolle haben. Es wird ein endloser Kreislauf, denn wenn diese Leute es nicht schaffen, perfekt zu sein (was unweigerlich passiert), versuchen sie, noch mehr zu kontrollieren, anstatt sich die ungesunde Angewohnheit des Perfektionismus anzuschauen. Und der Kreislauf geht weiter.

Halten Sie sich nicht für unvernünftig, weil Sie sich nach Sicherheit und Geborgenheit sehnen. Alle wollen das; es ist natürlich. Und es ist okay, zu versuchen, Dinge zu kontrollieren. Doch sollten Sie sich fragen, ob Ihr Kontrollverhalten Ihr Leben negativ beeinflusst. Übertreiben Sie es? Im nächsten Abschnitt mehr davon.

Wie bringt man das in Ordnung?

Erinnern Sie sich, dass ich in Kapitel 1 gesagt habe, dass Sie aufhören müssen, mit sich selbst Krieg zu führen, wenn Sie aufhören wollen, negativ mit sich selbst zu sprechen? Mit der Kontrolle ist es ähnlich – Sie müssen aufhören, mit sich selbst zu kämpfen, und stattdessen üben, sich zu ergeben.

Vielleicht denken Sie, dass Sie Ihr Kontrollverhalten ändern, indem Sie einfach »loslassen«, und das fühlt sich für Sie an, als müssten Sie sich einen Arm abschneiden. Dass Sie alle Leute einfach machen lassen müssen, was Sie wollen, und darauf vertrauen müssen, dass alles auch ohne Ihre Hilfe funktioniert. Obendrein müssen Sie lernen, allem gegenüber gleichgültig zu sein, denn Sie müssen jetzt alles aufgeben.

Immer mit der Ruhe, so ist es nicht.

Sich ergeben heißt, aufzuhören zu kämpfen, sich nicht mehr zu wehren, sich nicht mehr zu verhalten, als hinge Ihr Leben davon ab, über alles und jeden Macht zu haben. Das tut es nicht.

Vielleicht haben Sie weiter vorne gestockt, als ich Kontrollverhalten mit Angst in Verbindung gebracht habe. Sie denken vielleicht, dass Sie alles besser machen als die anderen und es eben einfach besser wissen. Wenn Sie das glauben, dann legen Sie sich mit dem Universum an. Sie kämpfen gegen den natürlichen Gang der Dinge. Lassen Sie mich eine wichtige Frage stellen, wenn Sie nicht loslassen können: Was wird Ihrer Befürchtung nach passieren, wenn Sie die Kontrolle aufgeben?

Was wird Ihrer Befürchtung nach passieren, wenn Sie die Kontrolle aufgeben?

Haben Sie Angst, dass alles zusammenbricht? Dass Ihr Leben schwieriger wird? Dass andere Leute Sie dafür verurteilen werden, dass Sie nicht die Verantwortung übernehmen? Haben Sie Angst, dass die Kapitulation zu schwer wird, dass es einem Aufgeben ähneln wird? Hängt Ihre Identität daran, die effiziente, tüchtige Macherin zu sein?

Vielleicht von allem etwas. Und, Schwester, ich verstehe das. Ich verstehe, dass es sich anfühlen kann, als wäre Kontrolle das *Einzige*, was wir haben. Das eine, was uns im Leben Sicherheit gibt. Ich habe das Wort »Kapitulation« auf den Arm tätowiert, um mich daran zu erinnern, dass das Leben angenehmer ist, wenn man es nicht bei der Kehle packt und mit sich herumschleppt. Ich weiß so sicher, wie es die Liebe gibt, dass Kontrollverhalten Sie nirgendwohin bringt, außer in den Bus ins Irrenhaus.

Zurück zu der Frage, ob Ihr Kontrollverhalten sich negativ auf Ihr Leben auswirkt. Es ist zum Beispiel normal, dass Sie sich wünschen, dass Ihr Zuhause sauber und ordentlich bleibt, aber werden Sie wütend auf Ihre Familie, wenn sie normale Dinge tut wie ... leben? Wo können Sie flexibel sein? Ich kann gut verstehen, dass Sie ausflippen, wenn die Kinder mit schlammigen Schuhen durchs Haus stapfen und ihren Schrott überall liegen lassen, aber gibt es Momente, wo Sie einen Gang zurückschalten könnten? Geht Ihre Familie wie auf Eiern, weil Sie versuchen, jede Bewegung zu kontrollieren?

Haben sich Kollegen bereits kritisch über Ihr Kontrollverhalten geäußert – oder wissen Sie einfach, dass Sie ein Kontrollfreak sind? Können Sie Kompromisse eingehen? Es geht nicht darum, *alles* loszulassen; es geht darum, sich das eigene Verhalten anzuschauen und kleine Veränderungen vorzunehmen. Denn letztlich könnte diese Gewohnheit verheerende Schäden in Ihren privaten und beruflichen Beziehungen anrichten, ganz abgesehen davon, dass es Sie tierisch stresst.

Vielleicht glauben Sie, dass das Kontrollieren Sie glücklich macht, aber ich kann Ihnen versichern, dass es Ihr Leben schwerer macht. Sie sind eine intelligente und tüchtige Frau. Darum weiß ich, dass Sie fähig sind, diese Gewohnheit zu verlernen und eine neue anzunehmen, die besser dem Menschen entspricht, der Sie sein wollen, *und* Ihnen helfen wird, in Ihrem Leben mehr ins Gleichgewicht zu kommen.

Halten Sie die Schnauze

Ein weiterer Weg, Ihre Kontrollsucht im Zaum zu halten, ist die »Keine Ratschläge«-Methode. Viele Kontrollfreaks *lieben* es, Ratschläge zu erteilen und Tipps zu geben, meistens ungefragt. Die Herausforderung ist ganz einfach, Leuten nichts zu raten, selbst wenn Sie todsicher sind, dass sie ihr Leben versauen und Ihnen einfach nur zuhören müssten. Oh mein Gott, es tut weh, mit anzusehen, wie sie einfach nicht das tun, was sie tun sollten. Anstrengend, oder? Ganz zu schweigen davon, dass die Leute, denen Sie Ratschläge geben, diesen in mindestens der Hälfte der Fälle sowieso nicht befolgen (selbst wenn sie um Rat gebeten haben), was frustriert und wütend macht.

Falls die Vorstellung der »Keine Ratschläge«-Methode sich anfühlt, als würden Sie zerspringen, versuchen Sie es so: Wenn Sie jemanden, der Ihnen wichtig ist, in Schwierigkeiten sehen, sagen

Sie demjenigen einen einfachen Satz: »Lass mich wissen, wenn du meine Hilfe brauchst.« Keine Vorschläge oder Tipps. Keine passiv-aggressiven Kommentare, die deutlich machen, dass Sie wissen, was das Beste für den anderen ist. Sagen Sie einfach, dass man es Sie wissen lassen soll, wenn Hilfe gebraucht wird. Vertrauen Sie obendrein darauf, dass die Person das *tun wird*, wenn sie Hilfe braucht.

Entwickeln Sie Vertrauen in sich selbst

Wo wir gerade von Vertrauen reden: Menschen, denen Kontrolle Frieden gibt, haben häufig Probleme damit, sich selbst und anderen zu vertrauen. Täten sie das, dann hätten sie nicht das Bedürfnis, die Dinge nach ihrem Wunsch zu gestalten. Kontrollettis fühlen sich häufig unsicher, und der Gedanke, keine Kontrolle zu haben, macht ihnen vielleicht schreckliche Angst. Sie trauen ihren eigenen Gefühlen, Fähigkeiten, Entscheidungen nicht, nicht einmal ihren Instinkten.

Über Vertrauen sprachen wir in Kapitel 2 – genauer gesagt über das Vertrauen in andere. Aber was ist mit Vertrauen in uns selbst?

Selbstvertrauen ist eines dieser scheinbar komplizierten Themen, die viele meiner Klientinnen verwirren. Fangen wir von vorne an. Selbstvertrauen ist:

- Die Fähigkeit zu wissen, dass die Entscheidungen, die Sie treffen, die richtigen zu diesem Zeitpunkt sind. Dass selbst wenn Sie am Ende das Gefühl haben, die *falsche* Entscheidung getroffen zu haben, Sie immer noch etwas daraus lernen werden, was Ihnen nützt.
- Zu wissen, dass eine göttliche Macht auf Sie aufpasst, egal, was das Leben Ihnen um die Ohren haut.

- Das Loslassen von Ergebnissen und das Wissen, dass die Dinge gut sind – auch wenn es nicht so gelaufen ist und läuft, wie Sie wollen –, solange Sie stolz darauf sein können, wie Sie sich den Dingen gestellt haben und Chaos, das Sie verursacht haben, wieder beseitigt haben.

Selbstbewusstsein kommt vom Kopf, aber Selbstvertrauen kommt aus dem Herzen. Ich weiß, das klingt esoterisch und ist kompliziert, aber versuchen wir mal folgende Übung: Sagen wir mal, Sie mussten sich für A oder B entscheiden. Alles an Option A sah auf dem Papier gut aus. Die Informationen, die Sie gesammelt hatten, um diese Entscheidung treffen zu können, deuteten alle auf A hin ... aber Ihr Bauchgefühl sagte Ihnen etwas anderes. Das Gefühl, dass Sie besser B wählen sollten, ließ sich nicht abschütteln.

Was würden Sie tun?

Ich glaube, wir waren alle schon in einer Situation, in der wir unser Bauchgefühl ignoriert haben und uns dagegen entschieden haben, nur um schließlich festzustellen, dass wir intuitiv richtiglagen.

Ich meine damit nicht, dass Sie aufhören sollen, auf den Rat anderer zu hören und Informationen zu sammeln, die Sie brauchen. Beides ist wichtig, genauso wie das Hören auf die innere Stimme. Je mehr Sie Ihrer Intuition trauen, je mehr Beweismaterial Sie sammeln, dass Ihr Bauch immer auf Ihrer Seite ist, desto mehr Selbstvertrauen bauen Sie auf. Und je mehr Selbstvertrauen Sie haben, desto weniger haben Sie das Bedürfnis, alles zu kontrollieren.

Was für viele so verwirrend ist – und ich hatte im Zusammenhang mit Selbstvertrauen dasselbe Problem –, ist, dass viele von uns in der Vergangenheit so viele Fehler gemacht haben. Wir haben uns manchmal bewusst gegen unser Bauchgefühl entschieden, gar keines gehabt, herumgeraten oder andere um Rat gefragt und um Bestätigung, dass wir die richtige Entscheidung treffen. Selbstvertrauen hat es nie gegeben, weil wir uns selbst nie eine Chance gegeben haben.

Ein Schlüsselelement beim Erlernen von Selbstvertrauen ist, einige Zeit in Stille zu verbringen. Das kann sich fremd und unnatürlich anfühlen, aber es ist die einzige Chance, Intuition wahrzunehmen und zu lernen, sich selbst zu vertrauen. Ich scherze nur halb, wenn ich sage, dass ich mich bei der Stilleübung wie eine Katze fühle, die man in eine volle Badewanne geworfen hat und die nun klatschnass, gereizt und verzweifelt versucht, wieder rauszukommen. Stille fühlt sich unsicher an und für manche Leute wie Zeitverschwendung. Aber glauben Sie mir: Es ist der einzige Weg. Stillepraktiken wie Meditation, Yoga und der Aufenthalt in der Natur lassen Sie die tiefgründige, weise Seite Ihres Selbst kennenlernen. Fangen Sie klein an, es hilft schon, wenn Sie es nur fünf Minuten am Tag versuchen.

Denken Sie über Ihre Kernthemen nach

Ein weiteres Werkzeug, das beim Loslassen von Kontrollverhalten hilft, ist, sich notwendige Hilfe dabei zu holen, die eigenen Kernthemen anzugehen. Wie schon erwähnt, wollen Menschen mit chronischem Kontrollzwang mit aller Macht dem Schmerz im eigenen Leben ausweichen. Sie fühlen sich besser, wenn sie anderen »helfen«, und sie mischen sich in fremde Angelegenheiten, um das eigene Chaos nicht angehen zu müssen. Sie fühlen sich auf diese Weise wertvoll und nützlich. Aber im Großen und Ganzen existiert dieses Sich-besser-Fühlen nur in der Vorstellung.

Die Dinge, die Sie unglücklich machen – Schmerz, Probleme, Unbehagen, Hilflosigkeit, Angst und das Unbekannte –, verschwinden nicht von allein. Indem Sie andere kontrollieren, versuchen, ihnen Ihren Blick auf die Welt aufzudrängen, Ratschläge erteilen, wo niemand darum gebeten hat, und mikromanagen, kaufen Sie sich lediglich Zeit, um der ganzen Scheiße in Ihrer eigenen Welt nicht ins Auge sehen zu müssen. Haben Sie Probleme mit Ihrer Herkunftsfamilie? Suchen Sie sich einen Therapeuten. Gibt es in Ihrer Vergangenheit ein Trauma? Willkommen im Club. Bearbeiten Sie das Thema. Lesen Sie Bücher. Sie können nicht gut kommunizieren? Auch zu diesem Thema gibt es jede Menge Material.

Fazit: Sich an Kontrolle zu klammern, entfernt Sie nur weiter von der Zufriedenheit, nach der Sie suchen. Graben Sie unter der Oberfläche, auch wenn es Ihnen Angst macht. Was darunter liegt, hat die Macht, Sie zu befreien. Kontrolle aufzugeben wird es Ihnen ermöglichen, Ihr Leben mehr zu genießen, mehr Freude zu erleben und Ihre Beziehungen zum Blühen zu bringen.

Die peinliche Befragung:

- Beeinträchtigt Ihr Kontrollverhalten Ihr Leben? Übertreiben Sie es?
- Was wird eintreten, wenn Sie die Kontrolle aufgeben?
- Wie steht es mit dem Selbstvertrauen? Was können Sie tun, um es zu verbessern?
- Was steckt Ihrer Meinung nach hinter Ihrem Kontrollzwang? Was müssen Sie ausgraben, um dieses Verhalten aufgeben zu können?

KAPITEL 11

DER HIMMEL FÄLLT UNS AUF DEN KOPF: IMMER AUF DIE KATASTROPHE VORBEREITET

Was ist Schwarzmalerei, fragen Sie? Eine Punkband? Könnte sein und sollte es auch sein. Aber es ist auch eine jener Gewohnheiten, die dafür sorgen, dass Frauen sich scheiße fühlen.

Schwarzmalerei sieht so aus: Nehmen wir mal an, im Leben läuft es gut. Sogar super. Sie haben einen guten Job, die Beziehung verläuft ruckelfrei, das Bankkonto ist nicht überzogen. Sie hopsen frisch und fröhlich einher und dann denken Sie: »Das kann nicht so bleiben. Das wird mir doch sicher bald auf die Füße fallen?« Oder vielleicht sind Sie endlich schwanger. Und Sie verrennen sich in das Thema Fehlgeburt, googeln Statistiken und fragen sich, wann es Ihnen passieren wird.

Manchmal bin ich immer noch die Queen der Schwarzmalerinnen. Mir geht es gut, die Kinder sind glücklich und gesund, meine Ehe ist super, mein Geschäft läuft gut, ich habe wunderbare Freunde, und dann ereilt es mich. Ich höre mich selbst denken: »Wann wird wenigstens *eins* dieser unglaublichen Dinge den Bach runtergehen?« Ich kann Ihnen gar nicht sagen, wie oft ich meine eigene Beerdigung geplant habe. Ich habe die Musik ausgewählt, überlegt, wer reden soll und wer sicher nicht kommen würde. Oder, noch schlimmer – das zuzugeben ist noch schwerer –, ich habe mir vorgestellt, dass eines meiner Kinder eine tödliche Krankheit bekommt oder entführt wird. Habe mich gefragt, ob meine Ehe eine solche Tragödie wohl überleben würde oder ob ich wieder anfangen würde zu trinken.

Es ist, als trüge ich einen Glückssutschein mit mir herum, der bald abläuft. Also besser für die Katastrophe bereitmachen. Schnell, kann jemand bitte orangefarbene Kegel um mich herum aufstellen?

Das, meine Freundinnen, ist das Proben von Tragödien, auf das »Unvermeidbare« warten oder eben, wie ich es nenne, Schwarzmalerei. Viele Frauen haben diese Angewohnheit und meistens ist sie ihnen gar nicht bewusst. Nicht nur das, sie wissen auch gar nicht, wie sehr dieses Verhalten sie beeinträchtigt. Im Wesentlichen proben Schwarzmalerinnen die Tragödie und fühlen sich so unwohl, wenn alles nach Wunsch läuft, dass sie sich nicht entspannen und all die großartigen Dinge genießen können. Sie können mit Freude nichts anfangen.

Nisha, eine Dreißigjährige aus New York, sagt:

> Ich bin sowohl im beruflichen Kontext als auch im Privatleben eine Schwarzmalerin. Es ist, als wäre nur ein gewisses Maß an Glück möglich, bevor irgendetwas tief in mir mich runterziehen und das Maß an Freude, das ich fühlen kann, beschränken will. Ich habe vor einiger Zeit einen wunderbaren Mann gefunden, mit dem ich mein Leben teilen will, aber diese Erfahrung fühlt sich so unangenehm und fremd an, dass ich merke, dass ich mich darauf fixiere, wie und warum es enden wird. Ich versuche, den Ausgang zu kontrollieren, und halte nach jedem kleinsten Anzeichen für das Ende Ausschau. Zum Teil ist meine Angst darin begründet, dass sich solches Glück ungewohnt anfühlt und ganz anders als alles, was ich

kenne. Ich beherrsche das Schwarzmalen. Aber ich habe keine Übung darin, als Mensch zu existieren, der Freude empfinden kann.

Wenn ich mich hinsetze und darüber nachdenke, wie wunderbar diese Beziehung ist, ist dieses Gefühl so mächtig und stark, dass es mir Angst macht. Denn tief im Innersten sage ich mir, dass ich das nicht verdient habe oder dass ich es verlieren werde. Es ist, als würde es mehr wehtun, wenn ich es in der Zukunft verliere, wenn ich es jetzt fühle und ganz annehme.

Das Widersinnige an Freude ist, dass sich die meisten Leute unwohl mit ihr fühlen. Natürlich sind Menschen gerne glücklich, und wir streben nach Glück, aber *wahre* Freude – dieses überwältigende Gefühl von Liebe, Glück, Seligkeit und Sicherheit in einem, kann beängstigend wirken. Wie Nisha erzählt, haben wir eine Vorahnung, dass irgendwann etwas Schreckliches passieren wird. Enttäuschung, Versagen und Kummer sind uns vertraut, und uns Freude voll und ganz hinzugeben scheint ein zu großes Risiko. Es ist, wie eine wackelige alte Leiter hochzuklettern – wir rechnen bei jeder Sprosse mit dem Absturz. Je höher wir klettern, desto riskanter wird es und desto schmerzhafter wird der Fall sein. Also ist es sicherer, nur ein paar Sprossen hochzuklettern, weil der Schmerz unvermeidbar ist. Nicht alles drauf setzen. Wir glauben, dass wir den Schmerz, den wir letztendlich fühlen werden, kontrollieren können, indem wir das Maß an Freude kontrollieren, die wir zulassen.

Wir glauben, dass wir den Schmerz, den wir letztendlich fühlen werden, kontrollieren können, indem wir das Maß an Freude kontrollieren, die wir zulassen.

Woher kommt das?

Freude und Glück zu ertragen fällt vielen schwer, und vor allem verunsichert es. Wir fühlen uns unbehaglich, so dass wir oft Freude ganz vermeiden. Irgendwo auf unserem Weg haben wir beschlossen, dass wir diesem Verletzlichkeitsding einfach ein Schnippchen schlagen können, indem wir das Risiko *minimieren* und Freude vermeiden.

Wenn wir genauer nachforschen, dann stellt sich Selbstwert als das zugrundeliegende Thema heraus: »Steht es mir zu, Liebe und Glück zu erfahren? Womit verdiene ich all diese Menschen in meinem Leben, die mich lieben und so akzeptieren, wie ich bin? Was, wenn sie wüssten, dass ich mir manchmal echt schwertue? Wenn sie wüssten, wie unvollkommen ich und mein Leben sind? Würden sie mich immer noch lieben und akzeptieren?«

Klingt vertraut? Wahrscheinlich schon, denn die meisten singen dieses Lied. Und natürlich ist es leicht für mich, hier zu sitzen und Ihnen zu erzählen, dass Sie wertvoll sind, wie Sie sind, und all dieses wunderschöne, wichtige Zeugs, und alles ist so wahr, aber, Schätzchen, das wirklich Schwierige ist, das auch zu leben. Da sitzen wir voller Unbehagen und unser Hirn ruft: »DAS IST GEFÄHRLICH! LAUF!« Aber wenn wir uns nicht voll und ganz auf die rohe Freude einlassen, können wir sie auch nie erfahren.

Wie bringt man das in Ordnung?

Das Schwarzmalen aufzugeben kann sich anfühlen, als ließe man alle Sicherheit und Zuflucht fahren, mit deren Hilfe man sich gegen Schmerz verteidigt. Wenn man mit kleinen Schritten aus dieser Gewohnheit flieht, gibt es einen wichtigen Aspekt, über den Sie nachdenken, und eine wichtige Sache, die Sie tun müssen.

Trigger

An einem Sommertag gerieten mein Mann Jason und ich in Streit. Ich war völlig von diesem Streit überrumpelt, brauchte eine Pause und verließ das Haus. Während ich dahinfuhr, war ich tief in Gedanken: *Er wird mich verlassen. Wir werden das Haus verkaufen müssen. Ich werde eine alleinerziehende Mutter sein. Wo werde ich wohnen? Was werden wir den Kindern sagen?* Innerhalb von Minuten hatte ich mein Singleleben durchgeplant. An keinem Punkt unserer Auseinandersetzung hatte er von Scheidung geredet oder auch nur im Entferntesten darauf angespielt. Ich hatte mir die Sache nur ausgedacht und sie dann ausgebaut.

Hier geschahen zwei Dinge: Erstens war es leichter und sicherer für mich, zu planen und zu kontrollieren, als darüber nachzudenken, was passiert war, oder den mit meiner Reaktion verbundenen Gefühlen nachzuspüren. Zweitens war etwas in mir getriggert worden. Ich habe in den letzten Kapiteln mehrfach erwähnt, dass es wichtig ist zu wissen, was die persönlichen Knöpfe drückt, und beim Schwarzmalen sollte man sich dessen sehr bewusst sein und die Muster verändern. Mein Beispiel ist ein sehr verbreitetes: Hand hoch, wer schon einmal verlassen oder zurückgewiesen wurde oder aus dessen Leben jemand verschwunden ist. Betrifft die meisten von uns, wenn nicht alle. Dabei bleiben Wunden zurück, und wenn wir auch nur mit der leisesten, entferntesten Möglichkeit weiterer Zurückweisung konfrontiert werden, malen wir uns Weltuntergangsszenarien aus. Studien des menschlichen Gehirns haben gezeigt, dass das eine normale menschliche Reaktion auf Trigger ist, also nehmen Sie es sich selbst nicht übel. Wir folgen automatisch bestimmten Mustern – aber wir *haben* Kontrolle darüber, wie wir reagieren, wenn wir bemerken, dass wir getriggert wurden.

An diesem Tag, nachdem ich einmal verstanden hatte, was ich da tat – mir Geschichten ausdenken und ausflippen –, gab ich mir selbst gegenüber zu, dass das *mein Problem* war. Ich wusste, dass hier an eine alte Wunde gerührt wurde, und das zu erkennen half mir, klarer zu denken und zu handeln, als es Zeit war, das Problem mit meinem Mann zu lösen.

Wenn Sie sich dabei ertappen, wie Sie sich das größtmögliche Unglück ausmalen oder nach einem Streit den Rest Ihres Lebens planen, dann sollten Sie prüfen, ob Sie von einer alten Wunde getriggert wurden und nun verrückte Geschichten erfinden.

Dankbarkeit

Dankbarkeit ist prinzipiell eine gute Sache und obendrein ein gutes Werkzeug gegen Schwarzmalerei. Vielleicht schreiben Sie schon täglich auf, für welche drei Dinge an diesem Tag Sie am dankbarsten sind. Das ist wunderbar, aber ich möchte Sie herausfordern, hier einen Gang hochzuschalten, denn ganz ehrlich, das ist ein bisschen halbherzig. Kein schlechter Ausgangspunkt, aber es ist Zeit, Gas zu geben.

Ich habe mit vielen Frauen über dieses Thema gesprochen und bin zu ein paar Schlussfolgerungen bezüglich des Einübens von Dankbarkeit gekommen:

1. Schwarzmalerinnen kennen sich mit Dunkelheit so gut aus, dass sie sie *erwarten*. Sie sind bestens mit Elend, Herzweh, Unzulänglichkeitsgefühlen, Schmerz, Kummer und/oder Verzweiflung vertraut und neigen deshalb dazu, diesen Gefühlen jederzeit den roten Teppich auszurollen. Die gute Nachricht ist: Man kann keine Dankbarkeit und Freude empfinden, wenn man zuvor nicht das Gegenteil gefühlt hat. Um das

Licht erfahren zu können, muss man also die Dunkelheit kennen. Wissen Sie was? Sie haben schon die halbe Strecke geschafft.

2. Dankbarkeit will geübt werden. Sie werden nicht von jetzt auf nachher wie ein buddhistischer Mönch denken und über all die Dinge meditieren können, die Sie glücklich machen. All die Arbeit, über die Sie hier lesen (nicht nur in diesem Kapitel, sondern auch in allen anderen) steht und fällt mit Übung. Sie üben ja auch nicht nur einmal, als Backup-Tänzerin von Beyoncé auftreten zu können, und gehen dann als Profi auf Tournee. (Was denn? Man wird doch träumen dürfen!) Man übt, scheitert, übt, denkt über das Aufgeben nach, übt, wird besser, übt und so weiter und so weiter. Es ist dasselbe mit Dankbarkeit und dem Aufgeben von Schwarzmalerei.
3. Das Üben von Dankbarkeit geschieht in kleinen, belanglosen Momenten. Vielleicht sind es die winzigen Momente im Alltagsleben, die Sie am glücklichsten machen, wenn Sie für eine Nanosekunde innehalten, um darauf zu achten: ein Spaziergang mit einem Menschen, der Ihnen etwas bedeutet, mit der Katze oder dem Hund kuscheln, der erste Schluck Kaffee am Morgen oder das Lachen Ihres Kindes. Viele freudvolle Momente entstehen durch die Beziehungen zu anderen, aber kleine Momente der Einsamkeit zu genießen kann ebenfalls sehr glücklich machen.
4. Wenn und falls Sie sich diesen kleinen Momenten der Dankbarkeit hingeben und dieses Zittern spüren, dieses »Was, wenn es alles den Bach runtergeht und verschwindet«, dann machen Sie sich bewusst, dass Sie es tun. Achtsamkeit kann eines der mächtigsten Werkzeuge sein. Was uns zum nächsten Punkt bringt ...

5. Seien Sie aufmerksam. Denken wir an Nishas Geschichte; es wäre unrealistisch, ihr zu sagen, sie solle aufhören, über das Ende ihrer Beziehung nachzudenken. Sie ist daran gewöhnt, solche Katastrophenszenarien zu erfinden, und sie weiß, dass sie es tut. Wenn sie sich dabei ertappt, wie sie geistig abschweift und darüber nachdenkt, wie alles in Trümmer zerfällt, könnte sie es wahrnehmen und dann die bewusste Entscheidung treffen, Dankbarkeit zu üben. Daran zu denken, wie sehr sie die Stimme ihres Freundes oder sein Lächeln liebt. Wie sehr sie ihren Job liebt. Im selben Moment wird sie vermutlich kippen und sich fragen, wann man sie feuern wird, und ich würde sie auffordern, sich weiter in Dankbarkeit zu üben. Wahrnehmen. Weiter versuchen.
   Bevor Sie morgens die Beine aus dem Bett schwingen, *entscheiden* Sie sich, ob Sie in Angst oder in Freude leben. Dieses Muster ist möglicherweise tief in Ihnen verankert, klemmen Sie sich also hinter das Üben. Seien Sie aufmerksam, wenn Sie das Gefühl haben, dass vieles nicht genug ist. Denken Sie morgens, Sie hätten nicht genug geschlafen? Machen Sie sich, wenn Sie frühstücken und über den Wocheneinkauf nachdenken, Sorgen, dass Sie nicht genug Geld haben? Denken Sie, wenn Sie zur Arbeit gehen, darüber nach, dass Sie nicht genug Zeit haben?
   Es geht nicht darum, sich selbst vorzusagen, dass Sie von alldem *genug* haben – Sie müssen sich nicht selbst belügen. Bemerken Sie einfach, wenn Sie diese Gedanken haben. Wenn sich Ihre Gedanken vor allem darum drehen, was Ihnen fehlt, reicht das zumeist schon aus, damit Sie sich den Großteil Ihrer Zeit mies fühlen. Bevor wir Dankbarkeit einüben können, müssen wir manchmal erst feststellen, was uns fehlt, und damit umgehen lernen, indem wir wertneutral darüber nachdenken.

Wenn Sie zum Beispiel zur Arbeit gehen und das Gefühl haben, Sie hätten nicht genug Zeit für Ihre Projekte, können Sie etwas anderes probieren, statt sich in »Ich hab nicht genug Zeit/niemanden kümmert das/mein Chef ist ein Arsch/das ist einfach scheiße« zu suhlen. Versuchen Sie wahrzunehmen, was Sie denken (nicht genug Zeit haben), und gehen Sie dann weiter zu den Dingen, die Sie unter Kontrolle haben. Insbesondere dann, wenn Sie *keinen* Einfluss auf die Zeiteinteilung haben und/oder unwillig sind, etwas dagegen zu unternehmen, nützt es nichts, sich darüber den Kopf zu zerbrechen. Darüber zu jammern – ob in Ihrem Kopf oder laut – hilft nicht, es sorgt nur dafür, dass Sie sich mies fühlen. Manchmal bedeutet der erste Schritt in Richtung Dankbarkeit, wahrzunehmen, woran es mangelt; dann können Sie es dabei belassen und sich auf das konzentrieren, was in Ihrem Leben *großartig* ist.

6. Freude und Dankbarkeit dürfen nicht von anderen *abhängen*. Wenn Sie darauf warten, dass andere Sie glücklich machen und für Dinge sorgen, für die Sie dankbar sein können, werden Sie noch ziemlich lange in der Warteposition hängen. Niemand hat sich als Ihr »Freudemacher« beworben. Freude zu schenken ist nicht Aufgabe Ihrer Kinder, Ihres Partners, Ihres Job oder Ihres Hundes (auch wenn Hunde das ganz gut machen). Sie sind voll verantwortlich dafür, wie viel Freude Sie empfinden.

Hausaufgabe

Eine meiner Klientinnen, Amanda, war eine Meisterin der Schwarzmalerei. Sie identifizierte sehr schnell die schwierigen oder negativen Aspekte und sorgte sich deshalb. Die guten und freudvollen

Momente hingegen ließ sie links liegen. Ich gab ihr die Hausaufgabe, sich bewusst auf Freude einzulassen. Ich forderte sie auf, einer Handvoll ihrer engsten Freunde – Menschen, von denen sie wusste, dass sie ihnen wichtig war – eine Mail zu schicken und sie zu bitten, ihr ein paar Sätze zu schreiben, was sie an ihr mochten. Als ich ihr diese Aufgabe gab, hätte man meinen können, ich hätte sie aufgefordert, sämtliche öffentlichen Toiletten im Land zu putzen. Der Gedanke, nicht nur darum zu bitten, sondern diese Mails auch zu lesen, verursachte ihr extremes Unbehagen.

Ich gab ihr diese Hausaufgabe nicht, weil ich ihr Ego aufplustern wollte, sondern weil Amanda sich so schwer damit tat, diese Art von Freude zu empfinden. Menschen, die ständig für den Ernstfall proben, sind notorische Verweigerer von Anerkennung, Lob und liebender Dankbarkeit.

Es ging bei dieser Aufgabe nicht darum, nur den »Erledigt«-Haken zu setzen und die Antworten auf die Mail zu überfliegen. Ich wollte, dass sie sie langsam las, die liebevollen Worte, die diese Menschen ihr schickten, in sich aufnahm. Sie als Geschenk annahm. Das Unbehagen der Freude zu fühlen. Chronische Schwarzmaler müssen diese Dinge üben. Sie sind so gut darin, Liebe und Glück unterzupflügen und sich stattdessen auf ihre Unzulänglichkeiten zu konzentrieren oder darauf, was schiefgehen könnte; sie müssen Freude und Vergnügen bewusst üben.

Amanda machte die Hausaufgabe, und zu ihrem Entsetzen antworteten die Freunde, denen sie geschrieben hatte, gerne und die meisten schrieben mehr als nur ein paar Sätze. Sie sagte, es sei schwer auszuhalten gewesen; ihr innerer Kritiker hatte eine Menge dazu zu sagen, aber am Ende gefiel ihr die Übung, denn sie bewies, dass Liebe und Freude viel zu ihrer persönlichen Entwicklung, ihrem Selbstbewusstsein und ihrer Liebe zu sich selbst beitragen konnten.

Wenn Sie in ihrem Wesen Amanda ähnlich sind, probieren Sie diese Aufgabe ebenfalls. Sie können es vereinfachen, indem Sie sich dazu verpflichten, beim nächsten Kompliment oder wenn jemand Ihnen gegenüber Dankbarkeit ausdrückt, innezuhalten und diese positive Rückmeldung bewusst in sich aufnehmen.

Freude

Ob Sie Schwarzmal-Queen oder einfach ein Freuden-Flüchtling sind, Sie haben so lange Zeit keine Freude gespürt, dass Sie sich vielleicht fragen, wie sich wahre Freude eigentlich anfühlt. Jene Freude, die einem den Atem nimmt und einen in die Knie zwingt. Die Art von Freude, bei der man denkt, man träume, und doch weiß, es passiert wirklich. Diese Momente, in denen die Zeit stillsteht.

Freude existiert nicht an der Oberfläche. Sie steckt in unseren Knochen und Zellen. Und wir alle haben die Fähigkeiten, sie zu fühlen und zu erfahren.

Es fühlt sich an, als würde einem das Herz zerspringen. Es ist wichtig, das zu fühlen und das Unbehagen zu ertragen. Die Gedanken zu erkennen, in denen wir die Katastrophe durchspielen, Entschuldigungen vorbringen, sie wegschieben wollen. Sich stattdessen entschließen, bei der Freude zu bleiben. Ich habe Kollegen gebeten, mir Freude zu beschreiben, und Michelle Ward, die zu jener Zeit gerade zum zweiten Mal eine Chemotherapie zur Behandlung ihres Brustkrebses durchstand, antwortete Folgendes: »Freude fühlt sich an, als würde mein Herz vor Glück zerbersten. Wenn ich mich umsehe und mir klar wird, dass ich so wahnsinniges Glück habe, trotz all der Scheiße, mit der ich es zu tun habe (wie, ach ja, Krebs).«

Betrachten Sie Ihr eigenes Leben und fragen Sie sich, ob Sie wirklich Freude empfinden oder sie zur Seite schieben, weil es zu riskant wäre? Sie haben die Wahl. Sie können »in Sicherheit« bleiben oder sich der Freude hingeben. Freude ist ein Geschenk des Lebens. Ob Sie es annehmen wollen, liegt bei Ihnen. Unangenehm, aber es ist Ihre Entscheidung.

Die peinliche Befragung:

- Wenn Sie Schwarzmalerin sind, in welchen Bereichen tun Sie das am meisten?
- Vor welchen Gefühlen laufen Sie davon, wenn Sie sich in Weltuntergangsszenarien ergehen?
- Was triggert Sie?
- Wie sehen Ihre Dankbarkeitsübungen aus? Wenn Sie keine haben, mit welchen wollen Sie beginnen?
- Erlauben Sie sich, echte Freude zu erfahren? Wenn nein, wann wollen Sie damit anfangen?

KAPITEL 12

DIE SCHULDKARTE: KEIN ANSCHLUSS UNTER DIESER NUMMER

Die anderen sind schuld.

Ah, das fühlt sich gut an, nicht wahr? Schuld umzuverteilen kann sich wie eine warme, kuschelige Decke anfühlen. Darin können wir uns einhüllen, wenn es schwierig wird.

Manche Frauen nutzen Schuldzuweisungen als Selbstschutz, hoffen, dass diese sie gegen Verletzungen abschirmen und vermeiden, dass sie schlecht dastehen. Schuld ist schwer nachvollziehbar und erlaubt uns, die Verantwortung abzugeben. Es ist einfacher. Schuldzuweisungen ermöglichen es, eine Person oder Situation zu attackieren, anstatt das Problem anzugehen. Wenn wir andere beschuldigen, haben wir das Gefühl, gut wegzukommen.

Anderen die Schuld zu geben erlaubt es, eigenen Problemen auszuweichen. Ich hatte eine langjährige Liebesaffäre mit Schuldzuweisungen. In meiner ersten Ehe machte ich meinen Mann für alles verantwortlich. Sicher, er behandelte mich nicht gut und tat mir ein paar üble Dinge an, aber ich schaute damals auch nicht auf *meine* Probleme. Als unsere Eheberaterin auf einige meiner Fehler hinwies und darauf, was ich an mir verbessern könnte, war ich sprachlos und beleidigt. Sah sie denn nicht, dass alles seine Schuld war? Verstand sie nicht, dass er sich nur zusammenreißen musste und dann wären unsere Probleme gelöst? Ich kapierte es nicht. Ich war von ihm verletzt worden und überzeugt, dass er zu hundert Prozent schuld war.

Rückblickend erkenne ich, dass ich wütend auf ihn war, weil er mich nicht nur verletzt hatte, sondern sich auch nicht änderte. Ich wünschte mir verzweifelt, er möge sich ändern, aber ich machte ihn auch dafür verantwortlich, dass er Gefühle in mir auslöste, die ich nicht fühlen wollte. Ich wollte nicht wütend sein. Ich wollte keinen Zorn, keine Angst und keinen Frust spüren. Ich häufte Schuld gegen ihn auf, und der Berg wurde größer und massiger, je länger unsere Beziehung andauerte. Wenn wir andere für unser Wohlergehen verantwortlich machen, hält uns das davon ab, Empathie zu spüren und mit ihnen in Beziehung zu treten. Anschuldigungen halten uns davon ab, die Gefühle anderer anzuerkennen. Wenn unser empathisches Selbst nicht zum Tragen kommt, verlieren wir die Fähigkeit, mit anderen in Kontakt zu treten. Wenn wir Schuld zuweisen, nehmen wir uns selbst davon aus. Nehmen wir folgendes Beispiel: Eine Freundin erzählt, dass sie Ärger mit ihrem halbwüchsigen Sohn hat. Sie weiß, dass er sich herumtreibt, feiert und Drogen nimmt. Sie antworten: »Ich weiß nicht ... vielleicht hat ihn deine Scheidung aus der Bahn geworfen und er benimmt sich deshalb so.«

Äh, okay? Manchmal ist es schwierig, empathisch zu sein und sich dem zu stellen, was einen selbst schmerzt. Es ist leichter, jemand oder etwas anderem die Schuld zu geben. Wir wollen uns nicht wie ein herzloses Miststück gegenüber der Freundin verhalten – wir meinen es gut und wollen helfen –, aber wenn sie uns ihre Probleme gesteht, haben wir manchmal Schwierigkeiten damit. Vielleicht denken wir, dass unsere eigenen Kinder in derselben Situation sein könnten, oder wir wissen einfach nicht, was wir sagen oder tun können, um zu helfen. Also verteilen wir Schuld.

Es ist wichtig, sich anzuschauen, in welchen Situationen Schuldzuweisungen aufploppen. Vielleicht nutzen Sie Schuldzuweisungen in bedeutenden Momenten, so wie ich es in meiner Beziehung tat. Vielleicht nutzen Sie sie aber auch in weniger offensichtlichen Situationen. Es ist wichtig, zu bemerken, wenn die Schuldzuweisung ihr hässliches Haupt erhebt.

Wie bringt man das in Ordnung?

Wenn Schuldzuweisungen zur Gewohnheit werden, scheint es schwierig, damit aufzuhören. Sie müssen sich zügeln und gleichzeitig Verantwortung für Ihr eigenes Leben übernehmen. Ich will nicht sagen, dass Sie Leute mit Arschlochverhalten davonkommen lassen sollen – Menschen müssen für widerwärtige Entscheidungen und das, was sie zu verantworten haben, auch zur Verantwortung gezogen werden. Aber wenn Sie wirklich glauben, dass Sie nur glücklich sein können, wenn die Leute aufhören, mit Absicht Mist zu bauen, dann sollten Sie lernen, ohne Schuldzuweisungen auszukommen. Häufig gibt es etwas, was auch wir besser machen können, selbst wenn wir überzeugt sind, dass andere schuld sind.

Wenn Sie wirklich glauben, dass Sie nur glücklich sein können, wenn die Leute aufhören, mit Absicht Mist zu bauen, dann sollten Sie lernen, ohne Schuldzuweisungen auszukommen.

Machen Sie Inventur

Der erste Schritt ist eine Inventur der Situationen, in denen Sie anderen die Schuld geben. Vielleicht gibt es in Ihrem Leben ganz offensichtliche Fälle, in denen Sie Schuld zu anderen schieben, wie zum Beispiel die Chefin, über die Sie sich ständig und bei jedem beschweren, mit der Sie aber nie ein Problemgespräch geführt haben. Sich das eigene Verhalten im Zusammenhang mit Schuldzuweisungen anzusehen verlangt, Verletzlichkeit zuzulassen, was selten angenehm ist. Anderen Schuld zuzuweisen ist die einfachere Wahl, aber auf diese Weise werden Sie niemals stolz auf sich sein, und es wird auch nicht beim Glücklichsein helfen.

Denken Sie darüber nach, wann Sie Probleme haben, anderen Menschen zuzuhören. Das Beispiel jener Freundin, die ihre Probleme mit dem Sohn offenlegt, zeigt, wie wir manchmal falschliegen können. Falls sie nicht ausdrücklich um eine Meinung gebeten hat, dann sucht sie nicht nach jemandem, der ihr die Schuld in die Schuhe schiebt, und sie will auch keinen Rat, wie sie das in Ordnung bringen kann. Sie hat den Wunsch, mit ihrem Schmerz gehört und gesehen zu werden. Das ist für Sie beide unangenehm, ich weiß, aber echte zwischenmenschliche Beziehungen sind der Schlüssel dazu, dass alle, Sie eingeschlossen, sich nicht mies fühlen. Schmerz gemeinsam zu ertragen bedeutet, das eigene Unbehagen zur Seite zu schieben.

Sehen Sie nach, was dahintersteckt

Müssen Sie sich Ihre Vergangenheit anschauen? Gibt es etwas Ungelöstes, wofür Sie die Schuld an andere weitergeben?

Ungelöste Kindheits- und Familienprobleme tragen oft dazu bei, dass wir Schuld von uns weisen. Ja, vielleicht haben Sie gerade mit den Augen gerollt und gedacht: »Ich bin fünfunddreißig/fünfundvierzig/fünfundfünfzig Jahre alt. Muss das ernsthaft sein?« Die Antwort lautet »Ja«. Wir nehmen diese Dinge mit in unsere erwachsenen Freundschaften und in unsere Intimbeziehungen. Probleme müssen angeschaut und gelöst werden. Denken Sie daran:

Wenn wir Kindheitserinnerungen oder Themen aus vergangenen Beziehungen anschauen, dürfen wir nicht erwarten, dass die anderen Beteiligten Verantwortung für ihr Handeln übernehmen. Wir bekommen nicht immer die Genugtuung oder Lösung, die wir verdient zu haben glauben. Häufig entschuldigen sich Menschen nicht und sie bitten auch nicht um Verzeihung, aber das heißt nicht, dass es in Ordnung wäre, wenn wir ihnen weiter alle Schuld zuschieben. Tun wir das, bleiben wir in der Opfer- und Märtyrerrolle gefangen. Was uns wiederum davon abhält, bessere Menschen zu werden.

Obendrein glaube ich, dass Frauen manchmal anderen die Schuld geben, weil sie wütend sind und nicht wissen, wie sie sich ausdrücken sollen. Eine passive Art, diese Wut auszudrücken, ist, Schuld zuzuweisen. Es ist ruhiger und weniger aggressiv. Aber innen drinnen köchelt die Wut und beginnt zu kochen, bis es nur so sprudelt. Wenn Vorwürfe zu wildem Um-sich-Schlagen werden, dann kommentieren Sie nicht anderer Leute Fehler, sondern schreien und flippen wegen der Handlungen anderer aus.

(Nur ganz nebenbei – wenn Sie wollen, dass Ihnen jemand zuhört, wenn Sie wollen, dass dieser Mensch versteht, was Sie bewegt, und Sie die Beziehung verbessern wollen, dann ist Durchdrehen nicht der beste Weg. Wenn Sie in die Luft gehen, sagt niemand: »Ja! Ich bin so froh, dass du mich anschreist. Warte, ich mache es mir bequem, so dass ich mir dein Feedback anhören und dann die Veränderungen vornehmen kann, die du dir erhoffst.«)

Doch Ärger und auch Wut haben ihre Daseinsberechtigung. Die meisten Frauen, mit denen ich spreche, sind keine Fans davon. Manche sagen, ihre Mutter oder ihr Vater hätten Wutanfälle gehabt und es hätte ihnen Angst gemacht. Andere sagen, sie haben Angst vor Wut und Zorn, weil sie das Gefühl haben, außer Kontrolle zu geraten, und viele geben zu, dass sie gelernt haben, sie runterzuschlucken.

Ich hatte eine Klientin, Miranda, deren Ehemann eine Affäre gehabt hatte. Sie hatten sich ausgesöhnt, und sie versuchte, sich über ihre Gefühle klarzuwerden. Es war offensichtlich, dass sie mit ihren Gefühlen gegenüber der anderen Frau kämpfte, aber sie hatte sie nie ausgedrückt. Ich gab ihr die Hausaufgabe, der anderen Frau einen Brief zu schreiben, den sie nicht abschicken würde. Ich wollte, dass sie frei von der Leber weg schrieb, ohne Einschränkungen, kochend vor Wut und mit all dem Zorn, der in ihr brodelte. Ich sagte ihr, sie solle den Brief mit einem Passwort geschützt speichern, so dass niemand außer ihr ihn lesen könnte.

Später erzählte sie mir, dass sie über das, was sie schrieb, überrascht gewesen sei. Dass sie nicht gewusst hatte, wie wütend sie war, welch Zorn in ihr kochte und dass sie die andere Frau so sehr hasste. All das rauszulassen war therapeutisch, öffnete ihr die Augen und half ihr, sich auf den Weg zur Heilung zu begeben.

Es gibt Situationen, in denen Wut berechtigt ist. Sie muss ausgedrückt werden und es wird Sie nicht umbringen. Wird sie nicht ausgedrückt, findet sie ein Ventil. Nutzen Sie Wut und Zorn als Informanten, die Ihnen sagen, was gerade abgeht. Üblicherweise entstehen diese Gefühle aus Verletzungen und Angst. Graben Sie ein wenig tiefer und fragen Sie sich, was wirklich los ist. Das kann einfach bedeuten, Wut wahrzunehmen und sich zu fragen, was einen verletzt hat. Auf wen oder was sind Sie wütend? Was an der Situation macht Sie zornig? Diese Informationen werden Ihnen helfen, Rückschlüsse auf Ihre Werte zu ziehen (Kapitel 15), zu erkennen, ob Grenzen zu setzen sind und ob Sie selbst Verantwortung übernehmen müssen.

Fragen Sie sich, was Sie tolerieren

Erinnern Sie sich an das Beispiel meiner vergangenen Beziehung? Damals wollte ich mich nicht selbst unter die Lupe nehmen. Wäre ich tiefer eingestiegen, hätte ich mal eine Pause beim Beschuldigen eingelegt und mich dem großen, gähnenden Loch in meiner Beziehung gestellt, dann hätte ich die Entscheidung treffen müssen zu gehen. Das halbe Problem lag in meinen eigenen Problemen begründet, die niemals das Tageslicht gesehen hatten, geschweige denn bearbeitet worden waren. Vielleicht wusste ich tief im Inneren, dass Gehen der einzige Weg war, meine Seele zu retten. Aber anstatt tiefer zu bohren und diese schmerzliche Entscheidung zu treffen, wies ich Schuld zu. Es war eine Methode im Umgang mit der Situation, darauf zu warten, dass er sich änderte, darauf zu warten, dass er unsere Beziehung in Ordnung brachte. Wenn ich ihm die Verantwortung aufbürdete, konnte ich ihm weiterhin die Schuld geben, wenn sich nichts änderte. Ich tolerierte eine Beziehung, aus der ich längst herausgewachsen war, und hatte zu viel Angst zu gehen.

Also, was tolerieren Sie? Womit finden Sie sich in Ihrem Leben ab? Wo wälzen Sie die Schuld auf andere ab, anstatt selbst Grenzen zu setzen oder zu gehen?

Konzentrieren Sie sich auf die Lösung

Wenn wir Schuld zuweisen, konzentrieren wir uns auf das Problem. Ich bin jedoch sicher, dass Sie eine Lösung wollen (wäre das nicht der Fall, ist das noch mal ein anderes Thema). Wenn Sie also feststellen, dass Sie die Schuldkarte spielen, fragen Sie sich: »Was wäre eine mögliche Lösung?« Oft gehört zu dieser Lösung das Monstrum Verletzlichkeit.

Vielleicht beinhaltet die Lösung ein schwieriges Gespräch, das Setzen einer Grenze, eine Trennung, sich mit eigenen Problemen auseinanderzusetzen, Gefühle wahrzunehmen ... Sie verstehen schon. Wahrscheinlich nichts, was Sie mit Begeisterung auf Ihre To-do-Liste setzen. Doch es ist notwendig.

Beim Schuldzuweisen die Bremse reinzuhauen und das eigene Lebensglück in die Hand zu nehmen braucht Mut. Es verlangt eine immense Reife. Denken Sie daran, dass Schuldzuweisungen nur von anderen entfernen, und damit auch von Zufriedenheit und Erfüllung. Den Kurs zu korrigieren und Verantwortung zu übernehmen wiederum führt Sie zu der besten Version von sich selbst, die es gibt.

Die peinliche Befragung:

- Hören Sie anderen nicht zu? Bitten Menschen Sie um Hilfe und Sie versuchen stattdessen, ihnen klarzumachen, was sie besser machen sollten?
- Gibt es etwas in Ihrem Leben, was Sie sich anschauen müssen? Etwas Ungelöstes, wofür Sie die Verantwortung ablehnen?
- Unterdrücken Sie Zorn und Wut? Wenn ja, worauf wurde »herumgetrampelt«, dass Sie so wütend sind? Was wäre eine gesunde Art, damit umzugehen?
- Gibt es etwas, was Sie tolerieren, wo Sie eigentlich eine Grenze setzen oder gehen sollten? Wenn ja, was werden Sie tun?

KAPITEL 13

DIE SCHEISS-DRAUF-MENTALITÄT: ZYNISMUS AUF STEROIDEN

Es geht etwas um dieser Tage; vielleicht haben Sie es bemerkt. Nein, keine neue Geschlechtskrankheit, sondern etwas anderes, möglicherweise ebenso Gefährliches. Inspirierende Posts auf Social Media und Selbsthilfeartikel wuchern wie Pilze aus dem Boden, in denen die Rede davon ist, dass wir uns nicht drum scheren sollen, was andere von uns denken. Sie propagieren das Konzept des »Einen Scheißdreck drauf geben«. Wir sehen überall #dontcare, offensichtlich ist diese Haltung gerade in.

Wie sieht dieses Konzept aus? Was passiert, wenn eine Frau sich diesen Rat zu Herzen nimmt und ihn radikal umsetzt?

Eine Frau, die sich einen Scheißdreck schert, zeigt sich nach außen tough, sie stößt Leute weg und vermittelt, dass nichts und niemand sie kümmere. Klingt nach einer echt tollen Lebensweise, oder? Weil sie verletzt worden ist, glaubt sie nun, dass die Scheiß-drauf-Mentalität sie davor schützen wird, noch einmal verletzt zu werden. Es scheint, als agierte sie mit einem gewissen Stolz. Hyper-Unabhängigkeit vor!

Macht eine solche Frau vielleicht eine Trennung oder Scheidung durch, was echt hart ist, öffnet sie sich nachfragenden Freundinnen nicht etwa und erzählt, wie verletzt sie ist, sondern sagt:

»Mir ist es scheißegal, was er macht … interessiert mich nicht im Geringsten!« Vielleicht zeigt sie Kunstwerke online und wird kritisiert. Jemand verreißt sie, sie habe kein Talent. Sie wird in einem Meeting getadelt. Anstatt Freundinnen zu erzählen, dass sie das mitnimmt, überzeugt sie alle, dass es ihr gutgeht, die Kritiker blöd sind und es ihr echt egal ist.

Wohlmeinende Freundinnen ermutigen sie vielleicht noch und fachen das Feuer weiter an. Wenn etwas schiefgeht, sagen sie Dinge wie: »Ach, Süße, kümmere dich nicht darum, was die anderen sagen! Die sind nicht wichtig! Abprallen lassen, Mädel, einfach abprallen lassen.«

Das Problem ist, dass es diesen Frauen eben *nicht* scheißegal ist. Es ist ihnen wichtig, sie leiden, und zwar richtig. Trennungen tun weh, Herzen sind gebrochen und die Betroffenen fühlen sich schrecklich. Sie verwenden eine Menge Zeit und Energie nicht nur darauf, sich nicht darum zu scheren, sondern auch darauf, sich selbst und alle anderen davon zu überzeugen, dass es sie nicht schert. Das ist anstrengend!

Doch ist die Scheiß-drauf-Mentalität wirklich so schlecht?

Ich möchte ein wenig zurückrudern. Vielleicht denken Sie, dass ich zu radikal bin. Oberflächlich betrachtet ist die Scheißegal-Mentalität auch nicht *nur* schlecht.

Hier ein Beispiel: *Pack das Leben bei den Hörnern und nimm dir, was du willst. Lass dich nicht von anderen aufhalten. Lass dich nicht von deiner Angst vor Verurteilung, Kritik und der Meinung anderer zurückhalten. Irgendwas finden die Leute immer zum Meckern.*

Das ist ein großartiger Gedanke, oder? Da kann ich mich nur anschließen und einschlagen! Leute können so viel Müll reden und Ideen, Meinungen, Ziele und Träume kritisieren, also sollte es uns was sein? Ja, genau, *scheißegal*.

Allerdings riecht diese Mentalität nach Schwarz-Weiß-Denken: Entweder ist uns wichtig, was *alle* von uns denken, oder es kümmert uns *nichts*. Nur in einer Kultur des »Alles oder nichts« kommt diese Angewohnheit auf die Liste.

Es ist nicht gesund, *alles*, was andere denken, und ihre Meinungen abzutun. Das verstößt gegen alle sozialen Normen. Es gibt eine Bezeichnung für Menschen, denen wirklich alles scheißegal ist.

Man nennt sie Soziopathen.

Ich gehe davon aus, dass Sie, wenn Sie das hier lesen, keine Soziopathin sind (die meisten Soziopathen stehen nicht auf Selbsthilfe; sie sind damit beschäftigt, Arschlöcher zu sein). Menschen, denen andere egal sind, haben eine psychische Störung und sind zu echten menschlichen Bindungen gar nicht in der Lage.

Gibt es einen Mittelweg?

Fangen wir mit dem Punkt an, an dem meiner Meinung nach die meisten Menschen scheitern. Sie hören: »Kümmere dich nicht darum, was andere von dir denken« oder: »Scheiß auf die anderen«, und es scheint wie ein wunderbares, erhabenes Ziel. Viele hat es den Großteil unseres Lebens *wirklich* gekümmert, was andere denken. Wir haben unser Verhalten, unsere Entscheidungen, Gedanken und fast alles andere danach ausgerichtet, was die anderen in unserer Vorstellung denken. (Beachten Sie: Ich sage »in unserer Vorstellung« – denn meistens wissen wir gar nicht, was die anderen denken.)

Wir machen uns Sorgen, was die anderen sagen werden, wenn wir das tun, was wir wollen und was außerhalb unserer Komfortzone liegt. Ich glaube, die meisten Menschen wissen, wie sich das anfühlt.

Also, wo liegt der Mittelweg? Stellen Sie sich ein Spektrum vor. Am einen Ende stehen die Irren, denen wirklich *alles* und jeder egal ist. Die buchstäblichen Scheiß-drauf-Typen, die Soziopathen. Vermutlich Serienmörder oder Drogenbarone und keine Menschen, mit denen Sie im wahren Leben Kontakt haben.

Am anderen Ende des Spektrums stehen jene Leute, die es wirklich kümmert. Da stehen wohl die meisten. Es ist ihnen sehr wichtig, was andere denken, sie sind gelähmt vor Angst und Unentschlossenheit, sie rennen herum und versuchen, anderen zu gefallen, Anerkennung zu bekommen, und stressen sich.

(Wenn Sie so sind und Sie sich deshalb schlecht fühlen, bedenken Sie: In biologischer Hinsicht wollen wir dazugehören. Wir brauchen die Sicherheit, dass die Menschen um uns herum uns mögen und anerkennen. Lesen Sie Kapitel 7 zum Thema Gefallsucht, dort finden Sie Hilfe. Es gibt Hoffnung!)

Ich finde, wir sollten alle in der Mitte sein. Mittleres Scheißdrauf. Es sollte eine sehr kurze Liste von Menschen in Ihrem Leben geben, deren Meinung und Feedback der *einzige* Rat ist, den Sie sich zu Herzen nehmen. Wie viele Male haben Sie schon gesagt: »Na ja, das kann ich nicht machen, weil alle denken werden, ich bin blöd.« *Alle*? Der Typ, der Ihnen heute Morgen den Kaffee verkauft hat? Die Bevölkerung von Litauen? Wenn es darum geht, auf die Meinung anderer zu hören, müssen wir unsere Welt verkleinern.

Aus persönlicher Erfahrung kann ich sagen, dass es mir zum Beispiel wichtig ist, was mein Mann über meine Art der Kindererziehung sagt. Da wir gemeinsam Eltern sind, muss ich seine Meinung berücksichtigen. Ich stimme ihm vielleicht nicht jedes Mal zu, aber mir ist wichtig, was er über meine Ansichten denkt. Es interessiert mich, was meine engsten Kollegen über meine neuen Geschäftsideen denken. Sie unterstützen mich, ich vertraue ihnen, ich brauche sie. Stellen Sie sich vor, all das wäre mir scheißegal. Ich würde mich von Menschen isolieren, die mir wirklich etwas bedeuten. Ich hätte keine starken, stützenden, vertrauenswürdigen und intimen Beziehungen. Ich wäre allein.

Es gibt aber auch Dinge, die mich nicht kümmern, zum Beispiel der gesellschaftliche Standard, dass ich mich »wie eine Dame« benehmen soll. Oder die Statistik, dass die meisten Unternehmen innerhalb der ersten fünf Jahre vor die Hunde gehen. Wenn ich mich darum scherte, würde ich meine Träume nicht verfolgen. Ich würde mir Tag und Nacht den Kopf darüber zerbrechen, was andere – meistens Fremde – von mir denken.

Erkennen Sie den Unterschied?

Sogar knallharten Promis ist nicht alles egal

Als die Autorin Glennon Doyle Melton mit ihrem Buch *Love Warrior. Wie ich von der Selbstzerstörung in die Selbstliebe fand* auf Promotiontour ging, wurde sie von der Komikerin und Talkshow-Moderatorin Chelsea Handler interviewt. Wer Chelsea kennt, unterstellt ihr vielleicht die Scheiß-drauf-Mentalität. Sie ist geradeheraus, sagt immer, was sie denkt, und scheint sich nicht darum zu kümmern, dass sie gelegentlich Unpassendes sagt.

Im Lauf der Unterhaltung thematisierte Chelsea einen bestimmten Abschnitt aus Glennons Buch: »›Glennon, es war ihr einfach scheißegal‹, sagte ihr Exfreund. Glennon ›verstand, dass dies das ultimative Kompliment an eine Frau war. Sie verstand auch, dass es kein Kompliment war, dass jede Frau, der alles scheißegal war, im Grunde ihre Seele aufgab, um sich an die Regeln zu halten. Keiner Frau ist wirklich alles scheißegal. Keine Frau ist so cool. Sie tarnt sich nur.‹«

Chelsea las den Abschnitt laut vor und sagte zu Glennon: »Es ist wahr, denn die Leute sagen *andauernd* über mich: ›Chelsea, dir ist alles scheißegal.‹ Natürlich ist es das nicht. Es ist mir nicht egal. Ich versuche andauernd, Dinge nicht an mich ranzulassen. Es ist zermürbend. Aber du musst damit weitermachen, weil alle es erwarten. Aber es ist mir nicht egal, genau wie allen anderen auch.«

Chelsea Handler – eine Frau, die sich gibt, als wäre es ihr egal, was die Leute denken – gibt zu, dass es nicht so ist. Eine Frau, von der die meisten glauben, sie habe ein spezielles Gen, das ihr erlaubt, sich nicht darum zu kümmern, was andere denken, sagt, dass es sie fix und fertig mache, dauernd zu versuchen, sich nicht darum zu scheren. Also, meine Damen, das Spiel ist aus. Schauen wir uns an, wie wir das in Ordnung bringen und auf den Mittelweg kommen.

Wie bringt man das in Ordnung?

Ich erinnere mich daran, wie ich 2008 nach einer zwölfjährigen Auszeit wieder zu schreiben begann. Am Anfang schrieb ich völlig hemmungslos und dachte nicht darüber nach, wer es lesen würde. Dann begannen verschiedene Leute, es zu lesen, und es gefiel ihnen. Zeit verging, und eine Handvoll Leute lasen meinen Blog und er gefiel ihnen *nicht*. Sie stimmten meinen Ideen nicht zu, mochten meinen Schreibstil nicht oder kritisierten meine Grammatik; ein paar Leute beschimpften mich und ich fühlte mich schlecht. Tausende Leute mochten meine Texte, vielleicht fünf mochten sie nicht und sagten das auch.

Angesichts der Kritik und der Beurteilungen dieser Handvoll Leute wollte ich aufhören. Es war mir zu wichtig, was andere Leute dachten. Ich konnte diese negativen Meinungen nicht ertragen, auch wenn es nur einige wenige war. Es fühlte sich an, als wären es Millionen. Also bat ich Menschen um Hilfe, die bereits in dieser Situation gewesen waren.

»Wie macht ihr das?«, fragte ich andere Blogger. »Wie schafft ihr es, eure Arbeit weiter zu veröffentlichen, wenn ihr kritisiert werdet?« Der häufigste Rat war in etwa: »Es darf dich nicht kümmern. Du darfst das nicht persönlich nehmen; du musst die Worte an dir abprallen lassen. Lerne, darüber zu lachen, und scheiß drauf.«

Ähm, okay.

Wie, wie, wie macht ihr das? Als ich nachfragte, bekam ich ein Schulterzucken und die Antwort: »Man versucht halt bestmöglich, nichts drauf zu geben.« WAS?!

Ich meine, wer bringt das? Wer kann seine Arbeit der Welt präsentieren, lächelnd und stolz auf das, was er/sie geschaffen hat, und dann auf fiese Leute treffen, die mit fauligen Tomaten werfen, und das alles abtun, als wäre es ein ganz normaler Tag?

Ich hatte das Gefühl, etwas stimmte mit mir nicht, weil es mir wichtig *war*. Ich dachte, ich sei zu empfindlich. Vielleicht war ich einfach nicht dazu gemacht, meine Arbeit der Welt zu präsentieren. Jene anderen Autoren, die mir rieten, es nicht persönlich zu nehmen, hatten eine Zwischenschaltstelle im Gehirn, die ich nicht hatte. Oh, wie brennend ich mir wünschte, es wäre mir scheißegal. Ich wollte auch so eine Scheiß-drauf-Mentalität haben. Aber wie?

Erst Jahre später, nach vielen Gesprächen mit Leuten, die ihre Meinungen, Ideen und Arbeit mit der Welt teilten, stieß ich zum Kern der Sache vor. Den meisten Leuten war es sehr wohl wichtig, was andere dachten. Sie waren wie ich; sie fühlten den Schmerz der Kritik und Verurteilung durch andere, und sie mussten an ihren Gefühlen arbeiten, achtsam sein und aufmerksam. Sie wussten, dass das Feedback, das sie bekamen, schmerzte, doch sie waren in der Lage, diesen Schmerz separat von sich als Person zu behandeln. Die verletzenden Kommentare dieser Menschen bestimmten nicht, wer sie waren.

Sie wussten, dass das Feedback, das sie bekamen, schmerzte, doch sie waren in der Lage, diesen Schmerz separat von sich als Person zu behandeln. Die verletzenden Kommentare dieser Menschen bestimmten nicht, wer sie waren.

Und Sie, meine Liebe, meine rebellische Leserin, haben ebenfalls die Kraft, um den Mittelweg zwischen »sich gar nicht um andere Meinungen scheren« und »die Meinung von Menschen berücksichtigen, die einem wichtig sind« zu erkennen und zu leben.

Die Quadratzoll-Box

Als ich mich zum Daring Way™ Facilitator (eine Coaching-Methode nach Brené Brown) ausbilden ließ, bekamen wir die Aufgabe, eine Box in der Größe eines Quadratzolls (2,54 × 2,54 cm) auf ein Blatt Papier zu zeichnen und in diese Box die Namen jener Menschen zu schreiben, deren Feedback uns wichtig war. Manche riefen: »Aber ich brauche mehr Platz, um alle aufzulisten!« Süße, wenn Sie mehr als einen Quadratzoll brauchen, müssen Sie Ihre Liste kürzen. Diese Übung führt vor Augen, ob Sie sich an der Vorstellung festklammern, dass die Meinungen und das Feedback anderer Leute wirklich wichtig sind. Unten sehen Sie eine Box mit der Größe eines Quadratzolls. Nehmen Sie sich einen Stift und schreiben Sie die Namen jener Menschen hinein, auf deren Meinung Sie Wert legen.

Diese kurze Liste beinhaltet die Menschen, denen Sie wichtig sind, egal, ob Sie Erfolg haben oder scheitern. Sie lieben Sie, weil Sie ein Mensch sind. Sie sind für Sie da, wenn Sie sie brauchen, und Sie können sich auf sie verlassen. Diesen Leuten liegen Sie am Herzen.

Die glücklichsten Menschen sind sich sicher, wer in ihre Quadratzoll-Box gehört. Sie können sich von der Kritik von Menschen außerhalb ihrer Box freimachen.

Natürlich wäre es schön, das kontrollieren zu können, aber manchmal lässt es sich nicht vermeiden, Feedback oder Einschätzungen des eigenen Lebens von Menschen zu bekommen, die der Meinung sind, dass Sie es falsch machen – sei »es« nun Kindererziehung, Ihr Verhalten als Ehefrau oder Ihre Arbeitsleistung – Sie machen es einfach falsch. Wie schon in Kapitel 7 erklärt, triggern all diese Meinungen und die Kritik Sie, *und* jetzt können Sie den kurzen Check machen, ob die Person, die Ihnen da Worte entgegenschleudert, in Ihrer Quadratzoll-Box steht oder nicht. Sagen Sie diesen Leuten ruhig: »Sie sind nicht in meiner Box!« Erfreuen Sie sich an deren verwirrtem Gesichtsausdruck, während Sie sich entschuldigen und davongehen.

Was ist mit den Menschen in Ihrer Quadratzoll-Box, deren Meinung Ihnen wichtig ist? Wie nehmen Sie deren Meinung an und lassen sich doch nicht diktieren, was Sie als Person ausmacht? Ich kann mir zum Beispiel von meinem Mann und engen Freunden anhören, was sie von meinen Entscheidungen und meinem Verhalten halten, meine Angst überwinden und es als Feedback annehmen.

Manchmal können sie *tatsächlich* interessante Dinge anmerken, die mir helfen, an mir selbst zu arbeiten.

Folgendes ist kein Feedback: Aufnehmen, was die anderen sagen und zulassen, dass mein innerer Kritiker schreit, dass ich alles falsch mache, eine Idiotin sei und alles an mir ändern sollte. Diese Art Reaktion zeigt, dass ich hart an meiner Art, mit mir selbst zu reden, arbeiten muss (siehe Kapitel 1). Wenn Sie den Unterschied kennen, können Sie großen Nutzen für sich und Ihre Beziehungen daraus ziehen.

Machen Sie Inventur

Denken Sie darüber nach, in welchen Bereichen Ihres Lebens es Ihnen wichtig ist, was andere über Sie denken. Vielleicht ist das im Job so, in Bezug auf Ihren Körper oder was Ihre Ziele für die Zukunft angeht. Vielleicht hat in einem dieser Bereiche jemand Verletzendes zu Ihnen gesagt, was Sie dazu brachte, ins andere Extrem zu verfallen, nämlich Mauern aufzubauen und die Scheiß-drauf-Mentalität anzunehmen. Immer langsam, Schwester. Dass jemand Feedback schlecht verpackt oder Sie beleidigt, heißt nicht, dass das Problem gelöst ist, wenn Sie die Welt aussperren. Es tut deshalb nicht weniger weh, und es garantiert auch nicht, dass es sich nicht wiederholt. Es heißt nur, dass Sie die Welt ausgesperrt haben und nichts mehr reinkann – auch nichts Gutes. Und ich bin sicher, dass Sie sich das nicht wünschen.

Befreien Sie sich von Ballast

Was wird wohl passieren, wenn andere Menschen wissen, dass Ihnen gewisse Dinge im Leben wichtig sind, von denen sie finden, dass sie Ihnen nicht wichtig sein sollten? Nehmen wir mal an, Sie machen eine Trennung durch und Ihr Partner war ein echtes Arschloch. Ihre Freunde sind froh, dass es vorbei ist, damit sie nicht mehr zusehen müssen, wie Sie leiden. Sie tun nach außen hin so, als wären Sie auch froh, und Sie äußern, dass Sie Ihren Ex hassen.

Aber ... Sie trauern. Ein Teil von Ihnen macht all die natürlichen Emotionen von Traurigkeit und Kummer durch, die üblicherweise mit Trennungen einhergehen. Vielleicht denken Sie, dass andere, wüssten diese, was Sie fühlen, Sie für eine Masochistin, für schwach oder eine Idiotin hielten. Also verstecken Sie Ihre Gefühle und geben vor, dass Ihnen alles scheißegal ist.

Sie könnten einer vertrauenswürdigen mitfühlenden Zeugin erzählen, dass Sie wissen, dass es nicht gerade die harmonischste Beziehung war, dass Sie sicher sind, dass die Trennung das Beste war, es Sie aber trotzdem mitnimmt. Üben Sie in solchen Momenten, Verletzlichkeit zu zeigen, indem Sie ausdrücken, dass es sich gruselig anfühlt, ihr das anzuvertrauen, und dass Sie Angst haben vor _______________. (Bitte ausfüllen.)

Finden Sie Ihr Gleichgewicht

Sie haben die Menschen aufgelistet, deren Feedback Ihnen wichtig ist. Als Nächstes schreiben Sie die Menschen auf, deren Meinungen, Beurteilungen und Kritik *nicht* wichtig sind. Dazu gehören üblicherweise anonyme Kritiker, Ihr eigener innerer Kritiker oder Leute, die unaufgefordert Feedback geben, das Sie nicht brauchen (und um das Sie nicht gebeten haben). Diese Liste enthält vielleicht Freunde, Kollegen, Nachbarn und Bekannte. Stünden diese alle in Ihrer Quadratzoll-Box, wären Sie wieder in der »Ich nehme mir alles zu Herzen«-Kategorie. Bei dieser Übung könnte die Frage aufkommen: »Was ist, wenn meine Mutter auf der Liste der Leute landet, deren Meinung mir egal ist?« Nun, das ist okay! Ich verrat's niemandem, Ehrenwort. Nur weil es Familienmitglieder sind, gehören sie nicht automatisch in Ihre Box. Wenn diese Menschen nicht für Sie da sind und Sie ihrer Meinung nicht vertrauen, dann gehören sie da nicht hin. Konzentrieren Sie sich auf Ihre erste, kürzere Liste und tun Sie Ihr Bestes, das Geschnatter anderer Leute auszublenden. Dann finden Sie Ihr Gleichgewicht.

Wenn Sie sich nach außen geben, als wäre Ihnen alles egal, dann denken Sie über den ersten Schritt nach: nämlich die Mauern einzureißen. Ich bin sicher, dass eine distanzierte Attitüde nicht hilft, mit dem Leben zurechtzukommen oder zu genesen. Tatsächlich steckt man fest und fühlt sich nur schlechter. Man versucht nicht nur das Unmögliche (Gefühle wegzudrücken, die existieren), sondern vermittelt anderen, dass man sie nicht braucht. Doch das tut man. Sehr sogar.

Die peinliche Befragung:

- Welchen Vorteil haben Sie Ihrer Meinung nach davon, eine Scheiß-drauf-Mentalität vorzuschützen? Wovor schützen Sie sich und inwiefern verbessert es Ihr Leben?
- Wenn Sie schmerzhafte Kritik bekommen, beziehen Sie das ganz auf sich? Wenn ja, wie können Sie das ändern?
- Gibt es einen Bereich in Ihrem Leben, in dem Sie Dinge zu wichtig nehmen? Warum?
- Verurteilen Sie sich dafür, dass Ihnen etwas Bestimmtes wichtig ist, das Ihnen nicht wichtig sein sollte? Haben Sie Angst, dass andere Leute Sie dafür verurteilen? Wenn ja, können Sie es trotzdem anerkennen, um es verarbeiten zu können?
- Wer gehört in Ihre Quadratzoll-Box? Wen können Sie rauslassen?

KAPITEL 14

NIEMAND MAG FAULPELZE: DIE NACHTEILE VON LEISTUNGSORIENTIERUNG

Lassen Sie mich klarstellen: Ich liebe Leistung. Ich liebe es, mir Ziele zu setzen, sie zu erreichen, Siege zu feiern und mir neue Ziele zu setzen. Ich liebe es, Dinge auf meiner To-do-Liste abzuhaken, und wenn ich bemerke, dass ich etwas mache, was nicht geplant war und nicht auf der Liste steht, dann schreibe ich es drauf, einfach damit ich es genießen kann, den Haken zu setzen. (Bin ich die Einzige, die das macht?)

Aber hier geht es um übermäßige Leistungsorientierung, nicht um normale 08/15-Zielsetzungen. Übermäßige Leistungsorientierung führt dazu, dass Sie Ihre Leistung mit Ihrer Person gleichsetzen. Sie gründen Ihren Selbstwert darauf, wie viel Sie erreichen und wie gut Sie sind.

Übermäßige Leistungsorientierung hat Ähnlichkeit mit Perfektionismus, ist aber ein hinterhältiges Monster. Betroffene glauben Folgendes: Ich bin meine Leistung. Wenn ich mehr tue, meine Ziele erreiche, so produktiv wie nur möglich bin und sicherstelle, dass alle es mitkriegen, dann kann ich Kritik, Beurteilung und Zurückweisung vermeiden. Mein Selbstwert beruht auf meiner Leistung und darauf, wie Menschen mich in Bezug auf meine Leistung wahrnehmen. Leistungsjunkies sind auf einer geistigen Einbahnstraße unterwegs: Leistung = Sicherheit und Liebe.

In diesem Beispiel kommt Susan zu Wort, eine einundvierzigjährige Ärztin und dreifache Mutter:

> Ich war immer schon auf Leistung gepolt. Ich war die Streberin in der Schule; ich habe am Wochenende immer zuerst meine häuslichen Pflichten erfüllt (und sogar um mehr Arbeit gebeten, um neben meinem motzenden Bruder gut dazustehen).
>
> Ich machte meinen Abschluss als Jahrgangsbeste, war in sechs Schul-AGs und studierte Medizin an einer Ivy-League-Uni. Ich suchte ständig nach Möglichkeiten, noch besser zu sein als gestern und besser als alle anderen.
>
> Erst als ich mit vierzig am Rande des Zusammenbruchs stand, wurde mir klar, dass ich all das tat, weil ich bezweifelte, ein guter oder wertvoller Mensch zu sein, wenn ich nicht alles leistete, was menschenmöglich war. Ich war meine Leistung. Ich wusste nicht, wer ich ohne sie war.

Susans Geschichte ist nicht ungewöhnlich. Vielleicht unterscheidet sie sich in Details, aber lassen Sie mich noch einmal betonen: *»Ich glaubte nicht, dass ich ein guter oder wertvoller Mensch war, wenn ich nicht alles leistete, was menschenmöglich war. Ich war meine Leistung. Ich wusste nicht, wer ich ohne sie war.«*

Übermäßig auf Leistung orientierte Menschen setzen alles auf eine Karte, auf die des Erfolgs. Da sie gewöhnlich *verdammt* gut darin sind, Dinge erledigt zu kriegen, werden sie belohnt. Mit der Zeit ist das immer weniger befriedigend. Wie bei jeder »Droge« braucht man mehr und der eingestrichene Lohn reicht nicht aus.

Leistungsjunkies stehen fast ständig unter Spannung; sie lassen sich nie ganz auf die Menschen um sie herum ein, sondern nur auf die Projekte, an denen sie arbeiten. Sie denken stets nur an das Nächste, was sie tun müssen. Wenn eine Leistungssüchtige zum Beispiel einen Heiratsantrag bekommt, denkt sie über die Hochzeit nach, nicht über die Liebe und Freude, die sie empfindet, wenn sie vor ihrem Verlobten steht. Susan zog eines Tages eine Grenze, als ihr klar wurde, dass ihr tägliches Pensum so anspruchsvoll war, dass es für drei Leute gereicht hätte:

> Ich stand gegen vier oder halb fünf auf, machte Sport, beantwortete meine E-Mails und erledigte Dinge im Haushalt, bevor meine Kinder und mein Mann aufwachten. Dann half ich meinen Kindern, sich für den Tag fertigzumachen, brachte sie zur Schule und arbeitete den ganzen Tag Patienten ab. Dann raste ich zu irgendeinem Hobby meiner Kinder, kam nach Hause und machte Abendessen (normalerweise etwas, was ich vorbereitet hatte, ich verbrachte die Sonntage mit Einkäufen und Vorbereitungen für die Woche). Dann half ich den Kindern mit den Hausaufgaben, wusch Wäsche, arbeitete ein wenig, fiel gegen elf oder zwölf Uhr ins Bett. Ich war erschöpft und funktionierte nur durch Kaffee und Adrenalin. Ich wollte alles machen. Ich gab damit an. Ich fühlte mich den Leuten überlegen, wenn ich erzählte, wie beschäftigt ich war.

Die Palette der Nachteile

Karen ist siebenunddreißig und stammt aus Australien. Wie Susan stand sie aufgrund ihrer Leistungsmanie kurz vor einem Zusammenbruch:

> Es kam mir nie in den Sinn, dass meine Leistungsorientierung ein Problem oder ein Thema wäre (oder gar der Grund für meine massiven Ängste). Sie wurde positiv gesehen und ich war stolz darauf. Aber sie führte zu einer Essstörung, intensiven Ängsten und Depressionen. Sie beeinträchtigte meine Beziehungen, denn meine Erwartungen an andere Menschen waren irrsinnig hoch (unerreichbar, genau genommen), und ich konnte nie verstehen, dass andere Menschen sich nicht so sehr wie ich anstrengen konnten oder wollten. Ich erklärte ihren »mangelnden Einsatz« immer damit, dass ich ihnen nicht wichtig war ... also gab ich diese Beziehungen auf.

Viele Leistungsjunkies legen sehr hohe Maßstäbe an sich selbst und andere an. Sie verstehen nicht, warum andere sich nicht so sehr bemühen wie sie, haben das Gefühl, dass andere sie mit Absicht nerven, und fühlen sich oft im Stich gelassen und enttäuscht. Leicht nachzuvollziehen, dass diese Einstellung für Konflikte in Beziehungen sorgt.

Und nicht nur das. Leistungsmenschen verzetteln sich oft so in all dem, was sie tun, dass sie sich nicht mehr auf das Wesentliche konzentrieren können. Dann sind sie nicht mehr so produktiv, wie sie sein könnten, und es gibt mehr Fehlerpotenzial. Ich zerstöre ja ungern Luftschlösser, aber zahlreiche Studien zeigen, dass Multitasking die Produktivität senkt. Sie jonglieren eine Menge Bälle gleichzeitig? Ja, die Gefahr ist groß, dass Sie einen oder mehrere fallen lassen.

Die beiden größten Probleme von Leistungsjunkies sind Ängste und Schlaflosigkeit. Sie sorgen sich, dass sie nicht genug tun, was die anderen wohl denken (siehe Kapitel 7), und leben ständig in der Zukunft. Und Schlaflosigkeit – das ist wohl offensichtlich. Niemand kann schlafen, wenn man einen riesigen Elefanten auf der Brust hocken hat, der einem die Luft abdrückt.

Woher kommt das?

Vielleicht glauben Sie, es wäre angeboren. Da mag Lady Gaga singen, was sie mag, aber Leistungsorientierung gehört nicht in diese Kategorie. Karen, deren Geschichte Sie weiter oben gelesen haben, erzählt weiter:

> Als ich noch ein Kind war, zeigte sich mein Leistungsdenken eigentlich fast überall – in meinem ordentlichen Zimmer, in der Tatsache, dass ich immer die Beste in der Klasse sein musste, und die Netteste. Später verlagerte es sich auf meine Arbeit als Anwältin, und als das nicht mehr reichte, hin zu meiner Ernährung und meinem Sportprogramm.
> Ich glaube, ich entwickelte es als Strategie, um Kritik seitens meiner Mutter zu vermeiden, die sehr heftig reagieren konnte und viel trank, als ich noch klein war. Also verwendete ich viel Zeit darauf, alles zu tun, um sie nicht wütend zu machen. Außerdem versuchte ich, Aufmerksamkeit und Anerkennung von meinem Vater zu erhaschen (sein Lieblingsspruch war: »Der zweite Platz ist der erste Verlierer«). Er sagte mir ständig, wie intelligent ich sei, und ich fühlte einen unglaublichen Druck, es »zu etwas zu bringen« und ihn nicht zu enttäuschen. Ich lebte in einem Zustand der Angst, dass irgendwann er – und alle anderen – erkennen würden, dass ich doch nicht so wahnsinnig intelligent war.

Vielleicht waren Ihre Eltern selbst Leistungsjunkies, und es wurde quasi wortlos vorausgesetzt, dass Sie genauso sein würden. Vielleicht hatten Sie eine »Tigermutter«, die hohe Anforderungen an Sie stellte und nur lobte, wenn Sie alles gaben. Vielleicht hatten Sie wie Karen einen Elternteil, der Ihnen gegenüber abfällig war und um dessen Aufmerksamkeit Sie kämpfen mussten. Ganz gleich, wie die Umstände waren, es kann helfen, das Rätsel um die Herkunft des Verhaltens zu lösen – nicht damit Sie das Telefon zur Hand nehmen und Ihre Eltern anschreien können, sondern um klarer zu sehen und die Glaubenssätze herauszufordern, die Sie um die Leistung herum aufgebaut haben. Nur so können Sie diese verändern.

Vielleicht ist es für Sie nicht so offensichtlich. Es ist gut möglich, dass Ihre Eltern Sie nie unter Druck gesetzt haben oder Sie niemals das Gefühl erfahren haben, sich durch Leistung Aufmerksamkeit und Liebe erarbeiten zu müssen. Vielleicht haben Sie das alles nur aufgebaut, weil extreme Leistung Sicherheit gab. Vielleicht haben Sie bemerkt, dass Sie für Leistung Lob kassieren, sich das zur Gewohnheit gemacht und immer mehr gewollt.

Wie bringt man das in Ordnung?

Sie werden vielleicht überrascht sein: Falls Sie ein Leistungsjunkie sind, werde ich Sie nicht auffordern, weniger zu machen. Ich werde Sie nicht anweisen, *nur* maximal sechs Dinge auf Ihre To-do-Liste zu setzen, oder »Entspannen Sie sich mal« murmeln. Ich werde auch nicht sagen, dass Sie morgens nicht als Erstes Ihre E-Mails checken sollen. Sie sind eine Macherin; es ist Teil von Ihnen und wahrscheinlich auch Teil Ihrer Persönlichkeit. Aber Sie sollten sich das anschauen. Sie können all die Dinge tun, die Sie tun wollen, aber schauen Sie sich alles mal kritisch an. Hier ein paar Punkte, über die Sie nachdenken können:

1. Das Wichtigste zuerst: Körperliche Gesundheit. Schlafen Sie gut? Leiden Sie unter chronischen Angstzuständen? Haben Sie Verdauungsprobleme? Ja, das kann auch durch andere

Faktoren verursacht werden, aber ich wette, wenn Sie Gesundheitsprobleme haben und Leistungsjunkie sind, dass diese Gewohnheiten (zusätzlich zu Perfektionismus und der Sucht nach Anerkennung, wir können auch noch Kontrollsucht und den Hochstaplerkomplex mit reinschmeißen) eine der Hauptursachen sind. Der menschliche Körper ist nicht dazu gemacht, ständig mit Vollgas zu fahren.

2. Bestandsaufnahme im Beziehungsleben: Fühlt sich Ihr Partner wegen Ihrer ausufernden To-do-Liste vernachlässigt? Beeinträchtigt es Ihre Kinder? Wie läuft es im Job? Glauben Sie, dass es am Ende aller Tage heißt: »Die mit der längsten Liste an Erfolgen hat gewonnen?« Machen Sie sich klar, dass »die, die hart an ihren Beziehungen gearbeitet und mit Herz und Seele geliebt hat, gewinnt«. Erkennen Sie den *gravierenden Unterschied?*
3. Was tun Sie für Ihr emotionales Wohlbefinden? Nehmen Sie irgendein Selbsthilfebuch in die Hand und Sie werden lesen, dass das Gegengift gegen Leistung und Produktivität für Ihren Selbstwert Ruhe, Stille und Spaß sind. Und ich werde nichts anderes erzählen, *aber* da ich weiß, dass Sie sich mit diesen Anweisungen schwertun werden, hören Sie mir bitte einen Moment zu. Ich habe das Gefühl, dass ich die bittere Wahrheit kenne, warum Sie nicht langsam machen und damit aufhören wollen, Sklavin Ihrer Aufgaben zu sein.

Machen Sie langsam, ruhen Sie sich aus und schauen Sie genau hin.

Wie alle anderen Gewohnheiten, von denen in diesem Buch die Rede ist, ist übermäßige Leistungsorientierung ein Weg, um zu vermeiden, sich mit den unangenehmen Dingen im Leben beschäftigen zu müssen. Haben Sie Eheprobleme? Statt ein schwieriges Gespräch mit Ihrem Partner zu führen, allein oder als Paar eine Therapie zu machen oder sich zu trennen, leisten Sie mehr und mehr und mehr. Sie lenken sich ab, stecken all Ihre Energie in Ihre To-do-Listen und fühlen sich zeitweise besser. Unglücklicherweise warten all die unerledigten Dinge auf Sie, sie werden das auch weiterhin tun und vermutlich schlimmer werden, je länger Sie sich nicht damit befassen.

Das Tempo runterzufahren und auszuruhen führt vermutlich dazu, dass Sie über all das nachdenken, was nicht gut läuft, und die dazugehörigen Gefühle fühlen. Wenn Sie eine klassische Leistungslady sind, dann vermeiden Sie das um jeden Preis.

Die meisten Leistungsjunkies fühlen sich maximal unwohl im Ruhezustand, für sie fühlt sich ausruhen an wie sterben. Wenn Sie so sind, werfen Sie mal einen Blick auf das, was dieser Zustand bietet. Sie brauchen nicht gleich eine Stunde zu meditieren oder sich einen ganzen Tag freizunehmen. Stellen Sie sich nur die Frage, was Sie vermeiden, indem Sie Ruhe verhindern. Oberflächlich betrachtet reden Sie sich vielleicht ein, dass Sie Ihre Aufgaben nicht vernachlässigen wollen, aber, Schwester, mir machen Sie nichts vor. Wovor laufen Sie *wirklich* davon?

Wenn Sie ehrgeizig sind, schnappen Sie sich Ihr Notizbuch, setzen Sie sich mit der Frage hin und beantworten Sie sie.

Akzeptieren Sie Niederlagen

»Jedes Mal wenn ein leistungsorientierter Mensch versagt, stirbt ein Hundewelpe.«

Vielleicht hängt dieser Spruch über Ihrem Kamin oder in Ihrem Büro. Als Leistungsjunkie definieren Niederlagen Sie als Person. Bei etwas zu versagen heißt: »Ich bin ein Versager.«

Geben Sie Ihr Leben lang bei all den Sachen Gas, in denen Sie gut sind. Doch wissen und spüren Sie gleichzeitig, dass Niederlagen angenommen werden müssen, denn sie sind Teil des Prozesses, der uns besser werden lässt. Vielleicht ist Versagen deshalb ein so schlimmes Wort, weil wir es in unserer Kultur zu etwas transformiert haben, was es nicht ist. Ohne Versagen kein Lerneffekt. Ohne Versagen keine Verbesserung. Ohne Versagen keine Kreativität und keine Veränderung. Die intelligentesten, innovativsten, hammerhärtesten Führungspersönlichkeiten haben versagt und werden das auch weiterhin tun. Erinnern Sie sich jeden Tag daran, dass Sie, wenn Sie aufhören, Fehler zu machen, auch aufhören, zu lernen und sich zu entwickeln.

Ich möchte, dass Sie wissen und glauben, dass Niederlagen angenommen werden müssen, denn Sie sind Teil des Prozesses, der uns besser werden lässt.

Wenn Sie scheitern, dann setzen Sie sich zum Ziel, es gut zu machen. Akzeptieren Sie, dass es schmerzt (das wird es vermutlich), achten Sie darauf, wie Sie mit sich selbst reden, nehmen Sie an, dass Niederlagen ein Schlüssel zur Weiterentwicklung sind, und schauen Sie sich so schnell wie möglich bewusst an, was Sie aus der Niederlage gelernt haben. Dadurch können Sie hoffentlich aufhören, Niederlagen als etwas Ominöses zu fürchten, was unbedingt vermieden werden muss, und sie stattdessen als notwendigen Teil jenes Prozesses sehen, der Sie zu voller Größe wachsen lässt.

Und mit wem sind Sie im Wettstreit?

Als Leistungsjunkie stehen Sie vielleicht mit anderen im Wettstreit. Ich glaube, dass manche Menschen von Natur aus sehr ehrgeizig sind, und manchmal geraten sie dadurch in ein Leistungsfieber. Die Beste oder die Erste sein zu wollen plus eine bestimmte Person schlagen zu wollen kann einen dazu verleiten, mehr zu tun, als man schaffen kann. Das kann insbesondere dann passieren, wenn man einen Vertriebsjob hat und Provision kriegt, es also buchstäblich zum Job gehört, die Beste zu sein, die am meisten schafft. Sie müssen Ihre Grenzen kennen. Als Leistungsjunkie in einem Job zu arbeiten, der diese Mentalität fördert und darauf aufbaut, wirkt wie Spiritus in einem Grillfeuer. Sie können nicht ändern, was Sie sich nicht eingestehen. Also fragen Sie sich, ob das, was in Ihrem Job (oder dort, wo Wettstreit ein Thema ist) vor sich geht, Sie im Grunde genommen nicht quält.

Meine Freundin Elizabeth war eine klassische Leistungsfetischistin und sehr auf Wettkampf gepolt. Es war ihr von Nutzen, bis es irgendwann nicht mehr funktionierte und sie lernte, dieses Verhalten aufzugeben.

> Als mir klar wurde, dass ich wie »Homo Arbeit« durchs Leben raste, fragte ich mich, was es für mich bedeutete, ein Mensch zu sein. Wohin führte das? Worauf steuerte ich zu? Was war der erhoffte Benefit? Vorsicht, Spoiler: Es gibt keinen!
>
> Mir hilft es, in diesen Begriffen zu denken. Ich bin von Natur aus ehrgeizig (vor allem liege ich mit mir selbst im Wettkampf), getrieben und leistungsorientiert. Das ist nichts Schlechtes. Aber wenn ich Pause mache, atme und mich daran erinnere, dass ich keinen Preis für übermäßige Leistung bekomme, erkenne ich, dass ich einem Trugschluss aufsitze, kann das Tempo rausnehmen und mich auf das konzentrieren, was mir wichtiger ist – mein Wohlbefinden und meine Beziehungen zu den Menschen, die mir etwas bedeuten. Das hat mich viel glücklicher gemacht und mein Leben ist erfüllter.

Die Sache ist die: Sie sind großartig. Und das sind Sie mit und ohne Ihre Leistung. Sie, einfach nur Sie, ohne alle Ihre Triumphe, sind immer noch großartig. Je mehr Sie hinter die Fassade schauen und sehen, was dahinter ist – dass Sie wunderbar sind, wie Sie sind –, umso mehr können Sie sich in der Welt bewegen, ohne sich ständig in Leistung hineinzusteigern.

Die peinliche Befragung:

- Wenn Sie in sich selbst einen Leistungsjunkie erkennen, können Sie sagen, wo das herkommt? Was sind Sie gewillt zu tun, um die entstandenen Glaubenssätze anzugehen?
- Welche Auswirkungen hat Ihr Leistungsdenken auf Ihr Leben?
- Was vermeiden Sie tief drinnen, indem Sie nicht das Tempo reduzieren und zur Ruhe kommen?
- Was empfinden Sie in Bezug auf Versagen? Was müssen Sie tun, um Ihre Perspektive darauf zu verändern?
- Sind Sie wettbewerbsorientiert? Wenn ja, was ist positiv daran und inwiefern wirkt es sich negativ auf Ihr Leben aus?

KAPITEL 15

WERTE: IHR KOMPASS

Wenn Sie hier in Kapitel 15 angekommen sind, dann haben Sie erfolgreich Gewohnheiten von Ihrer »Dinge, die dafür sorgen, dass ich mich scheiße fühle«-Liste gestrichen. Inzwischen fragen Sie sich vielleicht: »Was kann ich tun, um sicherzugehen, dass ich in diese Verhaltensweisen nicht zurückfalle?« Wir funktionieren sehr gut im Modus Autopilot und verstecken uns, streben nach Perfektion, suchen zu gefallen, weisen Schuld zu und kontrollieren, wie sollen wir da wissen, was wir tun müssen, um uns besser zu fühlen und stolz auf die Frau zu sein, die wir sind? Sie haben in den vorangegangenen Kapiteln schon viel über Werkzeuge gelesen, aber ich kann dieses Buch nicht abschließen, ohne auf etwas sehr Wichtiges einzugehen: Das Kennen und Aufrechterhalten der eigenen Werte.

Werte, das mag zunächst nicht sehr sexy klingen. Wenn Sie also versucht sind, dieses Kapitel zu überspringen, hören Sie zu – Werte sind absolut heißer Scheiß! Wenn Sie Ihre Werte kennen, dann ist Ihnen klar, was Ihnen im Leben wichtig ist. Stellen Sie sich Ihre Werte wie den Polarstern, einen Kompass oder eine Straßenkarte vor. Sie wissen gerne, wo Sie hinfahren und wie es da aussieht, oder? Prima, denn genau das werden Ihre Werte Ihnen sagen.

Dieses Kapitel ist wichtig, weil es Ihnen zeigt, wie Sie Ihre Werte benennen und wie Sie identifizieren, mit welchen Entscheidungen und Verhaltensweisen sie diese aufrechterhalten. Sie werden überdies in der Lage sein zu erkennen, wenn Sie ins Schleudern kommen, und etwas dagegen unternehmen können. Zu guter Letzt werden Sie lernen, die richtigen Leute auszuwählen, die Sie unterstützen können, wieder in die richtige Spur zu kommen. Warum? Weil all Ihre Arbeit an sich selbst sinnlos wäre, wenn Sie sich nicht darüber im Klaren sind, wer Sie sind, was Sie wollen und wie das im Alltag aussieht

All die Arbeit hier wäre sinnlos, wenn Sie sich nicht darüber im Klaren sind, wer Sie sind, was Sie wollen und wie das im Alltag aussieht.

In diesem Buch ging es ausschließlich um Verhaltensweisen wie Kontrollzwang, Perfektionismus, Isolation und Gefallsucht, richtig? Der Knackpunkt ist jedoch: Wenn Sie dieses Verhalten leben, dann VERRATEN Sie Ihre Werte. So einfach. Denn sicher gehört zu Ihren Werten nicht, sich im Namen der Perfektion umzubringen oder andauernd Ja zu irgendeinem Mist zu sagen, den Sie nicht machen wollen. Es ist wichtig, nicht alle Welt für alles Mögliche verantwortlich zu machen, statt selbst Verantwortung zu übernehmen. Ihre Werte sorgen dafür, dass Sie sich gut mit sich selbst fühlen.

Aber was, wenn Sie Ihre eigenen Werte nicht kennen? Keine Panik, gemeinsam finden wir diese jetzt heraus.

Die eigenen Werte finden

Ich habe festgestellt, dass Menschen, die keinen Begriff von Ihrem Wertegerüst haben, sich häufig fragen: »Was zur Hölle stimmt mit mir nicht?« Hier ist die Antwort – gar nichts. Sie haben einfach keinen Wertekompass.

Im Lauf der Jahre habe ich einige Gemeinsamkeiten entdeckt, indem ich mit Frauen an ihren Werten gearbeitet habe. Es kann schwierig sein, eine Liste mit Werten aufzustellen – besonders wenn Sie zum ersten Mal hören, wie wichtig diese sind. Lassen Sie mich ein paar Beispiele für weit verbreitete Werte nennen, aber denken Sie zunächst darüber nach, was Ihre ganz persönlichen Werte sein könnten.

Stellen Sie sich diese zwei grundlegenden Fragen und schreiben Sie sich gerne etwas dazu auf:

- Was ist Ihnen wichtig?
- Was ist Ihnen wichtig an der Art, wie Sie Ihr Leben leben?

Wenn es Ihnen zum Beispiel wichtig ist, mit anderen ständig in tiefgehenden Beziehungen und im Austausch zu sein (auch wenn das manchmal unangenehm ist), schätzen Sie wahrscheinlich Beziehungen sehr hoch ein. Üben Sie eine spirituelle Praktik aus (egal, ob Sie in letzter Zeit aktiv waren oder nicht)? Wenn ja, dann haben vermutlich Glaube oder Spiritualität eine große Bedeutung für Sie. Es ist Ihnen wichtig, sich selbst genau zu verstehen und danach zu streben, ein besserer Mensch zu werden? Dann könnte persönliche Entwicklung ein wichtiger Wert für Sie sein.

Eine weitere Methode, um Werte festzulegen, ist eine Übung mit dem Namen »Gipfelerlebnis«. Denken Sie an einen Moment in Ihrem Leben, in dem Sie sich in Bezug auf Ihre Entscheidungen ganz sicher und stolz auf den Menschen waren, der Sie sind – selbst wenn es nur für einen kurzen Moment war. Was haben Sie getan? Was stand hinter Ihren Entscheidungen und Ihrem Verhalten? Welchen Teil von sich haben Sie bei dieser Erfahrung angezapft?

Hier ein Beispiel: Vielleicht haben Sie vor ein paar Jahren regelmäßig Sport gemacht, sind joggen gegangen, haben gesund gegessen und sich körperlich gut gefühlt. Die Werte, die Sie daraus ziehen können, sind körperliche Gesundheit und ein guter Umgang mit Ihrem Körper.

Oder möchten Sie sich Ihre Gipfelerlebnisse im Hinblick auf nicht so offensichtliche Werte ansehen, die dort vielleicht versteckt sind? Ein versteckter Wert könnte die Natur sein. Vielleicht fühlen Sie sich am meisten geerdet, wenn Sie im Freien sind, vielleicht tut Einsamkeit Ihrer Seele gut. Ich meine nicht die Ich-verstecke-mich-die-ganze-Zeit-Einsamkeit, sondern das Erfahren jener Stille in der Natur, die den Geist erfrischt und Sie fühlen lässt, dass Sie lebendig sind.

Ich möchte betonen, dass es Werte geben könnte, die Sie aktuell nicht hochhalten. Sie können Ihnen immer noch wichtig für sich und Ihr Leben sein, aber vielleicht hatten Sie nicht die Werkzeuge, den Mut oder das Bewusstsein, nach ihnen zu leben. Nennen wir diese Werte »angestrebte Werte«. Wichtig ist hier, auf den inneren Kritiker zu achten, der möglicherweise dazu neigt, sich einzumischen und Kommentare darüber zu machen, ob Sie Ihre Werte leben oder nicht. Vielleicht sind alle Ihre Werte angestrebte Werte, auch das ist okay! Vielleicht ist Ihre Spiritualität meistens unterdrückt, weil Ihnen Mut und Bezug dazu fehlen. Sinn und Ziel dieses Kapitels ist es, dass Sie herausfinden, was Ihre Werte sind, so dass Sie diese leben können. Ein Großteil der Arbeit besteht darin, die Differenz zwischen den angestrebten Werten und dem realen Leben zu erkennen.

Frisch ans Werk

Um Ihnen auf Ihrer Reise zu Ihren Werten zu helfen, liste ich hier häufige Werte auf:

Mut	Persönliche Entwicklung
Ausgeglichenheit	Authentizität
Kreativität	Spaß/Humor
Glaube/Spiritualität	Vertrauen
Helfen/etwas zurückgeben	Freiheit
Integrität/Ehrlichkeit	Intuition
Körperliche Gesundheit	Abenteuer
Sicherheit	Gerechtigkeit

Es ist völlig okay, wenn Sie die ganze Liste übernehmen. Diese Werte sind aus gutem Grund weit verbreitet.

Kurze Anmerkung: Vermeiden Sie Aktivitäten oder Objekte, wenn Sie Ihre Liste aufstellen. Wenn Sie »klassische Literatur« auf Ihrer Liste haben und das für einen Wert halten, dann denken Sie darüber nach, was Lesen Ihnen gibt. Wünschen Sie sich Kreativität? Sehnen Sie sich nach dem Frieden und der Einsamkeit, die mit dem Lesen einhergehen? Nicht die Sache ist das Wichtige, sondern das Gefühl, das sie Ihnen gibt. Bedenken Sie, dass Werte je nach Lebensbereich unterschiedlich sein können. Für mich sind zum Beispiel die wichtigsten Werte Mut, Intuition und Integrität. Im beruflichen Kontext sind es hingegen Menschenführung, Effektivität und Dienst am Kunden.

Wenn Sie sich intensiv hinter diese Übung klemmen, entwickeln Sie vielleicht je eine Liste für die Kindererziehung, den Job und Ihre Beziehung. Lassen Sie sich nicht überwältigen; Sie können es auch allgemein halten und sich auf Ihr Leben als Ganzes konzentrieren, das ist auch gut! Niemand erwartet, dass Sie herumlaufen und die ganze Zeit bewusst auf die Wertedifferenz achten. Sie müssen nicht ständig darüber nachdenken, an welchem Teil Ihres Lebens Sie gerade arbeiten. Sich über die eigenen Werte klarzuwerden ist eine Methode zur Bestandsaufnahme und eine Möglichkeit, jene Bereiche auszumachen, an denen Sie arbeiten müssen.

Klarheit gewinnen

Ich weiß, dass viele meiner Leserinnen mit Perfektionismus zu kämpfen haben und sich Sorgen machen, was andere Leute denken. Darum soll diese letzte Übung helfen, herauszufinden, ob Ihre Werte tatsächlich Ihre ureigenen Überzeugungen sind. Wenn nicht, dann haben Sie sie vielleicht gewählt, weil Sie glauben, Sie müssten sie haben.

An Werten ist eines nicht verhandelbar: Sie gehören Ihnen und nur Ihnen allein. Es steht anderen nicht zu, sie zu beurteilen, zu bewerten oder lächerlich zu machen. Niemals. Passen Sie auf, falls Sie denken: »Hilfsbereitschaft klingt, als sollte es mir wichtig sein. Das nehm ich.« Wenn sich das nicht gut anfühlt, dann ist das okay. Stellen Sie keine Liste zusammen, die sich bei einer Bewerbung als Ersatzheilige gut machen würde. Niemand schaut Ihnen über die Schulter und niemand kritisiert Sie.

Werte ändern sich mit der Zeit – sie entwickeln sich genau wie das Leben, also bleiben Sie offen. Dass Ihnen jetzt etwas nicht wichtig ist, heißt nicht, dass es das nicht später sein kann.

Werte im Leben definieren

Wie die Taufe eines Kindes ist die Benennung von Werten nur der Anfang. In diesem Abschnitt geht es um die tatsächliche Arbeit – das Kind großziehen und für es sorgen (und für unsere Werte). Tauchen wir ein und identifizieren wir Verhaltensweisen, mit denen wir zu unseren Werten stehen (und bitte, im Namen der Selbsthilfe, überspringen Sie diesen Teil nicht). *Es reicht nicht, die eigenen Werte nur zu benennen. Sie im wahren Leben zu erkennen bringt die Ergebnisse, die Sie brauchen, um zum Glück zu finden.*

- Erstellen Sie eine Liste Ihrer zwei oder drei wichtigsten Werte. Die Topwerte sind die, die Ihnen die Richtung vorgeben, wenn Sie das am meisten brauchen. Wenn Sie vor einer schwierigen Entscheidung stehen oder wenn es Ihnen den Boden unter den Füßen wegzieht, müssen Sie sich auf etwas tief in Ihrem Inneren verlassen können. Das sind Ihre Werte. Ich liste weiter unten ein paar Beispiele auf, also keine Panik, wenn Sie Ihre Liste nicht zusammenkürzen können.
- Erstellen Sie eine Liste der Verhaltensweisen, die Ihre Topwerte unterstützen. Identifizieren Sie jene Verhaltensweisen, die Bausteine im Pfad zu Ihren Werten sind.

Fangen wir im ersten Beispiel mit Mut an. (Einige der Verhaltensweisen ähneln sich von Wert zu Wert.) Ich fange damit an, weil ich mir zu 99,9 Prozent sicher bin, dass Mut, wenn Sie dieses Buch lesen, zu Ihren Werten gehört. Maya Angelou sagte: *»Mut ist der wichtigste aller Werte, denn ohne Mut kann man keinen anderen Wert konsequent leben.«* Wie schon unzählige Male erwähnt, ist es vermutlich leichter, sich zu isolieren, zu betäuben, Leuten zu gefallen oder perfektionistisch zu sein. Mut hingegen ist schwierig, aber es ist der Weg, auf dem Sie das bessere Leben führen können.

Also los:

Wert: Mut

Was bedeutet Mut für Sie?

- Grenzen setzen (zum Beispiel schwierige Gespräche führen)
- Um Hilfe bitten, wenn man diese braucht
- Die eigene Geschichte mit jemandem teilen, dem man vertraut
- Sich verletzlich zu zeigen, auch wenn man Angst davor hat

Wert: Spiritualität/Glaube

Was bedeutet Spiritualität und/oder Glaube für Sie?

- Regelmäßig mit einer höheren Macht in Kontakt treten
- Dankbar sein
- Achtsam sein (zum Beispiel auf die eigene Intuition hören
- Meditieren
- Zur Kirche gehen

Wert: Authentizität

Was bedeutet Authentizität für Sie?

- Die eigene Wahrheit aussprechen (d. h. für sich selbst einstehen)
- Es bemerken, wenn man Perfektion hinterherrennt oder versucht, anderen zu gefallen, und zuerst für sich selbst sorgen
- Verantwortung für die eigenen Fehler übernehmen und verursachtes Chaos beseitigen
- Zur eigenen Unzulänglichkeit stehen

Nutzen Sie diese Liste und die Beispiele oder finden Sie eigene Beispiele. Es kann auch helfen, bestimmte Situationen aus dem eigenen Leben zu nutzen, in denen Sie für Ihre Werte einstanden – oder das vielleicht *nicht* getan haben. Das wird Ihnen helfen zu erkennen, wo Sie sich verbessern können. Sie sehen, oft (okay, häufig) ist es unangenehm, zu den eigenen Werten zu stehen. Wir sind es gewohnt, aus Angst heraus zu agieren: Wir wünschen uns, gemocht zu werden, und hoffen, dass die Dinge gut laufen und dass wir nicht in die Schusslinie geraten. Meine Hoffnung ist es, dass Sie stolz auf die Person sind, die Sie im Spiegel sehen. Dass Sie sich, nachdem Sie sich für das Unangenehme entschieden haben und zu der Person standen, die Sie sind, sich in Bezug auf Ihre Entscheidungen gut fühlen können.

Hier ein Beispiel meiner Klientin Amanda. Sie war unglücklich damit, wie die Dinge in der Firma, in der sie arbeitete, gehandhabt wurden. Es war nicht einfach nur schlechtes Management – es passierten unfaire Dinge, und sie hatte das Gefühl, dass sie (und ihre Kollegen) manipuliert wurden. Sie versuchte, damit klarzukommen, aber über die Monate hinweg wurde sie zunehmend ärgerlich, gereizt und stellte fest, dass sie immer häufiger über ihre Arbeit jammerte. Ihr Job fühlte sich scheiße an, weil auf ihren Werten herumgetrampelt wurde. Mit der Zeit wurde ihr klar, dass sie drei Möglichkeiten hatte:

1. Sie konnte nichts tun, es würde weitergehen wie bisher und vermutlich noch schlimmer werden. Sie würde weiterhin bei der Arbeit wütend sein.
2. Sie konnte nichts tun, nichts sagen und einfach kündigen. Ein klarer Schlussstrich.
3. Sie konnte ansprechen, was vor sich ging, Veränderungen einfordern und, wenn diese nicht einträten, eine Entscheidung treffen, ob sie bleiben wollte oder nicht.

Wochenlang quälte sie sich damit herum. Schließlich entschied sie sich für Möglichkeit drei. Sie machte sich im Vorhinein klar, was sie den Managern sagen wollte, was sie ansprechen musste und was sie fordern wollte. Sie bat um ein Meeting und sagte mutig, was sie zu sagen hatte. Hatte sie Angst? Ja, und wie. War sie stolz auf sich, als das Gespräch beendet war? Ja. Angeboten wurde ein Kompromiss, der sich für Amanda nicht gut anfühlte, also entschloss sie sich zu gehen.

Ich möchte deutlich klarstellen, dass ich Sie nicht ermutigen möchte, hastig Ansprüche im Namen der Authentizität geltend zu machen oder im Namen des Mutes Ihren Job zu kündigen. Es geht nicht um »Scheiß drauf«. Amanda verwendete viel Zeit darauf, zu entscheiden, wie sie ihr Anliegen mit Haltung, Ehrlichkeit und Freundlichkeit vorbringen könnte, und sie wusste, dass ihre Motivation war, für das einzustehen, woran sie aus ihrer Integrität heraus glaubte. Nicht alles hing für sie vom *Ausgang* des Gesprächs ab. Darum geht es nicht allein, wenn man seine Werte lebt. Es geht nicht darum, dauernd zu gewinnen oder Arschtritte zu verteilen. Es geht darum, zu wissen, was einem wichtig ist und warum, und was es bedeutet, nach den eigenen Werten zu handeln. All das führt dazu, dass Sie sich gut mit sich selbst fühlen und stolz auf sich sein können.

Es geht nicht darum, dauernd zu gewinnen oder Arschtritte zu verteilen. Es geht darum, zu wissen, was einem wichtig ist und warum, und was es bedeutet, nach den eigenen Werten zu handeln. All das führt dazu, dass Sie sich gut mit sich selbst fühlen und stolz auf sich sein können.

Achten Sie auf Warnhinweise

Vermutlich haben Sie inzwischen erkannt, dass einige der Gewohnheiten und Verhaltensweisen, die Sie so haben, wie rote Signallampen leuchten und Ihnen anzeigen, wenn Sie nicht im Einklang mit Ihren Werten sind. Achten Sie darauf, wann Sie Entscheidungen aus der falschen Motivation heraus treffen. Meistens passiert das aus Angst.

Zwei Beispiele: Sie sagen Ja zu Dingen, die Sie nicht wollen – vielleicht haben Sie Ihre Werte Mut und Authentizität verraten. Oder Sie ertappen sich dabei, wie Sie über jemanden klatschen –

vielleicht vernachlässigen Sie gerade Ihre Werte Integrität und Freundlichkeit.

Ich kann Ihnen hier ein persönliches Beispiel aus der Zeit liefern, in der ich selbst an meinen Werten arbeitete. Ich notierte meine roten Flaggen und bemerkte, dass sie sich dann zeigten, wenn ich gereizt war, um mich schlug oder mich passiv-aggressiv verhielt. Wenn ich das jetzt bemerke, weiß ich, dass ich nicht mit meinem Wert Mut konform gehe. Es bedeutet, dass ich ein Gespräch nicht führe, das ich führen sollte, oder irgendwo keine Verantwortung übernehme, was gegen meinen Wert Authentizität verstößt. Was sind Ihre roten Flaggen? Was tun, fühlen oder denken Sie, wenn Sie sich von Ihren Werten entfernen?

Mantra und Manifest an den Start

Als Letztes denken Sie sich ein Mantra und ein Manifest aus, die Ihnen helfen, sich Ihrer Werte bewusst zu sein. Wir haben bereits über Mantras gesprochen, und ein Manifest ist eine öffentliche mündliche Erklärung der Absichten, Motive oder Ansichten des Erklärenden. Sie stellen fest, was Ihnen wichtig ist (am besten mit einem Mic Drop, wenn es sich anbietet).

Ganz im Ernst, das Manifest hält Ihre Absichten fest, das, woran Sie glauben, und Ihre Vision.

Sie können sich Ihr Mantra oder Manifest leise vorsagen, wenn der Boden rutschig wird. Sie können sie sagen, während Sie Sport oder Yoga machen, staubsaugen oder was auch immer! Manche meiner Klientinnen koppeln sie mit Körperbewegungen wie dem Sonnengruß. Aber vor allem sind sie perfekt, wenn Sie sich vor einer Entscheidung sehen – in Vermeidungsverhalten zu verfallen oder für Ihre Werte einzustehen.

Hier einige Beispiele für Mantras:

Ich stehe hier voll Mut; ich stehe hier voll Glauben.
Ich bin die Liebe; ich bin die Weisheit.
Mut, Glaube, Liebe (hier können Sie einfach Ihre Werte einsetzen und wiederholen)
Mein Geist und mein Körper wissen, was mir wichtig ist.

Es gibt kein Richtig oder Falsch. Es sollte sich für Sie gut anfühlen, Sie inspirieren und Ihnen verdeutlichen, was Ihre Werte sind.

Was das Manifest angeht, wäre ein einfacher Weg zur Erstellung, die folgenden Satzanfänge zu beenden:

Ich glaube an ...
Im tiefsten Herzen will ich ...
Meine Leidenschaft gilt ...
Eins weiß ich sicher ...
Ich stehe für ...
Ich liebe ...
Ich bin auf dieser Welt, um ...
Ich erweise mir selbst Liebe indem ...

Ich versichere Ihnen, dass Sie, wenn Sie diese Übungen machen und erkennen können, was Ihre Werte sind und was sie Ihnen bedeuten, auf dem Weg zu einem reicheren, erfüllteren Leben sind. Werte sind eines der Gegengifte gegen das Scheißefühlen. Kennen Sie diese erst einmal, können sie Ihnen den Weg ebnen.

Die peinliche Befragung:

- Was sind Ihre Werte?
- Wie sieht es mit Ihren Werten im wahren Leben aus? Welche Alltagsverhaltensweisen bestimmen Ihren Weg?
- Können Sie sich an eine Zeit erinnern, in der Sie nicht für Ihre Werte einstanden? Wie hat sich das angefühlt? Was hätten Sie anders machen können, um zu Ihren Werten zu stehen?
- Welche roten Flaggen gibt es, die Ihnen anzeigen, dass Sie sich von Ihren Werten entfernen?

KAPITEL 16

ICH WEISS, DASS DAS DIE WAHRHEIT IST

Als die Arbeit an diesem Buch fast abgeschlossen war, flog ich in meine Heimat San Diego, um Freunde zu besuchen, und traf mich dort auch mit meinem Vater. Ich aß mit ihm zu Mittag, es war ein gutes Zusammentreffen, alles war schön und normal.

Knapp drei Monate später informierte mich meine Stiefmutter, dass er wegen schwerer Anämie im Krankenhaus war, Bluttransfusionen erhielt und Tests durchgeführt wurden. Bald darauf wurde bestätigt, dass er eine seltene Form von Leukämie hatte und ihm nur wenige Monate zu leben blieben. Während ich versuchte, zu verarbeiten, dass mein Vater tödlich erkrankt war, wurde mir auch klar, dass ich noch nie einen mir nahestehenden Menschen verloren hatte und völlig unvorbereitet war.

Ich flog nach Hause und half mehrere Tage bei seiner Pflege, was mir sowohl das Herz wärmte als auch brach. Er starb am 16. Oktober 2016. Ich saß allein an seinem Bett in einem wunderschönen Hospiz nah am Strand in meiner Heimatstadt.

Ich war am Boden zerstört. Es war einer dieser Momente, wenn die Welt zusammenbricht, und ich musste entscheiden, wie ich die Tage anging. Es war gewissermaßen ironisch. Ich war dabei, ein Buch über Gewohnheiten zu schreiben, die dafür sorgen, dass wir uns mies fühlen, wenn das Leben hart ist, und stand selbst vor der ultimativen Herausforderung. Würde ich alles zurücknehmen müssen?

Ich hätte in so viele Gewohnheiten in diesem Buch zurückfallen können. Ich hätte mich selbst niedermachen können dafür, dass ich keine bessere Tochter gewesen und von zu Hause weggezogen war. Ich hätte mich isolieren, niemanden um Hilfe bitten oder zu Kontrolle und Perfektionismus greifen können, um etwas zu haben, woran ich mich festhalten konnte. Ich hätte die »Starke« sein und stoisch bleiben können, während alle anderen zusammenbrachen. Ich hätte um mich schlagen und Schuld zuweisen können.

Mein alter Liebling war natürlich Betäubung. Ich hätte wieder mit dem Trinken anfangen können. Oder ich hätte mir Turnschuhe anziehen und laufen gehen können, bis meine Beine fast unter mir nachgaben. Ich hätte mit der Kreditkarte ins Shoppingcenter gehen können. Alles, um der Panik, der Trauer und der puren unerträglichen Verzweiflung zu entgehen.

Und wissen Sie was? *Einiges* davon habe ich gemacht. Ich dachte voll Reue darüber nach, wie ich eine bessere Tochter hätte sein können. Es gab Tage, an denen ich mich isolierte und niemandem verriet, dass ich mir selbst entglitt. Ich funktionierte wie ein Roboter. Ich wurde wütend auf Menschen, die das nicht verdient hatten.

Als ich erfuhr, dass er nicht überleben würde, fuhr ich am selben Tag voller Panik zur Mall und suchte nach dem perfekten Kleid für die Beerdigung, denn es war *unvorstellbar*, zur Beerdigung meines Vaters nicht das perfekte Kleid zu tragen, und ich gab viel zu viel Geld für ein Kleid und ein Paar Schuhe aus, die ich nur einmal tragen würde. Ich verließ den Laden mit einem Gefühl der Erleichterung, das etwa fünf Minuten anhielt.

Aber all das ist in Ordnung.

Der Schmerz zeigt unsere nackte Menschlichkeit. Unsere Gefühle verbinden uns. Die Freude, die wir fühlen, die Liebe, die wir füreinander empfinden, der Schmerz, den wir spüren, wenn wir jemanden verlieren. Wir alle kennen diese Gefühle. Wir alle haben sie. Wir sind alle chaotische Menschen, die umherstolpern, Rückfälle in alte Gewohnheiten und Verhaltensweisen erleben, die uns nicht guttun, einfach nur weil wir Angst haben und unser Bestes tun, Tag für Tag.

Es ist in Ordnung zusammenzubrechen. Meine Hoffnung ist, dass Sie wissen werden, wo Sie stehen und was Ihnen wichtig ist, und bewusste Entscheidungen treffen. Dass Sie sich genug vertrauen, um zu wissen, dass ein Rückfall nur von kurzer Dauer sein wird und dass Sie heil auf der anderen Seite der Hölle herauskommen werden. Dass Sie sich mit Güte und Zärtlichkeit behandeln und Ihr Bestes tun. Denn das ist alles, was wir tun können.

Sie sind nun, nach der Lektüre dieses Buches, mit vielen Werkzeugen und hoffentlich auch mit beträchtlicher Selbsterkenntnis ausgestattet und wissen, dass Sie sowohl die guten als auch die herausfordernden Zeiten durchstehen können.

Ich hatte noch nie jemanden verloren und im Angesicht der Sterblichkeit meines Vaters entwickelte ich eine neue Perspektive auf das Leben.

Ich glaube, dass wir alle hier sind, um zu lernen, zu dienen und andere und uns selbst zu lieben. Sie sind für alle drei Punkte selbst verantwortlich. Alle drei sind gleichermaßen schwierig zu leisten, und es macht Angst, sich ihnen zu verschreiben. Aber wenn wir uns ihnen widmen, können Lernen, Dienen und Lieben die schönsten Dinge sein.

Ich glaube, dass unser Glück sich nach der Güte unserer Beziehungen bemisst, die wir mit den Menschen haben, die uns wichtig sind.

Ich glaube ganz ehrlich, dass wir alle versuchen, uns selbst zu finden, einander zu finden und wieder zueinander zurückzufinden.

Ich glaube auch, dass wir, wenn wir auf unseren Schmerz und unsere Freude zugehen, anstatt vor ihnen davonzulaufen, offen über Schmerz und Freude reden, heilen und wachsen und stärker miteinander in Verbindung treten. Diese Verbindungen zu haben fühlt sich an wie alles, was Sie sich jemals gewünscht haben.

Und ich glaube, dass wir uns in diesem Leben alle nur gegenseitig nach Hause bringen.

QUELLEN

Brown, Brené: *Die Gabe der Unvollkommenheit.* J. Kamphausen Verlag, 2012

Brown, Brené: *Verletzlichkeit macht stark.* Goldmann Verlag, 2017

Chödrön, Pema: *Wenn alles zusammenbricht.* Goldmann Verlag, 2001

Doyle, Glennon: *Love Warrior. Wie ich von der Selbstzerstörung in die Selbstliebe fand.* L.E.O. Verlag, 2017

Hassler, Christine: *Expectation Hangover.* New World Library, 2014

Martin, Courtney E.: *Perfect Girls, Starving Daughters.* Piatkus, 2009

Nelson, Shasta: *Frientimacy: How to Deepen Friendships for Lifelong Health and Happiness.* Seal Press, 2016

Normandi, Carol Emery & Roark, Laurelee: *It's Not About Food.* TarcherPerigee, 2008

Owen, Andrea: *52 Ways to Live a Kick-Ass Life.* Adams Media, 2013

Ruiz, Don Miguel: *Die vier Versprechen.* Allegria, 2012

Siegel, Dan: *Die Alchemie der Gefühle.* Goldmann Verlag, 2012

Van der Kolk, Bessel: *Verkörperter Schrecken.* G. P. Probst Verlag, 2018

Young, Valerie: *The Secret Thoughts of Successful Women. Why Capable People Suffer from the Impostor Syndrome and How to Thrive in Spite of It.* Crown Business, 2011

DANKSAGUNG

Zuallererst möchte ich all jenen Frauen danken, die Teil der Your Kick-Ass Life Community sind, meinen Klientinnen und den Frauen in meinen Gruppenprogrammen. Eure Geschichten, eure Offenheit und die Bereitwilligkeit, euch zu ändern, haben mich mehr inspiriert, als ich sagen kann. Dieses Buch konnte entstehen, weil ihr euer Leben geteilt habt.

Ich fühle immense Dankbarkeit gegenüber den Freunden, die mich auf dieser Reise begleitet haben: Amy (Goulet) Smith, Kate Anthony, Kate Swaboda und Courtney Webster. Lisa Grossman – du hast keine Ahnung, wie sehr du mir und diesem Buch geholfen hast. Und Carrie Klassen – unsere Freundschaft, auch wenn sie auf sehr traurigen Umständen gründet, bedeutet mir die Welt. Danke.

Danke an meinen Literaturagenten, Steve Harris, der immer wieder anrief, um nach dem »zweiten Buch« zu fragen, und der mir Feuer unter dem Arsch machte. Danke, dass du laut gelacht hast, als ich dir sagte, welchen Titel ich im Sinn hatte, und dass du Ja gesagt hast. Danke an das Team von Seal Press, besonders an Laura Mazer, deren Talent, Geduld und freundliche Worte unermesslich hilfreich waren.

Danke an Jason, Colton und Sydney. Danke für die Freude, die ihr mir schenkt. Ihr seid das Beste in meinem Leben.

Und danke an Dad. Danke für deine Liebe, den Glauben an mich und dass ich die Ehre hatte, dich nach Hause bringen zu dürfen.

ÜBER DIE AUTORIN

Andrea Owen ist die Gründerin der Online-Community yourkickasslife.com, zweifache Mutter, Podcasterin, Autorin, Rednerin, Klausur-Gastgeberin und spontane Tanzparty-Starterin. Als Mentorin betreut und coacht sie Frauen online und persönlich. Andrea lebt mit ihrer Familie in North Carolina, USA.